国家社科基金
后期资助项目
GUOJIA SHEKE JIJIN HOUQI ZIZHU XIANGMU

康德先天综合判断的
第三者问题研究

彭志君　著

科学出版社

北　京

内 容 简 介

联结先天综合判断的主谓词的中介或第三者是什么？（简称"第三者问题"）这是一个很值得研究的问题，但一直以来学界对该问题都缺乏应有的重视，更缺乏对该问题系统而专门的研究。本书系统地探讨了纯粹数学、自然形而上学、实践哲学、美学等领域中先天综合判断的第三者问题，并对该问题的来龙去脉做了大致的梳理和阐释。第三者问题的研究对理解和把握康德复杂而深邃的批判哲学体系，乃至整个德国古典哲学等都具有重要的学术价值和意义。

本书可供研究康德哲学、西方哲学的学者和学生参考，也可供对西方哲学和康德哲学感兴趣的哲学爱好者阅读。

图书在版编目（CIP）数据

康德先天综合判断的第三者问题研究 / 彭志君著. 北京：科学出版社，2024.11. -- ISBN 978-7-03-079804-6

Ⅰ. B561.31

中国国家版本馆 CIP 数据核字第 20245FE580 号

责任编辑：任俊红　陈晶晶 / 责任校对：张亚丹
责任印制：赵　博 / 封面设计：有道文化

科 学 出 版 社 出版
北京东黄城根北街 16 号
邮政编码：100717
http://www.sciencep.com

三河市春园印刷有限公司印刷
科学出版社发行　各地新华书店经销

*

2024 年 11 月第 一 版　开本：720×1000　1/16
2025 年 1 月第二次印刷　印张：16 3/4
字数：300 000
定价：138.00 元
（如有印装质量问题，我社负责调换）

国家社科基金后期资助项目
出版说明

　　后期资助项目是国家社科基金设立的一类重要项目，旨在鼓励广大社科研究者潜心治学，支持基础研究多出优秀成果。它是经过严格评审，从接近完成的科研成果中遴选立项的。为扩大后期资助项目的影响，更好地推动学术发展，促进成果转化，全国哲学社会科学工作办公室按照"统一设计、统一标识、统一版式、形成系列"的总体要求，组织出版国家社科基金后期资助项目成果。

全国哲学社会科学工作办公室

序　言

舒远招

　　在《纯粹理性批判》第一版序中，康德曾自信地宣称该书不仅在内容上达到了完备性和详尽性，而且在表达形式上达到了确定性和清晰性。但就清晰性而言，该书中的许多概念和术语其实远达不到康德的预期，它们晦涩难懂、含义模糊，往往引起不同的理解和争议。例如，康德断言"所有综合命题都需要一个第三者，以便在其中把那些完全没有任何逻辑的（分析的）亲和性的概念相互联结起来"。他在导论中曾以"所有物体都是有重量的"这个判断为例，表明了"经验"是联结后天综合判断的主谓词的第三者，是"重量"这个谓词与"物体概念"这个主词有可能综合的基础，却并未指明联结先天综合判断的主谓词的第三者是什么。他又以"所有发生的事物都有其原因"这个先天综合判断为例，指出联结其主谓词的第三者不可能是经验，却始终没有从正面告诉我们这个第三者究竟是什么。于是，联结此类先天综合判断的主谓词的第三者在导论中就成了一个神秘之物，一个"未知之物=X"，有待研究者结合《纯粹理性批判》正文的相关论述来破解。

　　如果我们认为，先验图型这个众所周知的第三者就是"未知之物=X"，它在一般意义上构成了联结所有知性原理的主谓词的第三者，那么还有一个相关问题值得追问：康德在《自然科学的形而上学初始根据》（简称《初始根据》）一书中所阐释的"有形自然的形而上学"的"初始根据"，即关于有形自然（物质）的运动学的、动力学的、机械学的（力学的）和现象学的定理和原理，是否也都是先天综合原理，且以先验图型为联结其主谓词的第三者？

　　除了纯粹自然科学或自然形而上学包含先天综合判断，康德在《纯粹理性批判》中还提出纯粹数学中也具有先天综合判断，并且从先天直观形式空间和时间出发来理解此类先天综合判断的可能性。显然，康德把纯粹直观或先天直观形式（空间和时间）理解为联结数学先天综合判断的主谓词的第三者。于是有了这样的问题：数学的先天综合判断的第三者（空间和时间）与纯粹自然科学的先天综合判断的第三者（先验图型）具有怎样的关系？两者有何异同？

先天综合判断的第三者问题并不仅仅存在于《纯粹理性批判》、《未来形而上学导论》和《初始根据》等著作中，而且存在于康德的实践哲学或道德哲学（伦理学）著作中。在《道德形而上学的奠基》中，康德把"你要按照你能够同时愿意它成为一个普遍法则的准则行动"这条定言命令，说成是一个"先天综合的实践命题"，他还把这个先天综合命题表达为："一个绝对善良的意志是其准则在任何时候都能够把自己视为普遍法则而包含在自身中的意志。"康德明确地提出，需要一个同时包含"两种认识"的第三者把这个先天综合命题的主谓词联结起来。然后，尽管他在该书第三章第一节对这个第三者作出了若干提示，如"自由的积极概念造就了这个第三者"，"这个第三者不能像在自然的原因中那样具有感性世界的本性"，"自由向我们指出的第三者"，"我们对这个第三者先天地具有一种理念"，但在后面的行文中，康德并没有指明这个第三者究竟是什么，导致人们的理解出现很大分歧。

先天综合判断的第三者问题是否存在于《判断力批判》中，这也是一个有待探讨的问题。诚然，康德在《判断力批判》中并没有指明鉴赏（审美）判断也有一个联结其主谓词的第三者，但他毕竟肯定鉴赏判断也是一种先天综合判断，因而对之作出了一种演绎。于是，人们可以追问：康德是否暗中肯定了鉴赏判断作为先天综合判断也需要一个联结其主谓词的第三者？这个第三者是不是康德所预设的共通感，或者是他所强调的作为鉴赏判断的先天根据的"主观形式的合目的性"？

针对上述复杂难解的第三者问题，彭志君在认真阅读康德原著、参阅国内外大量相关研究成果的基础上，撰写了《康德先天综合判断的第三者问题研究》一书，对该问题展开了深入细致的研究。该书具有全面系统的特征，这主要体现在：不仅集中探讨了"所有发生的事物都有其原因"这个先天综合判断的第三者问题，而且超出这个案例，在更一般的意义上追问了联结各种不同的先天综合判断的主谓词的第三者。

该书大致按照"先天综合判断是如何可能的？"这一纯粹理性的总问题展开，首先探讨了联结纯粹数学的先天综合判断的主谓词的第三者；接着探讨了联结自然形而上学（包括内在的自然形而上学即纯粹自然科学和超验的自然形而上学）的先天综合判断的主谓词的第三者；然后延伸至康德的实践哲学或道德哲学乃至宗教神学，探讨了联结定言命令这个先天综合的实践命题的主谓词的第三者，以及联结"至善命题"的主谓词的第三者；最后，对学界很少研究的《判断力批判》中的鉴赏判断作为先天综合判断是否也有一个第三者问题，以及这个第三者究竟是什么的问题作出了探讨。在对上述多种先天综合判断的第三者问题展开研究之前，该书还对先天综合判断的第三者问题作了概述，对该问题的来龙去脉做了梳理和阐释，着重考察了该问题的哲学史渊源和时代背景，尤其是传统形而上学深陷其中的历史困境，并且对康德为解决形而上学危机而提出的哲学思维方式的"哥白尼式革命"作出了新解，将之解释为主谓词关系的颠倒或翻转。此外，还提出了康德哲学中是否存在三个第三者的问题，即联结先天综合判断的主谓词的第三者、先验图型作为第三者、综合判断之基础作为第三者是不是三个不同意义的第三者，表明了它们的相互关系值得研究。

通过全面系统的研究，该书对先天综合判断的第三者问题作出了自己的解答。该书的主要观点是：联结纯粹数学的先天综合判断的主谓词的第三者是先天的直观，而非经验的直观；联结纯粹自然科学即内在形而上学（包括一般自然的形而上学和有形自然的形而上学）的先天综合判断的主谓词的第三者是先验图型，联结超验形而上学的先天综合判断的第三者是"极大值的理念"，它是知性范畴的先验图型的类似物；联结定言命令这个先天综合的实践命题的主谓词的第三者是自律的意志，联结至善命令的主谓词的第三者是有权威的道德立法者（上帝）的理念；联结鉴赏判断的主谓词的第三者是主观形式的合目的性概念。

在着重阐释和论证上述主要观点时，该书还对许多细节问题展开了深入研究，值得我们加以关注。

为了更充分地论证先天直观是联结纯粹数学的先天综合判断的主谓词的第三者，该书表明在康德哲学中存在先天的直观、经验的直观和智性的直观三种直观类型，而后两者都不可能是联结数学的先天综合判断的主谓词的第三者。该书进而提出了三个问题并尝试作出解答：第一，先天直观与知性量的范畴具有何种关系？是否由于量的范畴的参与保证了纯粹数学判断的普遍必然性？第二，如果量的范畴参与了纯粹数学判断的形成过程，而量的范畴又需要一个先验图型（数）才能应用于经验对象，那么，先天直观与先验图型具有何种关系？第三，康德有时把空间和时间也说成是谓词，如果联结数学的先天综合判断的主谓词的第三者就是先天直观，即空间和时间，那么，这个第三者是否与谓词发生了重合？该书对这三个问题的解答是：第一，纯粹数学的先天综合判断同时包含了先天直观和量的范畴这两个要素作为自己的先天根据，其形成固然离不开先天直观形式——空间和时间，也离不开量的知性范畴，它们必须被统摄在量的范畴之下，因而量的范畴参与到了纯粹数学认识的形成过程，并在其中起到了自己的作用；第二，量的范畴的先验图型是"数"，它作为联结先天直观与量的范畴的中介，与先天直观存在一定的区别，但两者也有一定的重合；第三，康德说空间和时间可以作为谓词，并不等于把空间和时间本身就当成了谓词，空间和时间本身是先天直观形式，因而并非谓词，但在特殊情况下，我们可以把空间和时间作为谓词来用。

在探讨纯粹自然科学的先天综合判断的第三者问题时，该书首先花了较多的笔墨，阐释了康德所说的纯粹自然科学，其实就是他所要建立的能够作为科学出现的自然形而上学，只不过这是一种仅仅指向经验对象的内在的形而上学。内在的自然形而上学在康德这里具有两种形态，这就是由纯粹知性原理体系所代表的"一般自然的形而上学"和康德在《初始根据》中所集中阐发的"有形自然（物质）的形而上学"。由于纯粹自然科学就是自然形而上学，因而不能把它同近代具有经验意义的自然科学（物理学）简单等同起来。在表明了纯粹自然科学等同于内在的自然形而上学之后，该书接着探讨了如下问题：第一，纯粹自然科学（内在的自然形而上学）究竟包含了哪些先天综合判断？第二，康德是如何论述这些先天综合判断的第三者的？第三，学界对这个问题已经作出了哪些研究？通过梳理《纯粹理性批判》的知性原理体系和《初始根据》关于物质的典型命题，尤其是国内外学界对康德关于纯粹自然科学第三者问题的已有研究成果的评介，该书系统论证了这个核心观点：联结感性现象和知性范畴的先验图型作为第三者，就是联结纯粹自然科学或内在的自然形而上学的先天综合判断的主谓词的第三者。有趣的是，该书还对纯粹自然科学的先天综合判断的主谓词本身展开探讨，认为作为实体的物质概念是主词，纯粹知性概念（范畴）则是谓词，这一点既适用于一般自然的形而上学，也适用于有形自然（物质）的形而上学。在论述了内在自然形而上学的先天判断的第三者之后，该书还探讨了学界研究较少的超验的自然形而上学是否包含先天综合判断，以及联结此类先天综合判断的主谓词的第三者是什么的问题。该书提出：鉴于康德在《纯粹理性批判》中确曾把同类性、特殊化原则和连续性三原则说成是"先天综合命题"，因而可以认为在超验的自然形而上学中依然存在具有客观性但不那么确定的先天综合判断。当然，这些原则都只是调节性原则，并不能直接应用于经验对象，而仅仅起着综合统一知性认识的作用。鉴于康德把"极大值的理念"说成是知性范畴的类似物，该书推测"极大值的理念"就是联结此类先天综合判断的主谓词的第三者。

　　该书对实践哲学中的先天综合判断的第三者问题的研究，主要针对的是《道德形而上学的奠基》中"你要按照你能够同时愿意它成为一个普遍法则的准则行动"这个先天综合的实践命题。该书从定言命令与假言命令的区分入手，说明了康德何以把这条无条件的定言命令，理解为一个先天综合的实践命题，即这个实践命题的先天性和综合性体现何在。在论证自律的意志是联结定言命令的主谓词的第三者之前，该书介绍了研究这个第三者问题的两条思路，即排除任何感性经验因素，没有把这个第三者与《纯粹理性批判》中的先验图型加以类比，而是把这个第三者归结为诸如"自由的理念""理智世界的理念""自由的积极概念"等先天理念的"先天型思路"，以及把同时包含感性因素和理性因素，因而具有二重性的"同一个意志"当作定言命令的第三者的"混合型思路"，后一研究思路倾向于将定言命令的第三者与先验图型进行类比。该书提出：定言命令的主词是"有限理性存在者的意志"，它等同于"一个绝对善良的意志"，有别于神圣的绝对完善的意志，它并不同时包含"两种认识"，即意愿行动准则成为普遍法则的"目的意愿"和意愿按照这样的准则去行动的"行动意愿"，由于只有属于理智世界或知性世界的"自律的意志"才同时包含了这两种认识，因而"自律的意志"是联结定言命令的主谓词的第三者。此外，该书还研究了康德在其道德（伦理）神学或宗教哲学中所谈到的"至善命题"，即康德在《纯然理性界限内的宗教》中提出的命题，如"存在着一个上帝，因而在尘世上也存在着一种至善""每一个人都应该使尘世上可能的至善成为自己的终极目的"这类命题。该书认为，义务或德性概念是至善命题的主词，至善（德福一致）是其谓词，而一个有权威的道德立法者即上帝理念，则构成了联结其主谓词的第三者。

　　康德在《判断力批判》中所阐释的鉴赏（审美）判断既不同于认识判断，也不同于道德判断，而是一种对单个对象的具有普遍必然性的一种情感判断，即体现为一种可以要求他人赞同的普遍而必然的愉快情感。该书对鉴赏判断的第三者问题的研究，充分考虑到了此类判断的特殊性。该书提出：既然康德把此类判断也理解为先天综合判断，并试图为之作出演绎，那么，根据康德"所有综合命题都需要一个第三者"的说法，我们也就可以认为康德在演绎过程中事实上探讨了鉴赏判断的第三者。因此，尽管学界很少研究这个问题，这并不意味着提出这个问题没有合理性。该书着重论述主观形式的合目的性就是联结鉴赏判断的主谓词的第三者，但鉴于康德也把共通感说成是鉴赏判断的必然性的先天根据，因而探讨了主观形式的合目的性与共通感的关系，认为主观形式的合目的性相对于共通感而言要更加根本，它是我们可以预设有共通感的根据和基础。主观形式的合目的性作为一条原则，不仅起到了联结康德理论哲学与实践哲学的中介和桥梁作用，而且保证了鉴赏判断即纯粹审美判断的先天的普遍必然性。

可见，该书对先天综合判断的第三者问题的研究不仅是全面系统的，而且是深入细致的。在追问究竟何为先天综合判断的第三者的同时，始终不忘记追问这些先天综合判断的主谓词是什么。在回答每一个问题时，都首先援引在该问题上其他学者已经发表的观点，并且依据自己对康德文本的阅读而对其他学者的观点作出评论，然后才得出自己的见解。可以说，该书对先天综合判断的第三者问题的这一全面系统而深入细致的研究，是国内康德研究所取得的一项值得关注的新成果，它在很大程度上实现了对已有的大量分散研究的整合。

虽然彭志君在《康德先天综合判断的第三者问题研究》一书中对于联结各类先天综合判断的主谓词的第三者问题都作出明确回答，而且对其主词和谓词也分别给出了说明，但是，他并未奢望该书的观点是解答康德哲学这一难题的定论，而仅仅把该书的观点当作可以找到一定文本依据的一些合理的"推断"。这种推断的性质在鉴赏判断的第三者问题上尤为突出，因为康德在《判断力批判》中毕竟没有明确提到第三者，所以，把对象的主观形式的合目的性当作联结鉴赏判断的主谓词的第三者只能具有推断的性质。因此，我认为该书对第三者问题的解答，未必能够得到学者们的一致认同，也不需要把学者们的一致认同当作追求的目标。

当然，该书也许存在一些值得商榷之处，或者有疑问的地方，这在很大程度上是由康德本人的表达的晦涩难懂所造成的，它们绝不妨碍该书是先天综合判断的第三者问题的一项出色的研究。该书对这个问题的全面系统、深入细致的研究，对于我们更好地理解和把握康德哲学具有多方面的学术意义。

目　　录

导　言

一、先天综合判断的第三者问题解义

从某种意义上来说，西方哲学发展的历史可以被看成是一部对一些古老、重大以及永恒的理论和现实问题展开探讨和争论的历史。在这个意义上，一位哲学家的伟大之处也许不仅仅在于他提供了一个包罗万象的哲学体系和丰富复杂的哲学思想，更在于他在立足于其之前哲学思想发展的基础上，通过批判性地思考和追问，提出了具有重大和深远意义的，乃至划时代的哲学问题。而对此问题所做出的富有启发意义和成效的思考就更能突出他对哲学的贡献和在哲学史上应处的地位。

毫无疑问，康德就是这样一些伟大的哲学家当中的一员。对于这位伟大的哲学家，新康德主义马堡学派的代表人物之一、著名哲学史家威廉·文德尔班（Wilhelm Windelband）曾这样形容道："这位柯尼斯堡哲学家卓越的地位在于：他全面地吸收了启蒙运动文学形形色色的思想因素，并通过这些因素的相互作用和补充获得了关于哲学问题和哲学方法的崭新的成熟观念。"[①]这是对康德这位哲学家的一个极高的评价。文德尔班的意思很明显，即康德一方面全面吸收了启蒙运动文学的思想（从这个意义上看，他是"启蒙之子"），另一方面他不仅获得了关于哲学问题的崭新的成熟观念，而且还形成了关于解答哲学问题的哲学方法的崭新的成熟观念。这一观念非常集中而明显地体现在康德的批判哲学中。

对康德而言，他关于哲学问题的崭新而成熟的观念也许集中体现在他对"先天综合判断（命题）[②]是如何可能的？"追问和探求之中，而他解决此问题的崭新而成熟的方法就是他所提倡的"理性批判"的方法。众所周知，在西方哲学史上，此问题的提出是康德面对欧洲近代哲学史上的经

---

① 〔德〕文德尔班：《哲学史教程》（下卷），罗达仁译，北京：商务印书馆，1993年，第730页。

② 这里需要说明的是，在黑格尔那里，他明确地区分了判断和命题，他认为"判断与命题是有区别的；命题对主词有所规定，而这个规定与主词无普遍关系，只不过表述一个特殊状态，一种个别行动等等类似的东西"（〔德〕黑格尔：《小逻辑》，贺麟译，北京：商务印书馆，2019年，第342页。）。由于命题的主谓词之间缺乏普遍的联系，因而命题只具有主观的意义，而判断却具有客观的意义。但是，在康德这里，他似乎并没有做出明确的区分，而是交替地使用这两种表达。不过，为了表达的统一，本书后面的行文中统一采用判断这个表达。

验论和唯理论在理论上的困境时在哲学上所做的全面总结，从而也成为康德的批判哲学要解决的总课题（Allemeine Aufgabe）或中心问题，因而在哲学史上具有划时代的意义。一般而言，学术界均认为此问题乃是康德认识论的根本问题，而对这个根本的追问和解答也就构成了康德认识论的根本任务。不过，后来的研究［比如奥诺拉·塞维尔·奥尼尔（Onora Sylvia O' Neill）、奥特弗里德·赫费（Otfried Höffe）等人的研究］一再表明，此问题的意义并非仅局限于认识论领域，更重要的是要将它扩展和延伸至形而上学（metaphysics，在康德这里包括自然形而上学和道德形而上学）、美学、历史哲学乃至政治哲学领域。

当然，康德提出此问题的初衷是为了通过对此问题的批判性考察来拯救形而上学，从而使形而上学能够像当时的数学和自然科学那样，走上科学（Wissenschaft）的康庄大道。于是，为形而上学寻找先天综合判断并说明其是如何可能的自然就成了康德需要完成的主要任务，甚至是其唯一的任务。而在考察上述问题的过程中，康德提出了一个重要的、关键性的，但又十分复杂、非常难解的问题，即先天综合判断的第三者问题（简称"第三者问题"）。从这个意义上来说，对此问题的解答同样在一定程度上体现了康德关于哲学问题与方法的崭新而成熟的观念。

那么，到底何谓"第三者问题"呢？

为了理解这个问题，我们首先需要理解康德哲学中的第三者（Dritte）概念。一般而言，在康德哲学中，所谓第三者是指联结两个不同的东西的中介（medium）。不过，康德往往在不同的语境中使用第三者概念，在《纯粹理性批判》（*Critique of Pure Reason*，简称《纯批》，也即康德的第一批判）中，他至少在三种不同的意义上使用这个概念。关于第三者概念的三种意义及其相互关系，我们将在本书第一章的第二节做出专门的阐述。为了叙述的方便，在此我们需要首先对所研究的第三者概念做出界定。简单地说，本书所谓的第三者是指联结先天综合判断的主谓词的中介，因此所谓第三者问题也就是指联结先天综合判断的主谓词的中介是什么的问题。笔者把这个意义上的第三者界定为逻辑学（logic，不是普通的形式逻辑学，而是康德意义上的先验逻辑学）意义上的第三者，因此，笔者也是在这个意义上来研究和阐释第三者问题的。不过，第三者必须包含两个方面，一方面它需要与主词同质，另一方面它又需要与谓词同质，只有这样它才能把主谓词联结起来。

为了进一步突出我们的问题意识，也为了进一步明确第三者问题的意涵，下面我们将结合《纯批》中的一段文本来阐述之。

在《纯批》的"导言"的"IV. 分析判断与综合判断的区别"这一节中，康德首先以判断的主词和谓词①之间的关系立论，指出了分析判断与综合判断的区别在于判断的主词是否（隐蔽地）包含②着谓词。据此，由于分析判断（如"黄金是黄色的金属"）的主词（隐蔽地）包含着它的谓词，所以它根本不需要借助一个中介（即第三者）把判断的主谓词联结起来，因为谓词是直接可以从主词中分析或抽引出来的。但是，综合判断的情况却恰好相反：由于它的谓词是超出了主词之外的，因此综合判断要成为可能，就必须借助一个第三者才能把判断的主谓词联结起来。

紧接着，康德指出，经验判断（更准确地说是经验性判断）都是综合判断，即它们只是后天综合判断，因此它们毫无疑问需要一个中介将判断的主谓词联结起来。不仅如此，康德还以"一切物体都是有重量的"这个经验判断为例进一步说明了经验就是联结所有经验判断的主谓词的中介。"在经验性的或经验的判断中，后面这种情况（按：指通过一个中介把经验判断的主谓词联结起来）是没有任何困难的。因为这个 X 就是我通过一个概念 A 所思维的那个对象的完备的经验，而这个概念只是构成这一经验的一个部分。因为尽管我在一个一般物体的概念中根本没有包含重量这个谓词，但物体概念却毕竟通过经验的一部分表明了完备的经验，因而我还可以在物体概念上加上这个经验的其他部分，作为属于该概念的部分。我可以先通过广延、不可入性、形状等等所有这些在物体概念中被想到的标志而分析地认识该概念。现在如果我扩展我的知识，并且由于我回顾我曾从中抽象出这个物体概念来的经验，于是我就发现与上述标志时刻连结在一起的也有重量。所有经验就是那个在概念 A 之外的 X，在此之上就建立起了重量这个谓词 B 和概念 A 综合起来的可能性。"③

在这段重要的论述中，至少有两个地方值得我们特别注意：第一，康德在此使用 X 来表示联结经验判断的主词 A 和谓词 B 的中介；第二，康

---

① 在我国已经出版的西方哲学的翻译作品中，当 Subjekt 和 Prädikat（英文的 subject 和 predicate）这两个德文词成对出现时，译者们通常将它们翻译成"主词"和"谓词"。而在与 Objekt（客体）相对的意义上，Subjekt 也被翻译成主体。可是，需要注意的是，当 Subjekt 作为主词指称一个实在对象时，它也被翻译成"基体"或"基质"。因此，由于 Subjekt 一词本身的多义性，在不同语境中也就需要有区别地对待。不过，按照国内通行的翻译，当 Subjekt 是在与 Prädikat 相对的意义上使用时，我们也就按照国内通行的译法，把 Subjekt 翻译为主词，而把 Prädikat 翻译成谓词。

② 按照康德的论述，"（隐蔽地）包含"的进一步的意思其实就是同一性、说明性，其遵循的是矛盾律。

③ 〔德〕康德：《纯粹理性批判》，邓晓芒译，杨祖陶校，北京：人民出版社，2004 年，第 9—10 页。上述引文是 A 版的说法，B 版的说法与 A 版意思基本上一样。

德非常明确地向我们表明了经验就是联结经验判断或经验性判断^①的主谓词的中介。

在把分析判断与综合判断做了区分并指出经验判断中联结其主谓词的中介是经验之后，康德在《纯批》中首次提出了先天综合判断的主谓词联结的问题，也就是本书所研究的第三者问题。他指出，在经验判断中，经验作为中介把判断的主谓词联结起来是没有什么困难的，"但在先天综合判断那里，这种辅助手段（按：指凭借经验）就完全没有了。当我要超出概念 A 之外去把另一个 B 作为与之结合着的概念来认识时，我凭借什么来支撑自己，这种综合又是通过什么成为可能的呢？因为我在这里并没有在经验领域中环顾一下经验的便利"^②。正如康德所言，先天综合判断缺乏经验判断所具有的便利，即只要借助一个完备的经验就可以将判断的主谓词联结起来，因为他认为将先天综合判断的主谓词联结起来的问题（即第三者问题）要比经验判断的主谓词的联结问题复杂得多。

为了帮助读者理解这个复杂的问题，康德同样举了一个例子。他进一步写道："我们可以看看这个命题：一切发生的事情都有其原因。我虽然在发生的某物这一概念中想到了一种存有，在它之前经过了一段时间等等，并且从中可以引出分析判断来。但一个原因的概念是完全外在于前面那个概念的，它表示出某种与发生的某物不同的东西，因而是完全没有被包含在后一个表象中的。那么我们是如何做到用某种完全不同的东西来说明发生的某物，并且能认识到这个原因概念尽管不包含在发生的某物里，但却是属于并且甚至是必然属于它的？在这里，当知性相信自己在 A 的概念之外发现了一个与之陌生、而仍被它视为与之相连结的谓词 B 时，支持知性的那个未知之物=X 是什么？这不可能是经验，因为上述因果原理不仅仅是以更大的普遍性、而且也以表达出来的必然性，因而完全是先天地并从单纯的概念出发，把后面这些表象加在前面那个表象上。"^③

与他谈论经验判断的第三者问题一样，康德也以"未知之物=X"的东西来表示先天综合判断的第三者。经验判断的第三者已经得知，它是经验；而先天综合判断的第三者却是未知的，因此康德以"未知之物=X"来表示。根据康德的论述，在"一切发生的事情都有其原因"这个先天综合判断中，要把"一切发生的事情"（A）和"原因"（B）联结起来还需要另外的东

① 康德在《纯批》的第一版中并未明确区分经验判断和经验性的判断，但是，在《未来形而上学导论》（简称《导论》）中，他做出了明确的区分。
② 〔德〕康德：《纯粹理性批判》，邓晓芒译，杨祖陶校，北京：人民出版社，2004 年，第 10 页。
③ 〔德〕康德：《纯粹理性批判》，邓晓芒译，杨祖陶校，北京：人民出版社，2004 年，第 10—11 页。

西，在此康德以"未知之物=X"来标示之。从康德的先验逻辑的角度来看，在该判断中，"一切发生的事情"作为被给予的概念，它出现在判断的主词位置上，而"原因"则出现在谓词位置上。现在，为了把"一切发生的事情"（A）和"原因"（B）联结起来，就需要这个"未知之物=X"的东西作为联结的中介。不难看出，康德在此虽然没有使用"第三者"这个词或概念来表述它在联结先天综合判断的主谓词时的中介作用，但实际上，当他分析"一切发生的事情都有其原因"这个先天综合判断的例子时，他提出的把该判断的主词和谓词联结起来的"未知之物=X"其实就是先天综合判断的第三者。

在《纯批》的"一切综合判断的至上原理"一节中，康德写道："我们必须超出一个给予的概念以便把它和一个别的概念综合地加以比较，所以就需要一个第三者，只有在它里面两个概念的综合才能产生出来。"[①]"一个给予的概念"当然是指主词概念，"一个别的概念"显然是指谓词概念，这类似于在本书"导言"中提到的 A 和 B 的联结。可以看出，康德在此处极为明确地提出了第三者问题。

总之，根据康德的论述，所谓第三者就是指联结先天综合判断的主谓词的中介；而所谓第三者问题也就是指联结先天判断主谓词的中介是什么的问题，这就是本书要研究和论述的对象。

二、研究现状及主要困难

纵观国内外学术界在第三者问题上的研究，笔者不无遗憾地说，该问题并没有成为学术界研究的常规问题，更没有成为热点问题，可以说它是一个被学术界普遍忽视了的问题。[②]就第三者作为一个哲学概念而言，它极少作为一个成形的哲学概念出现在康德哲学著作（包括翻译类著作）各种版本的术语索引和各类研究著作的术语索引中。[③]学术界虽然对第三者概念已经有所探究，如国际著名的康德专家 H. J. 帕通（H. J. Paton）甚至

---

① 〔德〕康德：《纯粹理性批判》，邓晓芒译，杨祖陶校，北京：人民出版社，2004年，第149页。

② 值得庆幸的是，近年来第三者问题在国内学术界得到了一些研究者的关注和重视，比如舒远招教授、胡好博士、刘凤娟博士等都曾专门撰文探讨过此问题。他们的研究成果给了笔者很大的启发和帮助，在此一并表示谢意。他们的研究成果在本书中有所借鉴和引用，并被列入了本书的参考文献中。

③ 不过，这里需要特别提出的是，就笔者所掌握的资料而言，维勒·S. 普鲁哈尔（Werner S. Pluhar）也许是个例外，因为他在其翻译的《纯粹理性批判》中，不仅把第三者（the third thing）作为一个独立的哲学术语放于术语索引中，而且给出了该概念出现在《纯粹理性批判》中的具体页码。另外，在国内，最近由余治平教授编译的《康德〈纯粹理性批判〉哲学概念系统引校》也把"第三者"作为一个专门的概念来对待。

在他的《康德的经验形而上学》这本逐章逐节阐释《纯批》上半部的名著中，专门用一节把第三者作为一个独立的主题来探讨，但是也没有将第三者作为一个单独的哲学概念来对待。而且，现今出版的各类专著和哲学词典同样没有将第三者作为一个专门的哲学概念确定下来。

国内外学术界虽然对第三者问题缺乏系统而专门的研究，但对与此问题直接或间接相关的问题却给予了一些关注，甚至还做出了非常深入、细致的研究。

最有代表性的要数对先验图型（transcendental schema）这个第三者的研究。关于这个意义上的第三者及其作用，国内外著名的康德专家们大都有着明确的指认，极少存在根本性的分歧。①众所周知，在康德那里，先验图型是联结范畴与现象的中介，或者说，范畴通过先验图型这个第三者运用于现象，从而使范畴获得了客观实在性。应该说，关于先验图型这个第三者，历来都是国内外学术界研究的重点，它在康德哲学中也是一个专门的哲学术语。国内外有很多著名的康德专家，如罗曼·康蒲·斯密（Norman Kemp Smith）、帕通、P. F. 斯特劳森（P. F. Strawson）、亨利·E. 阿利森（Henry E. Allison）、M. 伍兹（M. Woods）、保罗·盖耶尔（Paul Guyer）、奥特弗里德·赫费、迪特·熊耐克（Dieter Schönecker）、克里斯蒂安·科斯嘉德（Christine Korsgaard）、卡尔·阿美里克斯（Karl Ameriks）、塞巴斯蒂娜·伽德勒（Sebasitian Gardner）、齐良骥、邓晓芒、温纯如等诸位学者在阐述自己的观点时都或多或少地涉及乃至专门研究过这个第三者。不过，根据本书的主题，我们要探讨的一个关键问题恐怕是：先验图型作为第三者是不是也就是联结先天综合判断的主谓词的第三者？关于此问题，本书的第三章将给予讨论和回答。

另外，第三者在康德哲学中还被当成是一个条件整体（Inbegriff）②来对待，而且只有在这个条件整体中，我们才能找到先天综合判断的可能性。这个条件整体包括内感官及其先天形式（时间）、想象力的综合（图型）、统觉的综合统一（范畴）这三项，它们共同构成了先天综合判断得以可能

---

① 相关的论述和评论，可以参看 Allson H E, *Kant's Transcendental Idealism: An Interpretation and Defense*, New Haven: Yale University Press, 2004, pp. 202-228.

② 杨祖陶和邓晓芒两位先生将 inbegriff 翻译成"总括"，李秋零先生翻译成"总和"，2018 年出版的由王玖兴先生主译的《纯粹理性批判》则译为"大团子"。笔者没有采纳诸位先生的翻译而用"条件整体"这个词来翻译和概括这个第三者，是因为笔者认为这个第三者中的三项共同构成了先天综合判断得以可能的先天条件，换言之，这样翻译是为了突出它作为先天综合判断得以可能的条件。笔者认为，这个意义上的第三者跟本书所研究的第三者的侧重点可能有所不同，但前者应该包含后者。关于二者的关系，笔者将在本书的第一章的第二节中给予论述。

的条件。对此种意义上的第三者做出过比较深入论述或研究的学者包括赫尔曼·柯亨（Hermann Cohen）、帕通、奥特弗里德·赫费、亨利·E. 阿利森、保罗·纳特尔（Paul Natterer）、埃里克·沃特金斯（Eric Watkins）、齐良骥、杨祖陶和邓晓芒等。

尤其值得一提的是，人们对定言命令（作为一个先天综合的实践命题）的第三者问题给予了极大的关注。关于"定言命令的第三者是什么？"这个问题，国内外学术界基本上形成了两条解题思路：纯然先天型思路和混合型思路。前一种思路将定言命令的第三者看成是某种完全出自理性的纯然先天的东西，但是不同的研究者对这个完全纯然先天的东西的看法或表述不一样，而且即使是同一个研究者也存在不同的说法，如帕通就认为第三者是自由的理念，但他又认为第三者是理智世界的成员，而阿利森则认为第三者是理智世界的理念，伊恩斯·蒂默曼（Jens Timmermann）认为第三者是一个拥有自身的法则并处于一个至上的理智世界中的纯粹意志，莎莉·塞吉威克（Sally Sedgwick）却认为第三者就是自由的积极概念。舒远招教授则认为完美神圣的理性存在者的意志是定言命令的第三者。尽管存在着看法上的不一致，但是这些研究者将定言命令的第三者当成某种纯然先天的东西是笔者所认同的。而且，学术界大多数的研究者都坚持这种解题思路。

国内有研究者认为同一个意志是定言命令的第三者。这种观点认为，在理论哲学和实践哲学之间存在着类比性，同一个意志作为定言命令的第三者就类似于先验图型这个第三者，它一方面联结着感性欲望，另一方面又联结着理性的意志。简言之，同一个意志是一个既包含感性欲望又包含理性成分的意志，更具体地说就是"人"这样的有限的理性存在者的意志。①可见，这种观点体现了一种混合型的解题思路，而坚持这种思路的研究者在国内外并不多见。

总之，学术界基于对《道德形而上学的奠基》（简称《奠基》）中相关文本的不同解读，对定言命令的第三者问题的解答可谓众说纷纭、莫衷一是。这体现了定言命令的第三者问题本身的复杂性及研究该问题的困难，同时也突出了康德哲学中第三者问题本身的复杂性和重要性。

应该说，学术界关于康德哲学中的第三者的研究固然不少，但从联结先天综合判断的主谓词的意义上来探讨先天综合判断的可能性，并系统地

---

① 在此暂时不引用这些研究者的观点的出处，原因在于笔者将在本书的第四章探讨定言命令的第三者问题时会引述上述观点，并给出它们的出处。

研究这一问题的研究成果却不多。因此，根据我们的问题意识，并在学术界已有研究成果的基础上，我们试图追问以下问题：①康德在不同语境中的第三者具有什么样的特殊含义？这些含义之间是否存在着内在的关联？②纯粹数学、自然形而上学、实践哲学、美学中先天综合判断的第三者是什么？③第三者又是如何将先天综合判断的主谓词联结起来的？对这些问题的研究就构成了本书研究的重点，同时也是研究的难点。

关于上述问题，本书力图给予一个合理的解答，但是本书所得出的一些结论往往也带有一定的猜测性。笔者坚持和奉行胡适先生做研究时秉持的一个准则：大胆猜测和小心求证。鉴于国内外学术界对上述问题同样缺乏研究，因此，要真正弄清上述问题的答案恐怕需要对康德的"三大批判"、《导论》、《自然科学的形而上学基础》（简称《基础》）、《奠基》以及《遗著》等文本做一番彻底的清理和研究，这是一项极为困难、长期而系统的工作。但是，无论多么困难，笔者都将以上述提出的问题以及对一些问题所做的猜测为基础，不懈地推进对第三者问题的研究。

另一个难点是第三者问题涉及的面很广。该问题不仅涉及康德的理论哲学，也涉及他的实践哲学的多个部分，如涉及法权论、德性论，不仅如此，还涉及他的宗教哲学、历史哲学等领域，当然也涉及美学领域，这就为研究第三者问题提出了更为艰巨的任务。也正是因为这个原因，就必然需要我们在研究第三者问题的同时对康德的整个批判哲学体系的构架有一个整体的考虑。换言之，我们需要对康德的整个哲学体系进行准确的理解，并在这个前提下讨论第三者问题。不过，要做到这一点并不容易，诚如杨祖陶先生曾指出的那样："康德的哲学体系是什么，由哪些部分组成，其根本性质是什么，这些问题远比最初想到的要复杂得多。"①

再一个难点是来自康德著作本身。康德的著作难读是出了名的，他的著作中的一些表达也是容易引发不同理解的（如对先天直观与图型之间的关系的表述），这是每个研究康德哲学的人都可能会有的体会。也许正是因为这个状况，学术界才流行着"说不尽的康德哲学"的说法。比如，就本书所研究的第三者问题而言，当康德在其著作中谈到联结先天综合判断的主谓词的第三者时，他要么避而不答（卖个关子，留待后面再谈，但是又不容易找到他在哪里谈），要么就做了一个简单的交代，多数情况下都没有给予详细的说明或论证，这无疑给我们的研究带来了极大的困难。特别是对超验的自然形而上学判断的第三者问题的研究，由于康德对此领域

---

① 杨祖陶：《康德黑格尔哲学研究》，武汉：武汉大学出版社，2001 年，第 155 页。

中的先天综合判断没有给出其逻辑表达式（即判断形式），找不到一个合适的例子，也缺乏对此领域的先天综合判断的第三者的相关论述，所以，这就成为研究第三者问题的一个重大难题。

第四个难点来自国内外已经存在着的大量的研究资料和成果，或者说来自康德哲学在国内外都是"显学"的这个地位。做康德哲学研究的人，除了要面对康德著作本身艰深这个难题之外，还要阅读和研究学术界已有的、大量的甚至是汗牛充栋的研究资料。康德哲学自产生之日起到现在，国内外每年都有大量的研究专著和论文出现。这些研究成果是每一个选择研究康德哲学中任何一个问题的人都必然或多或少要面对的。本书涉及和引用的一些研究资料是非常有限的，可以说是冰山一角。这进一步说明了我们的研究所面临的困难及本书存在的不足之处。

三、基本思路和研究方法

鉴于第三者问题所具有的重要理论意义（尤其是对康德哲学本身而言）和哲学史价值，我们将根据对康德哲学体系的整体把握，并紧扣康德自己在阐述和解答"先天综合判断是如何可能的？"这个总问题的思路，试图从系统性和历史性两个角度来研究这个问题。

从系统性角度看（这主要是就康德哲学的体系而言的），我们对第三者问题的研究大致遵循康德在《纯批》和《导论》中给出的思路，即遵循他把"先天综合判断是如何可能的？"这个总问题分成四个子问题①的思路展开，但不是完全依照这四个子问题来安排章节的，因为第三者问题至少还涉及康德的宗教哲学和美学。

---

① 这四个子问题分别是：a. 纯粹数学是如何可能的？b. 纯粹自然科学是如何可能的？c. 形而上学作为自然倾向是如何可能的？（一般形而上学是如何可能的？）d. 形而上学作为科学是如何可能的？我们看到，对于第三个子问题，《纯批》和《导论》中的提法有所不同，其他的都是一样的。由于这种不同不是我们研究的重点，因此我们在正文中不做详细的分析。但在这里，我们可以做一个简单的解释：康德在此所说的形而上学很可能是指他以前的形而上学，尤其是以"莱布尼茨-沃尔夫"哲学为代表的传统形而上学。这种形而上学是作为一种自然倾向存在着的，因此也可以被当作一般形而上学来看待。而对第四个子问题，笔者倾向于做广义的理解，即这个问题中的形而上学不仅包括自然形而上学，也包括批判哲学（它要为形而上学奠基）和道德形而上学。对康德的哲学体系的把握不能仅仅把它看成是一个科学的"自然-伦理形而上学体系"，而且也可以把它当作一个"人类学"的哲学体系和批判的哲学体系来看，因为如果把康德的哲学体系仅仅看成是科学的"自然-伦理的形而上学体系"，很有可能会把宗教哲学、美学、历史哲学等排除在该体系之外。因此，我们将依据对康德的整体的哲学体系进一步研究道德形而上学、宗教哲学和美学领域中的第三者问题。有关康德哲学的体系问题可以参看杨祖陶在《康德黑格尔哲学研究》（武汉大学出版社，2001年）第139—175页中的论述。

　　按照康德对其总问题的解题思路，从第三者问题的角度对这四个子问题展开的研究便构成了本书的主体部分的三章。第二章讨论第一个子问题，即纯粹数学判断的第三者；第三章探讨第二个子问题，即自然形而上学判断的第三者，它包括内在的（immanent）形而上学和超验的形而上学两个部分；第四章讨论实践哲学中先天综合判断的第三者，这涉及第三和第四两个子问题，因为形而上学要想成为科学不仅涉及自然领域，而且也涉及自由领域，而这时它就是道德形而上学（Metaphysik der Sitten）。此外，由于《判断力批判》（简称《判批》）关涉理论哲学和实践哲学的联结问题，而且康德在《判批》中还明确地指认纯粹审美判断也是先天综合判断，因此本书第五章将探讨鉴赏判断的第三者问题。

　　从历史性角度看，我们主要是需要探明康德提出第三者问题的哲学史渊源和问题背景，因为只有在此基础上才能阐明第三者问题在西方哲学史上得以产生的历史必然性。[①]本书认为，康德提出第三者问题是基于古希腊时期就已经产生的"主谓词关系问题"的思考框架，其直接目的是克服形而上学的危机，让形而上学摆脱已有的困境。

　　从系统性和历史性的双重视角对第三者问题做出考察和论述之后，本书结语部分将对第三者问题的学术价值和意义做出合理的估价。一方面，从拯救形而上学、开启实践哲学和美学研究的新视野等方面具体论述此问题的学术价值和意义。另一方面，论述第三者问题对我们从整体性和系统性角度理解和把握康德哲学、德国古典哲学乃至整个西方哲学史的发展脉络、整体图景等所具有的重要学术价值和意义。

　　最后，关于本课题的研究方法做一个简单的交代。按照康德对"先天综合判断是如何可能的？"这个总问题的研究，他的研究方法分为两个方面：一方面是给出先天综合判断的判决性实例；另一方面是对构成先天综合判断的先天条件（主要是先天直观和范畴）进行形而上学和先验的论证（包括阐明和演绎）。本书在研究方法上也基本遵循康德的上述方法。具体而言，本书所使用的研究方法包括：①问题研究与概念分析相结合的方法。本书始终着眼于第三者问题，并以此为线索来展开对康德哲学的横向和纵向研究。概念与问题往往紧密相关，本书在着眼于问题的同时对第三者、自然形而上学、纯粹自然科学等概念都做出了

---

① 其实，探讨第三者问题对后世哲学尤其是德国古典哲学的深远影响也是一个非常有意思、有重大价值的问题，因此我们也可以将它看成是对第三者问题进行探讨的历史性维度。不过，限于笔者的学力和本书的篇幅，笔者无法再对这个问题展开更深入、具体的研讨，而只是在结语部分给予了很少的说明。笔者以为，这个问题可以作为一个专题来进一步研究。

自己的分析和界定。②理论的系统建构法。本书试图从第三者问题的视角重新构建康德的批判哲学体系，并力图对康德的批判哲学体系做一个整体、系统的把握。③历史对比法。本书把康德的思想与古希腊和近现代一些哲学家的思想进行对比，试图厘清它们之间各方面的传承与超越关系。

第一章　先天综合判断的第三者问题概述

任何一个哲学问题的产生都不可能是凭空出现的，它总有着自己深厚的哲学史渊源和不可逾越的时代背景。可以说，西方哲学发展的历史就是一部哲学问题不断产生和得到考察并不断推进的历史。从人类思想发展的辩证法的视角看，这些哲学问题的产生，往往又源于哲学自产生之时就有并一直存在着的矛盾性。"人类哲学思想从它开始产生的第一天起，就在自身之内包含着一个深刻的矛盾：它来自于经验，但又是超越经验的结果；它是理性思维、范畴和概念的运动，但又只有经验才能推动它。"①换言之，这些矛盾往往表现为经验与超验、感性与理性（思维、范畴）之间的矛盾，而这些矛盾反映在哲学上即是一个个深刻而永恒的哲学问题。在康德看来，这些矛盾和问题的产生和存在往往又是由理性自身提出来的，因而往往表现为理性的自我矛盾，这就构成了人类理性自身特殊的命运。正如他所说的："它（按：理性）为一些它无法摆脱的问题所困扰；因为这些问题是由理性自身的本性向自己提出来的，但它又不能回答它们；因为这些问题超越了人类理性的一切能力。"②

在康德看来，为了解决这些困扰人类理性自身的矛盾或问题（这便是理性的困境），就需要对理性进行批判（Kritik），并在此基础上建立一门科学的形而上学。想要摆脱由人类的理性自身所造成的困境，唯一的办法就是对理性自身展开批判，这其实就是理性的自我批判，也只有在此基础上，建立一门科学的形而上学才有可能。如果用康德自己的话来说，那就是"对一般理性能力的批判，是就一切可以独立于任何经验而追求的知识来说的，因而是对一般形而上学的可能性和不可能性进行裁决，对它的根源、范围和界限加以规定，但这一切都是出自原则"③。可以说，康德毕生的工作和事业，以及所有的努力，就是要通过对人类理性自身进行批判，从而使形而上学能够像数学和物理学那样走上科学的康庄大道。正是通过对人类理性的批判性考察，一个用于解决人类理性的感性与理性、直观与概念、经验与超

---

① 陈修斋：《欧洲哲学史上的经验主义和理性主义》，2版，北京：人民出版社，2007年，第29页。
② 〔德〕康德：《纯粹理性批判》，邓晓芒译，杨祖陶校，北京：人民出版社，2004年，第1页。
③ 〔德〕康德：《纯粹理性批判》，邓晓芒译，杨祖陶校，北京：人民出版社，2004年，第3—4页。

验之间的矛盾的第三者概念便应运而生了。于是，第三者问题也就产生了。

第一节　哲学史渊源和时代背景

从最初的起源看，第三者问题的产生深深地植根于古希腊哲学对"世界的本原是什么？"的追问和思索中。按照亚里士多德的解读，这其实是一个形而上学问题。西方哲学史界往往也把此问题称为"本体论问题"或"存在论问题"（ontological problem）。亚里士多德正是通过其自然哲学（物理学）、逻辑学、修辞学等的研究，并结合对他之前哲学家们的思想所做的哲学史研究，从而将此问题进一步发展为"主谓词关系问题"。而从直接的来源看，第三者问题又源自 16 世纪末叶以后的近两百年间欧洲近代哲学史上的经验论和唯理论关于认识的基本问题的争论。这两派哲学在认识对象、认识主体、认识的起源与途径、认识方法、真理标准等问题上的争论使作为西方传统哲学之核心或基础部分的形而上学的危机不断加重，因而使得形而上学的问题变得更加突出了。

在康德所处的时代，经验自然科学（尤其是天文学和物理学）逐渐从哲学的母体中分离出来，取得了独立，并获得了巨大的发展。与之相反，作为哲学之最核心的部分——形而上学（往往也被称为"第一哲学"）——却裹足不前，并深陷于由人类理性自身所引起的诸种困境当中，进一步催生了第三者问题，这就是该问题得以产生的时代和思想背景。换言之，第三者问题是在形而上学的危机中催生出来的，因而与形而上学的危机紧密相关。形而上学的这种危机突出地表现在其中找不到一个真正的先天综合判断，这成了形而上学最严重、最根本的缺陷。

一、西方哲学史上的主谓词关系问题

就第三者问题得以产生的最初的哲学史境遇而言，它的提出首先涉及"主谓词关系问题"①。换言之，此问题正是在"主谓词关系问题"的框架

---

① 笔者所谓的"主谓词关系问题"也被称为"主词界定问题"（谢文郁语）。笔者以为，这两种说法并没有本质性的差别。笔者之所以愿意称之为"主谓词关系问题"，是因为在该问题中虽然存在着"什么东西可以充当主词？""什么样的东西可以作为谓词？""主词与谓词之间是否能够颠倒？""如何用谓词去界定主词？"等诸多问题，但是不可否认的是这些问题都可以归结为"主词和谓词之间的关系问题"。换言之，上述问题都牵涉主谓词之间的复杂关系问题。另外，在对"主谓词关系问题"的研究中，就笔者目前涉猎的资料而言，中山大学哲学系的徐长福的研究最为全面和精深，给了笔者很多的启发，在此深表谢意！除徐长福之外，舒远招、谢文郁等学者也对此问题有较多深入、细致的思考。

内被提出来并被加以探讨的。"主谓词关系问题"的重要性尤其体现在"西方哲学的每一次重大变革无不肇始于对主谓关系的重新理解，就此而言，一部西方哲学史仿佛就是主词与谓词的辩证历程"①。从这一意义上看，一部西方哲学史就是一部探讨"主谓词关系问题"的历史。而康德作为西方哲学史上具有承前启后、继往开来意义的哲学家，正是通过提出和探讨第三者问题从而对此问题作出了深入的思考和探讨。关于这一点，我们将在后面的章节中通过叙述和讨论进行完整的展现，因而这里暂且不论，而只对此问题的发展史做一个简要的勾勒。

"主谓词关系问题"作为一个古老的哲学问题，它在早期希腊哲学中并不仅仅是一个语言学和逻辑学问题，而且也被当作一个复杂的哲学问题加以探讨。众所周知，早期希腊哲学的中心问题是"世界的本原（始基，arche）是什么？"其实，当早期的希腊哲学家们在追问此问题时，就已经把"本原"（不管它是什么）作为主词来看待了，比如本原是水（泰勒斯），本原是火（赫拉克利特），本原是无限（阿拉克西曼德），本原是气（阿拉克西米尼），本原是原子（德谟克利特）等。这些例子恰恰说明，即使早期的希腊哲学家们就此问题给出了不同的答案，但是有一点是相同的：从哲学逻辑学的角度看，"本原"始终占据着主词的位置。

值得注意的是，在这样一些表述中，"本原"作为主词往往是未知的，而谓词往往又是已知的，比如"水""火""无限""气""种子""元素""原子"等，因此，用已知的谓词去界定未知的"本原"这个唯一的主词是前苏格拉底哲学家们在探寻"世界的本原是什么？"时的一个重要的方法论和认识论上的特征。可见，从语言逻辑的角度看，追问"世界的本原是什么？"也就是在用各种各样已知的谓词对"本原"这个主词进行界定。不过，同样值得注意的是，"本原"也可以充当谓词，比如水是本原、气是本原。这说明两个问题：第一，在这些哲学家的思想中，他们还没有明确地意识到"主谓词关系问题"；第二，主谓词尤其是主词尚未获得明确的规定。

正是通过巴门尼德，西方哲学对"主谓词关系问题"的思考获得了重大的推进，这首先体现在对作为主词的"本原"所做的三个界定上，即本原是唯一的、永恒的和不动的。②用巴门尼德自己的话来说就是："存在者是非产生的也无毁灭，是整体、单一、不动和完满的。它不是过去存在

① 徐长福：《主词与谓词的辩证——马克思哲学的逻辑基础探察》，《哲学研究》2017 年第 5 期，第 11 页。
② 谢文郁：《形而上学与西方思维》，南宁：广西人民出版社，2016 年，第 3 页。

也不是将来存在，因为它总是现在这样，所有的都在一起，是一，是连续的。"①正是在此意义上，巴门尼德将"存在"作为哲学研究的唯一对象。"在巴门尼德看来，Being（存在）不仅意指什么东西存在，而且意指任何包含系词（is）的句子所描述的东西是真实的。同样，being（存在者）不仅表示实存着（existing），而且表示存在状态……依据这样的解释，存在（Being）就是一个要比实存物的总体（the totality of existents）更为丰富且更令人迷惑的领域了。"②巴门尼德对存在的解释有两个重要的意义：一是开创了哲学研究存在的存在论（ontology）或形而上学传统；二是"存在"取代了"水""火""气"本原，成为唯一的主词，各种存在者和其存在状态都成为这个唯一的主词（在西方近代形而上学的顶峰——黑格尔的形而上学中，这个唯一的主词就是绝对精神）的谓词。这两点意义对以后的西方哲学的发展产生了重要而深远的影响。

在苏格拉底—柏拉图那里，"主谓词关系问题"变得普遍化了。苏格拉底—柏拉图在巴门尼德的基础上有意识地寻找一种能够界定主词的普遍方法，那就是辩证法。"辩证法是最早的系词论（存在论）的完整形态。在柏拉图的所有著作中，主词界定问题都是采用辩证法。"③"从现在我们能看到的文字资料说，第一个将'辩证法'当作哲学专门术语写在著作中的还是柏拉图。柏拉图在《对话》中不仅阐述了苏格拉底的思想和方法，并且将'辩证法'确定为最高的学问——哲学，还进一步探讨了辩证法的具体内容。"④就辩证法（dialectics）的词源来看，尽管它还是对话的艺术，这在柏拉图的《对话》中也有着明显的体现，但是在柏拉图那里辩证法其实就是探讨"主谓词关系问题"的学问，这尤其体现在主谓词之间的辩证关系上。

策勒尔（Eduard Zeller）也曾指出："采用这种分析和综合的方法的辩证法，最终要达到几个谓词在一个主词概念中的结合——与主张只有同一判断才是可能的安提斯泰尼相反——理念论因此越来越带有一种逻辑学和认识论的特征。"⑤柏拉图提出的理念论既是对在"主谓词关系问题"

---

① 转引自，杨适：《古希腊哲学探本》，北京：商务印书馆，2012年，第232页。
② 〔英〕安东尼·肯尼：《牛津西方哲学史·第一卷·古代哲学》，王柯平译，长春：吉林出版集团股份有限公司，2016年，第236—237页。
③ 谢文郁：《形而上学与西方思维》，南宁：广西人民出版社，2016年，第3页。
④ 汪子嵩：《西方三大师——苏格拉底、柏拉图、亚里士多德》，北京：商务印书馆，2016年，第16页。
⑤ 〔德〕E. 策勒尔：《古希腊哲学史纲》，2版，翁绍军译，济南：山东人民出版社，2007年，第141页。

的框架内提出的关于"世界的本原是什么？"的解答，又是对前苏格拉底哲学关于"世界的本原是什么？"这个问题的一个总结。在柏拉图那里，理念（eidos）取代了本原充当主词，成为需要界定的概念。意思就是说，只有理念才能充当主词。同时，理念与现象之间的二分也是主词与谓词二分的表现。于是，"主谓词关系问题"通过辩证法的型相或理念与现象的二元对立关系得到了表达。

用柏拉图自己的话来说是："那么你也要懂得，可知区域的另一部分，我指的是理性本身凭着辩证法的力量可以把握的事物。理性不会把这些假设当做第一原则，而是真正地当作假设——但作为踏脚石和进身之阶，是理性能够抵达一切事物的非假设的第一原则。掌握了这个原则，它回过头来把握那些追随这个原则的事物，下降到结论，不使用任何可见的事物，而只使用型相本身，从一个型相移动到另一个型相，在型相中结束。"①说到底，柏拉图所谓的第一原则其实就是型相或理念，更具体地说就是善的型相或理念。在柏拉图那里，辩证法作为追求无条件限制的型相或理念的学问，它表达的也不过是型相或理念（主词）和现象（谓词）之间深刻而复杂的关系。换言之，柏拉图的辩证法表达的正是主谓词关系的辩证关系。

到了亚里士多德那里，他明确地意识到"主谓词关系问题"首先是逻辑和语法（修辞）问题。一个基本的事实是，亚里士多德的逻辑是主谓逻辑，这正是对"主谓词关系问题"的一项极为严格而深入的逻辑研究。他研究逻辑和语法的一个重要参照系就是当时的智者学派，后者强调的是修辞学和论辩术，以说服为目的。而亚里士多德的逻辑和语法研究重在说理，他建立逻辑的一个重要目的就是要彻底拨开智者派的相对主义迷雾，从而获得真实可靠的科学知识，为此自然就需要从逻辑上彻底地澄清科学知识的可靠性问题。所以，亚里士多德《工具论》中的"范畴篇"和"解释篇"便分别研究了词项和命题，这是涉及科学知识的重要的语言逻辑基础问题，因此有学者也将"范畴篇"和"解释篇"理解为"亚里士多德预先为逻辑学建构公理化的科学知识系统，所做的语言哲学论述"②。

在亚里士多德那里，他继承了巴门尼德所坚持的"思维与存在同一"的原则。他的逻辑学不过是其形而上学在思维领域里的具体表现，而后者则是一门专门研究"作为存在的存在"（to on hei on）也即最高存在的学问。在这个意义上，亚里士多德恰好是以"逻辑学和形而上学"相统一的

---

① 〔古希腊〕柏拉图：《柏拉图全集》（中卷），王晓朝译，北京：人民出版社，2018 年，第 223 页。
② 林远泽：《从赫德到米德：迈向沟通共同体的德国古典语言哲学思路》，台北：联经出版事业股份有限公司，2019 年，第 31 页。

方式来探讨"主谓词关系问题"的。在亚里士多德看来，最高存在是实体（ousia），它同时也是形而上学研究的对象。在逻辑学意义上，"在陈述中，主词是一个本体，其他范畴是表述它的谓项"①。而在形而上学的意义上，"作为'最终底基性'的实体与作为'最终主词性'的实体，都是属性或谓词所分类与表述的对象"②。同样，在亚里士多德看来，一个命题的主词指涉事物的存在，而谓词表达了事物的性质、属性和分类等，因此在命题中主谓词各自的意义得以确定。一旦命题由主谓词所构成，那么它就具有了真假的逻辑意义。这样，在亚里士多德哲学中，"主谓词关系问题"就既表现在逻辑上，也体现在形而上学当中。这样，本体论就与逻辑学和形而上学合流了。在此意义上，逻辑学和形而上学就成了研究本体的两种不同方式，只不过二者都有一个本体论基础。

因此，可以毫不夸张地说："在西方哲学史上，亚里士多德最早把主词和谓词的关系跟实体与偶性的关系、个别与一般的关系以及感性与理性的关系平行和对应起来，并且总是从主词和谓词的关系去理解其他各种关系，从而赋予了他的哲学体系以清楚的逻辑基础。"③可见，在亚里士多德那里，"主谓词关系问题"获得了更加丰富、深刻的内容和多样的形式，该问题已经不仅仅是一个逻辑学问题，而且是一个深刻的形而上学、本体论问题。为了探明该问题，他不仅专门探讨了语言的意义问题，而且为解决"主谓词关系问题"创立了逻辑学这门崭新的学问。正如策勒尔所指出的那样："自从亚里士多德创立了逻辑学这门学问以来，主词与谓词的关系就一直是所有研究哲学的人们所必须了解的课题……主谓词关系是通过逻辑学去解决本体论等哲学问题的一条重要进路。"④

因此，亚里士多德的主谓逻辑不仅仅是语言和逻辑问题，而且是深刻的哲学问题。"进一步，在处理完语法和逻辑问题之后，亚里士多德注意到，系词使用中不可避免地遇到所谓的实体或本质问题。"⑤于是，他的主谓逻辑被进一步引申为更为深刻的实体或本质理论，这在哲学史上意义重大。由此，语言逻辑的问题与哲学问题关联起来了，从而开辟了哲学研

① 杨适：《古希腊哲学探本》，北京：商务印书馆，2012年，第454页。
② 林远泽：《从赫德到米德：迈向沟通共同体的德国古典语言哲学思路》，台北：联经出版事业股份有限公司，2019年，第32页。
③ 徐长福：《主词与谓词的辩证——马克思哲学的逻辑基础探察》，《哲学研究》2017年第5期，第12页。
④ 徐长福：《论马克思早期哲学中的主谓词关系问题——以〈黑格尔法哲学批判〉为解读重点》，《哲学研究》2016年第10期，第27页。
⑤ 谢文郁：《形而上学与西方思维》，南宁：广西人民出版社，2016年，第3页。

究的新的路径。这样，"主谓词关系问题"就不再仅仅是一个语言和逻辑的问题，同时也是深刻而复杂的哲学问题。换言之，逻辑问题与真理问题紧密结合起来了。亚里士多德开创的这一研究路径在以康德和黑格尔为代表的德国古典哲学家那里得到高度的弘扬。康德所创立的先验逻辑就非常明显地体现了逻辑与认识论的紧密结合，而在黑格尔那里则被表述为逻辑学、认识论、本体论和辩证法的高度统一。

从逻辑学视角去探究"主谓词关系问题"是亚里士多德的一个独创，而他对该问题的探讨又深刻地影响了后来的哲学家。纵观西方哲学史的发展，哪一次重大变革不是以逻辑学的方式去解答主谓词关系问题的尝试？所以，自亚里士多德以后，"西方哲学的每次重大变革无不从逻辑基础开始，培根的归纳逻辑之于经验主义哲学、康德的先验逻辑之于批判哲学、黑格尔的思辨逻辑之于辩证法体系、胡塞尔的逻辑研究之于现象学、弗雷格和罗素的数理逻辑之于分析哲学都是如此。而逻辑基础的变革首先碰到的就是主谓关系问题"①。从这个意义上看，"主谓词关系问题"就是一个决定着哲学或形而上学之命运的关键。也正是在这个意义上，"主谓词关系问题"的重要性变得更加突出，并得到了很多哲学家们明确的关注。

不过，亚里士多德不仅在逻辑学上，还在形而上学的意义上探讨主谓词关系问题，并提出了非常著名的实体理论，因此他的实体理论就综合了他的逻辑学和形而上学。亚里士多德实体理论涉及一个实质性问题，那就是到底是个别事物还是抽象类存在能够充当判断的主词？所以，在他那里出现了第一实体和第二实体之分。亚里士多德通过逻辑学和形而上学对主谓词关系所做的探讨对后世哲学产生了难以估量的影响，尤其是第一实体和第二实体之争非常深刻地影响了中世纪哲学。也正是在上述意义上，我们完全可以认为，康德基于主谓词关系的立场提出第三者问题是与古希腊哲学的问题意识一脉相承的。

在"主谓词关系问题"的框架内，第三者问题的提出又不仅仅涉及逻辑学问题，它同样涉及认识论、本体论（形而上学）和方法论等方面的问题。"拿什么词充当主词，就意味着把什么东西当成基体、实体乃至主体，这在哲学上事关重大。"②开始于"波菲利问题"的唯名论和唯实论之争涉及的就是主词（类词）所指称对象的真实性问题。在唯实论看来，主词

① 徐长福：《主词与谓词的辩证——马克思哲学的逻辑基础探察》，《哲学研究》2017 年第 5 期，第 12 页。
② 徐长福：《主词与谓词的辩证——马克思哲学的逻辑基础探察》，《哲学研究》2017 年第 5 期，第 12 页。

指向的对象是一种实在的事物，它们外在于我们的思想而存在，主词之对象乃是作为关于主词之判断正确与否的标准；而在唯名论看来，主词不过是一个词而已，它并不指向实在的事物。在唯实论和唯名论争论的早期，尽管唯实论居主导地位，但是在二者争论的后期，唯名论逐渐取得了优势，这意味着二者的争论由神学本体论向认识论回归。这样，通过唯实论和唯名论的争论，有关认识对象的问题变得越来越突出了，而这个问题又逐渐成为近代唯理论和经验论争论的焦点之一。

近代唯理论和经验论之争在认识对象上着眼于"实体"的争论，两派围绕着认识的对象是一般还是个别，以及作为认识对象的实体是物质还是精神，是一元还是多元，是可知的还是不可知的，是被动的还是主动的，是同质的还是异质的等诸多问题展开了激烈的思想上的争论和交锋。近代唯理论和经验论之间的争论虽然最后导向了休谟的怀疑论和不可知论，但是针对休谟的怀疑论和不可知论，被休谟从"独断论的迷梦"中惊醒的康德提出了"先天综合判断是如何可能的？"来应对休谟的挑战，并在"主谓词关系问题"的框架内合乎逻辑地提出了第三者问题。

众所周知，康德的批判哲学是对近代西方哲学史上的唯理论和经验论的调和。当唯理论和经验论在知识的对象、主体、来源、标准等问题上争论不休并日益陷入危机和窘境时，康德则试图通过对"先天综合判断是如何可能的？"追问和解答来化解这种危机，从而使哲学（形而上学）能够摆脱上述困境，并走上科学的康庄大道。从这个意义上看，康德提出"先天综合判断是如何可能的？"的主要目的是让形而上学能够摆脱危机，走上科学的康庄大道，因而也就具有了拯救形而上学的重要意义。正如德国当代著名哲学家、著名康德专家赫费曾深刻地指出的那样："康德提出的有关作为科学的形而上学的问题把一种前所未有的激进带入了哲学讨论之中，这种尖锐的激进只有通过一种新的更为彻底的思维方式才成为可能。"[①]这种更为彻底的思维方式其实就是"理性批判"，它所针对的既是唯理论的困境，也是经验论的缺陷，因为只有通过理性批判才能解答"先天综合判断是如何可能的"问题。更准确地说，唯理论无法提供综合知识，而经验论则无法提供先天知识，只有先天综合判断才是康德所追求的理想的知识类型，而要提供这样的知识就需要理性进行自我批判，在此过程中找到一个第三者从而将先天综合判断的主谓词联结起来。

---

① 〔德〕奥特弗里德·赫费：《康德：生平、著作与影响》，郑伊倩译，北京：人民出版社，2007年，第2页。

　　因此，总体上说，第三者问题的提出来自近代西方哲学史上唯理派和经验派对认识问题的研究。"经验派与理性派矛盾的交织，一开始就从自然观、宇宙观的高度，亦即从本体论或'认识对象'的角度，向康德提出了如何调和矛盾的难题。"①

　　而康德提出第三者问题的直接原因很可能来自休谟关于"观念关系的知识和事实的知识"之间的划分。根据"休谟之叉"（Hume's Fork），知识有两种类型，要么是观念关系的知识，要么是事实的知识。"人类理性或研究的全部对象，可以自然地分为两类，即：观念的关系和实际的事情。"②关于观念关系的知识的命题都是先天命题，也就是说，它们都是分析命题，而关于事实的知识的命题则是后天命题，即都是综合命题。因此，所有知识要么是分析命题，要么是综合命题。除此之外，没有第三种类型。休谟通过对知识的性质和类型的考察，最后得到了一个认识论上的结论："如果我们相信这些原则，则当我们巡行各个图书馆时，我们必将会起什么样的破坏作用呢？我们如果拿起一本书，例如神学的或经院哲学的书，我们就可以问：'其中包含有关于量或数方面的任何抽象推理么？'没有。'其中包含有关于实际的事实和存在的任何经验的推理么？'没有。那就可以把它投到烈火中去，因为它所包含的，没有别的东西，只有诡辩和幻想。"③

　　休谟的结论是毁灭性的，对于传统形而上学而言直接意味着灭顶之灾，因为传统的形而上学提供不出他所提到的两类知识。不过，康德并未接受休谟认识论的结论。"他的认识论的最终目的仍然是要调和经验派与理性派，而休谟使他看清了：沿着独断地设定某种认识结构的理性主义道路，这种调和是无法真正实现的；只有沿着经验主义的方向，首先从人们现有的经验知识出发，但不是（像休谟那样）只限于单纯地承认它们，而是对它进行深入的分析，从中发现那隐藏着的知识本身的先天结构，并把这个先天结构的超经验的客观基础（物自体）存而不论，这样才能既坚持了经验主义的'实在性'（非独断性），又不至于完全否定人的理性在认识中的作用，而是把这种能动作用提到使一切只是具有普遍必然性这样一个最高的位置上来。"④可见，休谟不仅把康德从"独断论的迷梦"中唤

---

① 陈修斋：《欧洲哲学史上的经验主义和理性主义》，2 版，北京：人民出版社，2007 年，第 350 页。
② 〔英〕休谟：《人类理智研究》，吕大吉译，北京：商务印书馆，1999 年，第 26 页。
③ 〔英〕休谟：《人类理智研究》，吕大吉译，北京：商务印书馆，1999 年，第 153 页。
④ 陈修斋：《欧洲哲学史上的经验主义和理性主义》，2 版，北京：人民出版社，2007 年，第 351—352 页。

醒，而且启发了康德调和经验派与理性派的思路。不仅如此，休谟哲学一些重要的原则也深刻地影响了康德，制约着康德提问的方式。

在休谟那里，分析判断和综合判断的区分等同于必然真理和偶然真理的区分，也等同于先天知识和后天知识的划分。休谟关于知识的性质和类型的划分在哲学上产生了巨大的影响，这一点可以通过康德哲学明显地看出来。康德接受了休谟关于知识类型的划分，但是他的目的是要建立一门能够作为科学出现的形而上学，在这个目的的前提下，他在休谟的两类知识类型中增加了一类知识，那就是先天综合判断。可以看出，休谟关于知识的性质和类型的观点成为康德提出第三者问题的重要的哲学史渊源。

在提出了先天综合判断这类新的知识类型之后，康德基于主谓词的关系的立场进一步提出了先天综合判断的可能性问题。而他基于判断的主谓词关系的立场来考察先天综合判断的可能性问题就必然会提出第三者问题，原因在于先天综合判断作为具有普遍必然性的综合判断，其谓词并不包含在主词之中，而是超出了主词之外，即不能从主词中先天地引出来。

由此可见，从古希腊哲学家至休谟的两千多年的西方哲学史的一个重要的问题背景就是"主谓词关系问题"，康德也正是在这种问题背景之下提出第三者问题的。因此，我们也应该在这个总的问题框架内来考察第三者问题的影响以及所具有的地位和作用。

二、形而上学的历史困境

一个新的哲学问题的产生总有它的哲学史渊源，这是从历史的角度而言的。如果从一个哲学问题产生的时代背景而言，它的产生反映的正是当时的时代精神状况。正如马克思所说的，任何真正的哲学都是自己时代精神的精华。综合哲学史渊源和时代背景这两个方面，一个新的问题的产生就有了必然性。"一个问题毋宁是由于一种内在的必然性产生了另一个问题，一个体系也是作为进步或完善、矛盾或对比而引出随之出现的另一个体系。"①依照这种哲学问题史观，第三者问题的出现是由康德提出的"先天综合判断是如何可能的？"这个总问题所必然地催生出来的，而后者又是由当时的形而上学危机和窘境（困境）所必然地催生出来的。

康德生活的时代，自然科学获得突飞猛进的发展，尤其是数学和物理学这两门公认的自然科学已经走上了科学的康庄大道。但是，作为最古老

---

① 〔德〕E. 策勒尔：《古希腊哲学史纲》，2 版，翁绍军译，济南：山东人民出版社，2007 年，第 2 页。

科学的形而上学却陷入了深深的危机和窘境之中。这是康德所生活的时代的精神状况的重要方面。康德提出的"先天综合判断是如何可能的?"其实就是对这种危机和窘境的一种综合和回应。用赫费的话来说,《纯批》中所提出的"先天综合判断是如何可能的?""同时也是哲学的'命运问题'"。就西方哲学而言,形而上学的命运问题同时也是西方哲学的问题,因此康德所提出的这个基本问题正反映出当时形而上学所面临着的深刻危机,同时也反映出他面对这一危机时的明确意识。

如果按照当代德国著名哲学家海德格尔的说法,"形而上学"这个术语"本身则源出于一种对如此编排的亚里士多德遗稿文献的实质性理解的窘境"①。可见,形而上学的危机并不只是在康德的时代才出现,而是在后人编排亚里士多德的遗稿文献时形而上学就已经陷入实质性的理解困境当中了。对于康德而言,他不仅熟悉亚里士多德哲学的文献,而且也熟悉近代哲学(尤其是唯理论和经验论)的问题之争,因此,他对形而上学的危机便有着清醒而明确的意识。

在《纯批》的第一版序中,康德用很少使用的带有文学色彩的语言描述了他的时代形而上学的状况。他描述道:"曾经有一个时候,形而上学被称为一切科学的女王,并且,如果把愿望当作实际的话,那么她由于其对象的突出的重要性,倒是值得这一称号。今天,时代的时髦风气导致她明显地遭到完全的鄙视,这位受到驱赶和遗弃的老妇像赫卡柏一样抱怨:不久前我还是万人之上,以我众多的女婿和孩子而当上女王——到如今我失去了祖国,孤苦伶仃被流放他乡。"②在这段文本中,形而上学被比喻为一个遭人鄙视和驱赶的女王。它的这种危机深刻地表现为失去自己的研究领域的危机,就像赫卡柏失去了自己的祖国一样。

这是什么原因造成的呢?说到底,其实是由理性自身的独断地运用所造成的。因此,形而上学所陷入的危机和困境就是,它显得既是必要的同时又是不可能的。用赫费的话来说就是:"形而上学陷入了困境:它显得既是必要的同时又是不可能的。因为人类理性提出了一些无法躲避但又无法回答的问题(Avii)。"③

① 〔德〕马丁·海德格尔:《康德与形而上学疑难》,王庆节译,上海:上海译文出版社,2011年,第3页。
② 〔德〕康德:《纯粹理性批判》,邓晓芒译,杨祖陶校,北京:人民出版社,2004年,第一版序第1—2页。
③ 〔德〕奥特弗里德·赫费:《康德:生平、著作与影响》,郑伊倩译,北京:人民出版社,2007年,第35页。

无独有偶，在《纯批》的"第二版序"中，康德同样描述了形而上学的困境，在那里，他把形而上学比喻成一个战场（这不禁让人想到黑格尔后来也把哲学史比喻成"堆满死人骨骼的战场"）。他描述道："对于这个形而上学来说，命运还至今没有如此开恩，使它能够走上一门科学的可靠道路；尽管它比其他一切科学都更古老，并且即使其他的科学全部在一场毁灭一切的野蛮的渊薮中被吞噬，它也会留存下来。……在这里，人们不得不无数次地走回头路，因为他发现，他达不到他所要去的地方，至于形而上学的追随者们在主张上的一致性，那么形而上学还远远没有达到这种一致，反而成了一个战场，这个战场似乎本来就是完全为着其各种力量在战斗游戏中得到操练而设的，在其中还从来没有过任何参战者能够赢得哪怕一寸土地、并基于他的胜利建立起某种稳固的占领。"①

从康德对形而上学的状况的描述中可以看出：第一，在康德看来，形而上学并不像当时的数学、逻辑学和物理学那样已经走上了科学的康庄大道，但是它却具有非常顽强的生命力。第二，形而上学就像一个"战场"，但是参战方没有一个是胜利者，也没有赢得任何属于自己的领地，这是甚为奇怪的现象。问题出在哪里呢？

康德认为，问题就出在"形而上学的做法迄今还只是在来回摸索，而最糟糕的是仅仅在概念之间来回摸索"②。换言之，形而上学把灵魂、世界、上帝等概念当成了主词，而又使用其他一些只能运用于可能经验领域的概念（作为谓词）去界定这些主词，所以它即陷入了康德在《纯批》的"先验辩证论"中所批判的纯粹理性的"谬误推理""二律背反""理想"的困境之中。说到底，康德认为形而上学陷入困境的根本原因恰恰在于它始终只是在概念之间来回摸索。而在康德看来，要在理论理性的范围内克服形而上学的危机，就只能把主词和谓词都限定在可能经验的领域，更准确地说，是把主词限定在现象界，而谓词则是纯粹知性概念，即范畴，这是康德试图在认识论领域中通过把质料（可能经验及其对象）与形式（范畴）综合起来以克服形而上学之危机的一次重要的尝试。当然，他对上述危机的更加根本的解决方案是把形而上学放到实践领域加以探讨，所以他才提出了构建一门伦理形而上学的规划。

黑格尔对形而上学之危机的理解和评论不仅与康德一致，而且比康德

---

① 〔德〕康德：《纯粹理性批判》，邓晓芒译，杨祖陶校，北京：人民出版社，2004年，第二版序第14页。

② 〔德〕康德：《纯粹理性批判》，邓晓芒译，杨祖陶校，北京：人民出版社，2004年，第二版序第14页。

说得更加明确。他曾明确地指出："这种形而上学（按：指康德之前的形而上学，即旧形而上学）大都以为只须用一些名词概念〔谓词〕，便可得到关于绝对的知识，它既没有考察知性概念的真正内容和价值，也没有考察纯用名言〔谓词〕，去说明绝对的形式是否妥当。"①质言之，这种形而上学把绝对（灵魂、世界和上帝）作为主词，但只是用一些名词概念即谓词去说明或规定绝对，它完全没有意识到这是说明不了的。不同于康德对判断的主谓词的理解，黑格尔认为能够作为主词的只能是绝对，它在自我否定、自我发展过程中所产生的那些纯粹逻辑学的概念（比如质、量、度、定在、实存、本质等）才是绝对真正的谓词，只有它们才是对绝对的真正的规定。

《纯批》的"第一版序"和"第二版序"可以看成是康德对以往的哲学史的一个简要的回顾和评论。从哲学史的角度看，形而上学的危机和困境在近代经验论和唯理论那里不是减轻了，而是加深了。唯理论在与经验论的论战中所导致的结果是最终陷入了独断论。这种独断论"仅在于坚执片面的知性规定，而排斥其反面"②。因此，这种独断论很容易受到怀疑论的攻击。而经验论在与唯理论的论战中最后陷入了休谟式的怀疑论。在休谟式的怀疑论的挑战之下，独断论显得束手无策，站不住脚；而怀疑论类似于游牧民族，它们"憎恶一切地面的牢固建筑，便时来拆散市民的联盟"③，因此怀疑论同样没有带来建设性的成果。对于康德而言，这显然是一种非常糟糕的状况。

为了使形而上学能够摆脱自身招致的危机和困境，康德的基本立场是：像数学和自然科学那样，形而上学也应当把先天综合判断作为自身的原则。形而上学与先天综合判断的紧密关联体现在："形而上学真正说来只与先天综合命题打交道，而且惟有先天综合命题才构成形而上学的目的。为此目的，形而上学虽然需要对自己的概念，因而对分析判断进行一些分析，但此时的行事方式却与人们只求通过分析澄清自己的概念的任何其他知识门类没有不同。惟有先天知识的产生，无论是根据直观还是根据概念，最后还有先天综合判断的产生，而且是在哲学知识中，才构成形而上学的根本内容。"④

如此看来，形而上学要成为像数学、物理学那样可靠的科学，就应该将形成先天综合判断而不是分析判断作为自身的目的，并把它们作为自身

---

①〔德〕黑格尔：《小逻辑》，贺麟译，北京：商务印书馆，2019年，第96页。

②〔德〕黑格尔：《小逻辑》，贺麟译，北京：商务印书馆，2019年，第101页。

③〔德〕康德：《纯粹理性批判》，邓晓芒译，杨祖陶校，北京：人民出版社，2004年，第2页。

④〔德〕康德：《康德著作全集》（第4卷），李秋零主编，北京：中国人民大学出版社，2005年，第275页。

的根本内容。唯有如此，形而上学才能摆脱由理性自身的误用而造成的危机和困境，从而才能真正地走上科学的康庄大道。为了让形而上学摆脱困境并成为科学，康德要做的第一件事情就是在思维领域里发动一次革命，即哲学史上所谓的"哥白尼式革命"（Kopernikanische Revolution）^①。

三、"哥白尼式革命"新释

康德哲学产生和发展的时代是欧洲的自然科学蓬勃兴起并获得长足进步的时代。在这个过程中，天文学领域中"哥白尼式革命"无疑具有重要的时代意义。正是在这个意义上，科学史家们往往把它作为近代自然科学兴起和发展的起点。从康德早期的自然科学研究的状况看，他也深受近代天文学的影响，这从他匿名发表的处女作《一般自然史与天体理论》中就可以看出来。

天文学革命深刻地影响了康德的哲学运思。众所周知，在西方哲学史上，康德第一次在《纯批》的"第二版序"中所提出的著名的"哥白尼式革命"不仅深刻地决定着他的哲学运思，而且对后世哲学也产生了深远的影响。非常明确的一点是，康德提出"哥白尼式革命"的目的当然是让形而上学能够成为一门像数学、逻辑学和物理学那样严格的科学。因此，要阐释"哥白尼式革命"的意义，就必须联系康德所处时代形而上学的状况以及他对科学的形而上学所做的设想。否则，所有撇开这一关系的阐释可能都将是隔靴搔痒、不得要领。

因此，本部分也尝试着在这一关系中来阐释"哥白尼式革命"的重要意义，但同时需要联系"先天综合判断是如何可能的？"这个纯粹理性的总课题。而要阐释先天综合判断的可能性，自然不能离开"主谓词关系问题"的视角，因为康德正是基于对主谓词关系问题的深入思考，提出了"先天综合判断是如何可能的？"这一核心问题。或者说，需要将判断的主谓词先天地联结起来才可能形成先天综合判断。为此，本部分首先考察了学界关于"哥白尼式革命"的阐释所做出的贡献和存在的局限性。然后，指明旧形而上学的根本缺陷恰恰在于它的判断的谓词完全停留在主词之内，

---

① 在学术界，关于"哥白尼式革命"还有另外两种表达，即"哥白尼式反转"（Kopernikanische Umdrenung）和"哥白尼式转向"（Kopernikanische Wendung）。按照笔者的理解，这几个表达的意思基本上是一致的，尽管有细微的差别，比如反转和转向的意思稍有差别，因为转向不一定就转到相反的方向去。国内学术界通常用"哥白尼式革命"来表达康德哲学在哲学史上的革命性，这是有意义的，因此本书也沿袭了这一表达。但是，当从"主谓词关系"的视角来审视"哥白尼式革命"时，用"主谓词关系的反转"可能比较好，因为用"主谓词关系的革命""主谓词关系的转向"之类的表达则显得有些怪异，而且道理上似乎也不容易说通。

始终没有超出主词之外，而通过指出旧形而上学的根本缺陷将有助于突出"哥白尼式革命"与"主谓词关系问题"之间的深刻关联。最后，我们将主要结合《纯批》中的相关文本，从"主谓词关系问题"的视角来阐释"哥白尼式革命"，从而获得对它的一种可能的、新的阐释。

（一）三种阐释的主要贡献与局限性

学术界对"哥白尼式革命"的阐释主要存在以下三种倾向。

第一种是把"哥白尼式革命"阐释为一种思维方式的革命。按照赫费的说法就是"康德的思维方式革命要求人类理性从这种自然的视角即认识论的现实主义束缚中解放出来"①。这其实是对自然的思维方式的一种反叛。说到底，从思维方式的角度看，"哥白尼式革命"显然是对自然的思维方式的颠覆或反转，它要"革"的正是这种思维方式的命。这一革命通常也被描述为"从认识的主体围绕认识的对象而旋转，变成认识的对象围绕认识的主体而旋转"②。从思维方式的革命的立场来阐释"哥白尼式革命"显然是符合康德自己的立场的，因为他的立场往往被描述为"不是知识依照对象，而是对象依照知识"。把这一思维方式的革命贯彻到底，由此得出的结论就是"我们关于物先天地认识到的只是我们自己放进它里面去的东西"③。因此，把"哥白尼式革命"的实质理解为一种思维方式的革命显然是一种有文本依据的、合理的阐释。而且，如果将这个革命做进一步的引申，由此得到的便是"人为自然立法"的结论。

在此值得一提的是，20 世纪法国著名哲学家吉尔·德勒兹（Gilles Deleuze）曾明确主张："康德所谓的哥白尼式的革命的基本观点在于：用客体必然服从于主体的原则来替代主客体之间的和谐（最终的一致）的观念。"④他还进一步指出："其根本性的发现在于：认识职能是立法的，或者更确切地说，在认识职能中存在着作为立法者的某种东西。……我们从哥白尼式的革命所学到的第一件事就是，进行统帅的正是我们。"⑤虽

---

① 〔德〕奥特弗里德·赫费：《康德：生平、著作与影响》，郑伊倩译，北京：人民出版社，2007年，第 43 页。
② 俞吾金：《从康德到马克思——千年之交的哲学沉思》，北京：北京师范大学出版社，2017年，第 152 页。
③ 〔德〕康德：《纯粹理性批判》，邓晓芒译，杨祖陶校，北京：人民出版社，2004 年，第二版序第 16 页。
④ 〔法〕吉尔·德勒兹：《康德的批判哲学》，夏莹、牛子牛译，西安：西北大学出版社，2018年，第 22 页。
⑤ 〔法〕吉尔·德勒兹：《康德的批判哲学》，夏莹、牛子牛译，西安：西北大学出版社，2018年，第 22 页。

然德勒兹对"哥白尼式革命"的阐释突出了感性和知性作为立法者的职能，但是他的看法显然跟上述的阐释完全一致。

将"哥白尼式革命"的实质刻画为一种思维方式的革命体现出它所具有的划时代的意义。这种划时代的意义曾经在海涅那里得到了形象的描述："自从康德出现后，迄今回旋于事物的周围，东嗅西闻，收集些事物的表征并加以分类的哲学便一蹶不振了，康德把研究工作引回到人类精神中去并考察了那里所呈示的东西。因此，他把他的哲学和哥白尼的方法相比较并非是不恰当的。"①

不可否认，从思维方式的立场来阐释"哥白尼式革命"不仅有可靠的文本作为直接的依据，而且也阐发出这一革命对康德哲学乃至康德之后的哲学所具有的重要意义。但是，同样不可否认的是：这种阐释一方面在一定程度上的确忽视了"哥白尼式革命"与《纯批》的总课题之间的直接关联，另一方面也忽视了"哥白尼式革命"与康德要解决的形而上学问题之间的内在关联。

第二种阐释在一定程度上弥补了第一种阐释所忽视的第一个方面，因为它已经初步涉及"哥白尼式革命"与先天综合判断的可能性问题之间的内在关联，并提出"哥白尼式革命"为先天综合判断提供了可能性条件，因此也可以看成是对第一种阐释的进一步扩展和深化。诚如张任之所明确地指出的那样："'哥白尼式的革命'的开展正是从其对'先天综合判断是如何可能的'这一问题的探讨与回答开始的。"②在国外学术界，德国当代著名康德学者汉斯·米歇尔·鲍姆加特纳（Hans Michael Baumgartner）是持这种观点的重要代表，他曾指出："由如此拟定的假设——并非事物决定我们，而是我们决定事物——可推知：唯当经验依据我们的直观形式和概念（换言之，依据感性和知性底先天要素）而转移时，关于经验对象的先天知识对我们始为可能。"③很显然，鲍姆加特纳非常明确地看到了"哥白尼式革命"与先天知识（即先天综合判断）的可能性的内在关联。更准确地说，他认识到只有按照"对象依照知识"的"哥白尼式革命"的假定，有关经验对象的先天知识（先天综合判断）才是可能的。不仅如此，他还看到了"哥白尼式革命"与物自身和现象的区分的内在关联，并指出：

---

① 〔德〕亨利希·海涅：《论德国宗教和哲学的历史》，海安译，北京：商务印书馆，2016 年，第 111 页。

② 张任之：《质料先天与人格生成——对舍勒现象学的质料价值伦理学的重构》，北京：商务印书馆，2014 年，第 65 页。

③ 〔德〕鲍姆加特纳：《康德〈纯粹理性批判〉导读》，李明辉译，台北：联经出版事业股份有限公司，2003 年，第 31 页。

"上述的假设包含物自身与现象之区别，作为重要的结论。"①

国际著名的康德专家盖耶尔同样表达了类似的看法："哲学上的哥白尼式革命，也就是这样的一个假设，我们能够发现我们经验的可能性条件，那些条件是我们的经验对象所必须遵从的，这是康德的自主性的首要主张。"②按照盖耶尔的理解，他的核心主张其实就在于必须把"哥白尼式革命"的假设看成是先天综合判断的可能性条件，这是我们必须遵从的一条原则。或者说，在他看来，康德提出"哥白尼式革命"其实就是为了能够表明数学、自然科学以及形而上学知识是先天的、自主获得的，即先天综合判断，并由此而能够对抗休谟的怀疑论。

这种阐释的贡献在于通过联系"先天综合判断是如何可能的？"这个问题来理解"哥白尼式革命"，并看到了二者之间的深刻关联，但仍然没有明确地意识或关注到先天综合判断的主谓词之间的关系与"哥白尼式革命"的内在关联性。保守地说，这种阐释至少没有很明确地注意到先天综合判断的主谓词之间的关系其实就是"哥白尼式革命"在判断上的体现。而且，这种阐释也在一定程度上忽视了"哥白尼式革命"与康德要解决的形而上学问题的内在关联，这是这种阐释的局限性所在。

第三种阐释则非常明确地注意到了"哥白尼式革命"与康德要解决的形而上学问题之间的深刻关联，并对这种关联做了非常有启发性的阐释。这种阐释又基于以下两个视角：第一是基于实践哲学的视角，更准确地说是从道德形而上学与"哥白尼式革命"之间的关系的视角来阐释后者。这种阐释在认同上述第一种阐释的基础上，进一步挖掘出了"哥白尼式革命"的实践意义，指出："'对象'与'知识'之关系的'颠倒'③并非单纯

---

① 〔德〕鲍姆加特纳：《康德〈纯粹理性批判〉导读》，李明辉译，台北：联经出版事业股份有限公司，2003年，第32页。

② 〔美〕保罗·盖耶尔：《康德》，宫睿译，北京：人民出版社，2015年，第52页。

③ 笔者非常认同邓安庆教授用"颠倒"（Kehre）一词来形容对象与知识之关系的转变。在前面的脚注中，笔者已经指出"革命""转向""反转"在基本意思上的一致性，这里也可以增加"颠倒"这个词来表达"哥白尼式革命"。黑格尔曾经对"颠倒"做出了这样的解释："那最初好像在后的，经揭示出来成为在先的根据，而那最初好像是在先的根据，经指明而降为在后的结果了。"（〔德〕黑格尔：《小逻辑》，贺麟译，北京：商务印书馆，2019年，第109页）可以看出，黑格尔对"颠倒"的解释与"哥白尼式革命"的义理完全一致，因为"哥白尼式革命"恰恰说明了在对象与知识的关系中，表面上对象好像是在先的，知识好像是在后的，但是经揭示出来后，其实知识是在先的，对象是在后的。那么，在先天综合判断中，判断的主谓词同样实现了一次"颠倒"，即不是谓词依照主词，而是主词依照谓词，因为在先天综合判断中，充当谓词的往往是直观和概念（知识）。考虑到康德很少使用"颠倒"这个概念，学界也很少用"颠倒"来形容"哥白尼式革命"，所以笔者在本书中还是用"反转"来形容先天综合判断中主谓词关系的转变。

地是一种认识论的革命，而是一种新的哲学思维态度的转变，这种新的哲学思维态度首先要'革'的是'自然的认识方式'的'命'，正是以此'革命'为基础，康德才得以可能'革'了旧形而上学的'命'"。①"哥白尼式革命"更重要的方面还在于："它不再按照'自然的倾向'去认知'形而上学'的'对象'，而是去'思考'它们对于我们'实践'的意义，所以，康德所致力于构建的新的形而上学其'新'就'新'在它不再是以知识为旨趣的'形而上学'，而是为行为确立普遍有效的道德法则的'行而上学'，只有从这一'实践的'或'伦理的''行而上学'出发，我们才能正确地把握康德哲学所实现的'哥白尼式革命'的意义。"②

　　从实践哲学或伦理的形而上学的角度来阐释"哥白尼式革命"是一种极富启发性的思路。这种阐释的一个深刻背景是20世纪70年代以来越来越受到关注的对康德哲学所做的实践哲学的解读。对此，赫费的说法极有代表性："如果谁只把《批判》（按：指《纯批》）当作数学理论或数学化的自然科学理论来读，甚或还包括将其当作普通认识论来读，那么他就背离了这样一个关键点：康德不是在其道德理论中才开始按照实践的意图，更准确地说是道德的意图进行哲学思考的，而是在他的知识理论中就已经开始了。"③可以说，赫费的这一提醒并不仅仅针对人们对《纯批》的解读，同样适用于人们对"哥白尼式革命"所做的阐释。在这种警示之下，人们对"哥白尼式革命"所做的实践哲学的阐释与康德所要建构的科学的形而上学的方向是完全一致的。这种阐释的突出贡献在于更加突出了"哥白尼式革命"与康德要解决的形而上学问题，更准确地说是康德所要建构的科学的形而上学之间的深刻关联。

　　第二是基于一种存在论的（ontological）视角，即突出"哥白尼式革命"所具有的存在论意义，而反对仅仅强调它的认识论意义。按照这种视角来解读"哥白尼式革命"，它就被解读成"真正颠倒的不是认识论意义上的主-客关系，而是颠倒了存在论意义上的存在方式的关系：经验（对象）的存在方式要去适合先验的存在方式，而不是相反"④。我们知道，存在论

① 邓安庆：《启蒙伦理与现代社会的公序良俗——德国古典哲学的道德事业之重审》，北京：人民出版社，2014年，第84页。
② 邓安庆：《启蒙伦理与现代社会的公序良俗——德国古典哲学的道德事业之重审》，北京：人民出版社，2014年，第84页。
③〔德〕奥特弗里德·赫费：《康德的〈纯粹理性批判〉——现代哲学的基石》，郭大为译，北京：人民出版社，2008年，第11页。
④ 黄裕生：《摆渡在有-无之间的哲学——第一哲学问题研究》，北京：清华大学出版社，2019年，第212页。

一直是形而上学的核心组成部分,对存在意义的探讨构成了 20 世纪欧洲大陆哲学的一个核心主题,产生了海德格尔、萨特、雅斯贝尔斯等一批思想家。形而上学问题再次以存在论的形式被提出并得到深入的探讨。

但是,无论是从实践哲学还是从存在论的角度来阐释"哥白尼式革命",都在一定程度上存在着对"哥白尼式革命"与先天综合判断的可能性问题之间的深刻关联的忽视,这主要体现在没有意识到"主谓词关系的反转"是"哥白尼式革命"在判断上的体现。

总体而言,学术界已有的对"哥白尼式革命"所做的阐释主要是从知识论和形而上学两个方面进行的。关于这一点,叶秀山先生的说法很有代表性。他说:"康德把自己的这项工作(按:指结合感觉经验与理性原则的严峻任务),称作知识论上的'哥白尼式革命',当然是有理由的;我们也还可以进一步理解这个'革命'的意义也是对于传统形而上学的'改造',因为这个'革命'的'矛头'显然是'指向'经验主义的。"①因而,这三种阐释的突出贡献就是从认识论和形而上学两方面对"哥白尼式革命"所做的深入而细致的探讨。

不过,以上三种阐释的共同缺陷也恰恰在于:它们都忽视了对象与知识之关系的反转和先天综合判断中主谓词之间关系的颠倒具有一定的对应性,后者是前者在判断形式上的体现。为了证明这个观点的合理性,我们将从两个方面论证这个基本观点:第一,旧形而上学的一个根本缺陷在于谓词始终停留在主词之内,而从未达到对主词的超出或扩展。第二,主要结合《纯批》中有关主谓词关系的论述来阐发"哥白尼式革命"的意涵,并将其标识为"主谓词关系的反转"。

既然如此,这里也就凸显出旧形而上学的一个根本的缺陷,即在其中包含的只不过是分析判断,而没有任何先天综合判断。在"主谓词关系问题"的视角下,旧形而上学的根本缺陷恰恰在于它的判断的谓词始终停留在主词范围内。

(二)旧形而上学的根本缺陷

人们可以从不同的角度来审视旧形而上学,以便找出它各方面的缺陷。但是,如果撇开主谓词关系问题的视野,就不可能真正地意识到旧形而上学的根本缺陷。笔者认为,从康德哲学的角度来看,旧形而上学的一个根本缺陷就在于:它的判断的谓词始终停留在主词之内,即谓词始终没有超出或扩展主词。下面,笔者将结合康德的文本,尤其是《纯批》中的

① 叶秀山:《启蒙与自由:叶秀山论康德》,南京:江苏人民出版社,2013 年,第 120 页。

论述，以及黑格尔的有关论述来阐明这一点。

我们知道，在《纯批》的"第一版序"中，康德就把旧形而上学描述为"无休止的争吵的战场"。（有意思的是，黑格尔在《哲学史讲演录》中也将哲学史比喻为"堆满死人骨骼的战场"，这或许是受到了康德的影响使然。）之所以会如此是因为人类理性的遭遇所致，人类理性"跌入到黑暗和矛盾冲突之中，它虽然由此可以得悉，必定在某个地方隐藏着某些根本性的错误，但他无法把它们揭示出来，因为它所使用的那些原理当超出了一切经验的界限时，就不再承认什么经验的试金石了"①。人类理性为什么会跌入黑暗和矛盾的冲突之中，这已经由康德之前的唯理论和经验论的争论和发展所昭示出来。而人类理性由黑暗和矛盾的冲突而获悉却无法被揭示出来的根本性错误到底是什么？结合《纯批》中的相关论述以及纯粹理性的总课题，这个根本性错误就是旧形而上学没有能够提供出哪怕是一个先天综合判断，换言之，旧形而上学中的所有命题的谓词都停留在主词之内。

在《纯批》的"第二版序"中，康德在谈到他之前的形而上学时再次指出："形而上学这种完全孤立的、思辨的理性知识，是根本凌驾于经验教导之上的，亦即是凭借单纯的概念的（不像数学是凭借概念在直观上的应用的），因而理性在这里应当自己成为自己的学生。……所以毫无疑问，形而上学的做法迄今还只是在来回摸索，而最糟糕的是仅仅在概念之间来回摸索。"②简言之，正因为形而上学这种完全孤立的、思辨的理性知识，根本凌驾于一切经验的教导之上，并且仅仅在概念之间来回摸索，所以才导致了这样的结果，即"命运还至今没有如此开恩，使它能够走上一门科学的可靠道路"。③凌驾于一切经验的教导之上，只是在概念之间来回摸索，并以孤立的、思辨的理性知识自居的形而上学完全没有意识到自己的根本缺陷恰恰在于它的判断中的谓词完全没有超出主词概念（灵魂、世界、上帝），但却自以为已经超出。也就是说，旧形而上学自以为"灵魂是不朽的""世界是无限的""上帝是存在的"是综合判断，其实只不过是分析判断而已，因为它们的谓词都没有超出主词，而是仅仅停留在主词之内。④

因此，为了拯救形而上学，使它能够走上科学的可靠道路，康德要做

---

① 〔德〕康德：《纯粹理性批判》，邓晓芒译，杨祖陶校，北京：人民出版社，2004年，第1页。
② 〔德〕康德：《纯粹理性批判》，邓晓芒译，杨祖陶校，北京：人民出版社，2004年，第14页。
③ 〔德〕康德：《纯粹理性批判》，邓晓芒译，杨祖陶校，北京：人民出版社，2004年，第14页。
④ 关于这一点，康德在《纯批》的"纯粹理性的理想"一章中对"上帝的存有之本体论证明的不可能性"的批判尤其有代表性。

的第一件事情便是要像数学和物理学那样实现一次思维方式的革命，即通常所说的"对象依照知识"的"哥白尼式革命"。在康德哲学中，尤其能够体现这一革命的要求的就是要探究"先天综合判断是如何可能的？"问题。所以我们也就不难理解，在《导论》中，康德为什么首先就谈"形而上学知识的特点"。在他看来，从来源上看，形而上学知识的特点应该是先天的（a priori）；从种类上看，它的特点是综合的。所以，总结起来，真正的或科学的形而上学知识应该是先天综合判断，而先天综合判断的谓词是超出了主词概念的。

那么，先天综合判断的谓词何以能够超出它的主词呢？这是由先天综合判断自身的性质决定的，尤其在理论哲学中，先天综合判断是有关可能经验对象的先天知识。所以，"实际上，数学、物理学、形而上学，是一些知识，或者想要成为知识，想要切中对象或实在，而不仅仅是表达一种仅仅不自相矛盾的、纯粹逻辑的思想；在这些知识之中，每一次知识都走出自身和自身已经知道的东西，以为它通过判断扩展了知识"①。换言之，先天综合判断的主词概念的对象是可能经验的对象，而不是像灵魂、世界、上帝那样超经验的对象，而它的谓词又是具有普遍性的知性概念，具有普遍性的知性概念并不包含在可能经验的对象当中，反而是通过后者来规定前者，从而形成先天综合判断。

旧形而上学，尤其是以莱布尼茨—沃尔夫为代表的唯理论形而上学，曾深刻地影响过康德，这不仅可以从康德在《纯批》的"纯粹理性的建筑术"中对形而上学体系所做的规划以及在《导论》中提到的休谟把他从"独断论的迷梦"中惊醒的论述中可以看出来，而且也可以从后来的一些研究者的论述中得到确证。②在《纯批》的"先验分析论"中，康德建构了一种不同于他之前的形而上学的"内在的形而上学"或"经验形而上学"（帕通语）。同时，在"先验辩证论"部分则是对旧形而上学所研究的对象和各个部分（本体论、理性物理学、理性心理学和理性神学）给予了毁灭性的打击。这种毁灭性的打击其实完全可以归结为一点，即旧形而上学的判断的谓词始终停留在主词之内。

针对旧形而上学的根本缺陷，康德在《导论》中曾尖锐地问道："自从我知道了批判以来，每当我读完一部由于概念明确、内容丰富多彩、条

---

① 〔法〕贝尔纳·布尔乔亚：《德国古典哲学》，邓刚译，北京：人民出版社，2013年，第68页。
② 参见，〔德〕卡尔·福尔伦德：《康德传：康德的生平与事业》，曹俊峰译，天津：天津教育出版社，2015年；〔德〕鲍姆加特纳：《康德〈纯粹理性批判〉导读》，李明辉译，台北：联经出版有限责任公司，2003年。

理分明和文体通畅而使我既兴趣盎然又从中受益的形而上学内容的作品时，我都情不自禁地要问：这位作者真的把形而上学推进了一步吗？"①康德的追问是针对旧形而上学的，也是极具挑战性的。同时，在康德看来，旧形而上学坚持分析的方法，尽管"分析研究我们的概念固然对于知性大有好处，但这门科学（形而上学）却并不由此而得到丝毫的推进，因为对概念的那些分析仅仅是应当首先用来建筑科学的材料"②。旧形而上学的作用也许在于它顶多给康德要建立科学的形而上学大厦提供一些材料，但是它并不提供出真正的可以研究的方法，即综合的方法。因此，康德不无感慨地写道："所有那些分析都没有任何建树，没有创造和促进任何东西，而这门科学在经过了如此之多的喧嚣哄闹之后，还一直停留在亚里士多德时代的地步。"③自亚里士多德以来，形而上学经历了两千多年的历史，但是到了康德的时代，形而上学还停留在亚里士多德的时代，这不能不说是一件非常可悲的事情。形而上学之所以停滞不前，恰恰在于它坚持分析的研究方法，它的判断中的谓词始终停留在主词范围之内。所以，康德的任务旨在推进形而上学这门最高的科学，从而克服旧形而上学的根本缺陷。

关于旧形而上学的根本缺陷，黑格尔在肯定康德对旧形而上学的批评的基础之上，说得更为明确："这种形而上学大都以为只须用一些名词概念〔谓词〕，便可得到关于绝对的知识，它既没有考察知性概念的真正内容和价值，也没有考察纯用名言〔谓词〕，去说绝对的形式是否妥当。"④旧形而上学"企图用有限的名言去规定理性的对象，就是旧形而上学的缺陷"⑤。旧形而上学自以为通过"不朽的""无限的""永恒的""全能的"等这些有限的谓词就可以得到关于"灵魂""世界""上帝"的真实知识，而康德则认为旧形而上学其实不过是陷入了幻象之中而已，因为这些谓词并没有超出主词之外。黑格尔在此也认为，用这些有限的谓词是无法把握理性的对象的。换言之，在黑格尔看来，用这些有限的谓词并不能获得有关"绝对"的科学知识。按照康德的说法，我们无法获得有关"绝对"的先天综合判断。因此，说到底，旧形而上学判断的谓词仅仅停留在

---

① 〔德〕康德：《康德著作全集》（第 4 卷），李秋零主编，北京：中国人民大学出版社，2005年，第 373 页。

② 〔德〕康德：《康德著作全集》（第 4 卷），李秋零主编，北京：中国人民大学出版社，2005年，第 373—374 页。

③ 〔德〕康德：《康德著作全集》（第 4 卷），李秋零主编，北京：中国人民大学出版社，2005年，第 374 页。

④ 〔德〕黑格尔：《小逻辑》，贺麟译，北京：商务印书馆，2019 年，第 96 页。

⑤ 〔德〕黑格尔：《小逻辑》，贺麟译，北京：商务印书馆，2019 年，第 99 页。

主词之内，完全没有超出主词之外。所以，在黑格尔看来，尽管康德对"绝对"这个主词的理解和把握还有很多欠缺之处，但是康德毕竟不仅考察了知性概念的内容和价值，而且把它们限定在现象范围之内，这其实就是在为形而上学能够成为科学①划定界限和范围，因而值得充分肯定。

总之，康德对他之前的形而上学的一个基本的判断就是"形而上学不能提供出任何一个先天综合判断"，因而形而上学中所有的判断的谓词都未能超出它们的主词；这恰恰是旧形而上学的根本缺陷。而他正面的基本观点则是："形而上学真正说来只与先天综合命题打交道，而且惟有先天综合命题才构成形而上学的目的。……惟有先天知识的产生，无论是根据直观还是根据概念，最后还有先天综合判断的产生，而且是在哲学知识中，才构成形而上学的根本内容。"②

（三）"主谓词关系的反转"作为"哥白尼式革命"的体现

如何理解"主谓词关系的反转"是"哥白尼式革命"的体现？这是本书要论证的主题。由于该问题在《纯批》中谈得比较多，下面，笔者将主要根据《纯批》中的相关论述，并酌情引述《导论》中的相关论述来证明之。

在《纯批》的"先验感性论"部分对空间做了形而上学的和先验的阐明之后，康德指出："如果我们脱离了惟一能使我们只要有可能为对象所刺激就能获得外部直观的那个主观条件，那么空间表象就失去了任何意义。这个谓词（按：应当指空间）只有当事物对我们显现、亦即当它们是感性对象时才能赋予事物。"③在此，感性对象（对我们显现的事物）充当了判断的主词，而空间则是谓词。这就好比我们在日常生活中说"房子在那里"。在此，"房子"是这个判断的主词，而"那里"（作为空间的规定）则是判断的谓词。他后来进一步指出："当我们把一个判断的限制（按：指空间表象）加在主词的概念上时，这样一来该判断就会无条件地有效了。

---

① 北京大学的先刚教授指出："德国哲学（不仅仅是德国古典哲学）所说的'智慧'（Wissenschaft）是指最佳形态、最高意义上的达成完满的哲学，这个独特的德语词汇从字面上看是'知识系统'的意思，但不是什么普通的知识，而必须被理解为亚里士多德哲学传统以来一直追寻的那种'终极洞见'或'最高智慧'。"（先刚：《永恒与时间——谢林哲学研究》，北京：商务印书馆，2008年，第11页。）笔者完全赞同先刚教授的这个观点。按照亚里士多德为哲学设定的任务——寻求最高原因的基本原理——来看，形而上学作为哲学的基础和最重要的部分，它的知识当然不可能是普通的知识，而只能是最高的知识或原理。按照康德的看法，这些最高的知识或原理，其表达形式就应该是先天综合判断。
② 〔德〕康德：《康德著作全集》（第4卷），李秋零主编，北京：中国人民大学出版社，2005年，第275页。
③ 〔德〕康德：《纯粹理性批判》，邓晓芒译，杨祖陶校，北京：人民出版社，2004年，第31—32页。

'一切事物都相互并存于空间里'这个命题，只有在这个限制之下，即如果这些事物被看作我们感性直观的对象，才会有效。"①在康德所举的这个例子中，"一切事物"（感性直观的对象）作为判断的主词，而"空间"乃是判断的谓词。②

很明显，此处体现的正是知识与对象之关系。在二者的关系中，显然不是知识围绕着对象，而是对象围绕着知识；同样，在判断中，不是谓词围绕着主词，而是主词围绕着谓词。因为一切感性对象作为主词都是由谓词（空间，作为直观的纯形式）所提供出来的，并且也只有从空间的直观中才能引出先天综合命题。空间作为谓词是如此，时间作为谓词也是一样。纯粹数学是关于空间和时间的科学，而就纯粹数学（算数和几何学）中的先天综合判断而言，"时间和空间是可以从中先天地汲取各种综合知识的两个知识来源……空间和时间是一切感性直观的两个合在一起的纯形式，它们由此而使先天综合命题成为可能"③。

我们在此可以结合康德的一个例子来进一步说明之，这个例子就是"凭两直线不能围住一个空间，因而不能有任何图形"（这是几何学中的一个定理，是一个先天综合判断）。康德认为，无论我们如何努力地想从"直线"的概念和"两"的概念中去推出这个定理，我们的"一切努力都是白费，你将发现你不得不求助于直观，正如几何学也一直在做着的那样。……所以你必须给自己在直观中提供一个先天对象并在此之上建立你的综合命题"④。按照康德的意思，我们如果从"直线"的概念和"两"的概念（主词）出发，是无论如何也不可能得到先天综合命题的。只有求助于直观（先天的，时空是它的纯形式），才能提出一个先天对象（主词），并在此基础上建立起先天综合判断。显然，这个例子同样说明了不是谓词围绕着主词，而是主词围绕着谓词。这仍然体现了"主谓词关系的反转"。

在《导论》中，康德表达了同样的思想，其可以作为一个佐证。他认为，"就像经验性的直观毫无困难地使得我们有可能通过直观本身展示的新谓词在经验中综合地扩展我们关于直观的一个客体所形成的概念一样，纯直观也将做到这一点"⑤。这虽然是在将纯粹直观和经验性的直观以及

① 〔德〕康德：《纯粹理性批判》，邓晓芒译，杨祖陶校，北京：人民出版社，2004年，第32页。
② 这里需要说明的是，当康德说空间作为谓词时，也许要做一个限定：空间的规定作为谓词，或者说以空间为根据的规定是谓词。这样来表达也许更为准确。
③ 〔德〕康德：《纯粹理性批判》，邓晓芒译，杨祖陶校，北京：人民出版社，2004年，第40页。
④ 〔德〕康德：《纯粹理性批判》，邓晓芒译，杨祖陶校，北京：人民出版社，2004年，第45—46页。
⑤ 〔德〕康德：《康德著作全集》（第4卷），李秋零主编，北京：中国人民大学出版社，2005年，第282页。

经验判断和纯粹数学判断进行对比，但二者的机理是一样的。"我们关于直观的一个客体所形成的概念"当然是主词，而"通过直观本身展示的新谓词"显然是扩大了主词的概念。不难看出，康德仍然是在谈主谓词之间的关系，并实现了"主谓词之关系的反转"。

在"先验逻辑"的"知性在逻辑上的一般运用"这一节中，康德谈到了知性是判断的能力，并指出"判断就是一个对象的间接的知识，因而是对于对象的一个表象的表象。在每个判断中都有一个适用于许多表象的概念，而在这许多表象中也包括有一个给予的表象，它才是直接与对象发生关系的"①。在众多的表象中，只有"一个给予的表象"才能充当判断的主词。为什么会这样？其实，这是由判断的谓词来确定的，因为做出判断无疑需要借助知性概念，而这些知性概念"作为可能判断的谓词，是与关于一个尚未规定的对象的某个表象相关的"②。在此，"知性概念"是判断的谓词，"一个尚未规定的对象的某个表象"则是主词。只有当知性的概念（作为谓词）与众多表象中的一个表象（作为主词）相关联（也就是说，谓词对主词的规定），才能形成判断。康德在此所举的例子是"凡金属都是物体"。在这个例子中，"物体"概念显然是谓词，它指向所有的金属（主词），并规定所有的金属，而不是金属这个被给予的表象之外的表象。"所以物体的概念，例如金属，就意指着某种能够通过那个概念来认识的东西。"③康德在此对知性的一般机能的分析非常明显地突出了概念（作为可能判断的谓词）的作用，同时他对"凡金属都是物体"这个例子的分析也突出了物体概念在形成上述判断中的主导作用。由此可见，康德在此仍然是在谈主谓词之间的关系，并非常明确地突出了谓词的作用。

在"纯粹知性概念的演绎"一章中，康德同样从"主谓词关系问题"的视角来看待演绎。康德在说明对纯粹知性概念做先验演绎的必要性时指出："纯粹知性概念从一开始就有这种不可回避的需要，即不仅为它们自己，而且也为空间寻求先验的演绎，因为既然它们谈论对象不是凭借直观和感性的谓词，而是凭借纯粹思维的先天谓词，它们就无需感性的一切条件而普遍地与对象发生关系。"④这里出现了两类谓词："直观和感性的谓词"与"纯粹思维的先天谓词"。显然，此处的"直观和感性的谓词"

---

① 〔德〕康德：《纯粹理性批判》，邓晓芒译，杨祖陶校，北京：人民出版社，2004 年，第 63 页。
② 〔德〕康德：《纯粹理性批判》，邓晓芒译，杨祖陶校，北京：人民出版社，2004 年，第 63 页。
③ 〔德〕康德：《纯粹理性批判》，邓晓芒译，杨祖陶校，北京：人民出版社，2004 年，第 63—64 页。
④ 〔德〕康德：《纯粹理性批判》，邓晓芒译，杨祖陶校，北京：人民出版社，2004 年，第 81 页。

是指时空谓词；"纯粹思维的先天谓词"当然是指纯粹知性概念。这两类谓词的区别在于：前者与对象直接相关，而后者却是间接相关。二者的联系在于，后者需要通过前者才能与判断的对象发生关系。这同样说明了，当康德在谈知识与对象之间的关系时，从先天综合判断的角度上看其实就是在谈主词与谓词之间的关系。所以，当康德谈范畴的先验演绎时，其实也就是在谈如何将范畴这个谓词运用于它的主词之上，从而形成先天综合判断，而这同样体现了"主谓词关系的反转"。

在这一节的后面，康德的一个论述更能明确地证明笔者的这个基本主张。他指出："感性直观的对象必须符合先天存在于内心中的感性形式条件，这一点是明白无误的，因为否则它们就不会是我们的对象；但它们此外还必须符合知性为达到思维的综合统一所需要的那些条件，对这一点的推断就不是那么容易看出的了。"①要使感性直观的对象符合范畴，这是不容易看出来的，所以才需要对范畴做先验的演绎。但是有一点是十分明确的：感性直观的对象必须不仅符合我们内心中的感性形式条件（时空），而且要符合知性为达到思维的综合统一的条件（范畴）。在此，时空和范畴都是知识，所以康德在此明确地说感性直观的对象要符合知识，这显然是"对象依照知识"的另一种表达。

如果我们从先天综合判断的角度看，同样可以说"主词符合谓词"。康德在对范畴加以解释时指出："范畴是关于一个一般对象的概念，通过这些概念，对象的直观就在判断的逻辑机能的某个方面被看作确定了的。所以，定言判断的机能就是主词对谓词的关系的机能，例如'一切物体都是可分的'……但通过实体范畴，当我把一个物体的概念归入该范畴下时，就确定了：该物体的经验性的直观在经验中必须永远只被看作主词，而决不被看作只是谓词；在所有其他的范畴那里也是如此。"②康德对范畴的解释不仅表明了范畴充当了先天综合判断的谓词，而且表明了只有通过范畴才能对主词加以确定。这同样充分体现了"主词依照谓词"的原则。

《导论》中同样有着类似的说法。"如果不在从直观抽象出的概念之上再附加一个纯粹知性概念，那些概念被归摄在它下面，并由此才在一个客观有效的判断中联结起来，那么，上述综合判断就会是不可能的。"③很

---

① 〔德〕康德：《纯粹理性批判》，邓晓芒译，杨祖陶校，北京：人民出版社，2004年，第83页。

② 〔德〕康德：《纯粹理性批判》，邓晓芒译，杨祖陶校，北京：人民出版社，2004年，第86—87页。

③ 〔德〕康德：《康德著作全集》（第4卷），李秋零主编，北京：中国人民大学出版社，2005年，第304页。

明显，"从直观抽象出的概念"是主词，而纯粹知性概念是谓词，必须把前者归摄在后者之下才能做出客观有效的判断。如果没有纯粹知性概念被用作规定"从直观抽象出的概念"，或者范畴不能被运用于现象之上，就不可能做出任何先天综合判断。

不过，在有关自然（可能的经验之对象的整体）的先天综合判断中，谓词对主词的规定是通过先验图型来实现的。换言之，离开了先验图型，范畴作为谓词就不能表象任何主词。关于这一点，康德有明确的指认："实际上，纯粹知性概念即使在离开了一切感性条件之后，当然还留下有某种含义，但只是诸表象的单纯统一这种逻辑的含义，而对这些表象却并未给予任何对象，因而也未给予任何可以提供一个客体的概念的所指。……从这个表象中我什么也得不出来，因为它根本没有向我指出，应当被看作这样一个最初的主词的那个物具有哪些规定。所以范畴离开图型就只是知性对概念的机能，却不表现任何对象。"① 范畴作为谓词要通过先验图型才能起到规定主词的作用，也只有通过先验图型才能被运用于现象之上，这是先验图型对范畴的限制。如果缺乏这一限制，范畴就会失去其认识论的意义，而只具有逻辑的含义，这就会陷入旧形而上学的困境中，即总是在概念之间来回摸索。

以上是通过对《纯批》和《导论》中相关文本的引述和解读来论证本书的基本观点的，下面，我们还将通过对一个例子的分析来补充上述论证，这个例子就是"一切发生的事情都有其原因"。这是一个很有代表性的先天综合判断。很显然，在这个判断中，"一切发生的事情"是主词，它往往指向一定的对象，而"原因"则是谓词。在此，"一切发生的事情"是通过直观所抽象出来的一个概念，我们何以能知道它一定有一个原因呢？这就必然需要因果概念这个知性范畴的介入。这是因为，如果没有因果范畴的介入，我们就不仅不知道"一切发生的事情"有没有原因，而且也不知道它的原因到底是什么。换言之，"一切发生的事情"有没有原因，以及什么是它的原因是完全不确定的。在此，因果范畴（作为谓词）起了主导作用，"一切发生的事情"是依照因果范畴而发生的。总之，无论从"一切发生的事情"的概念（主词）与原因（谓词）之间的关系看，还是从主词概念所指涉的对象与知识（范畴）之间的关系看，这里都发生了反转。

以上三方面的考察表明：旧形而上学的根本缺陷在于它的判断的谓词

---

① 〔德〕康德：《纯粹理性批判》，邓晓芒译，杨祖陶校，北京：人民出版社，2004 年，第 144—145 页。

未能超出主词，或谓词完全停留在主词之内。现在，为了克服旧形而上学的根本缺陷，康德首先是在哲学领域里提出了"哥白尼式革命"，然后明确地提出了批判哲学的总课题，即"先天综合判断是如何可能的？"，并将"哥白尼式革命"的假设贯穿于总课题的考察之中。如果我们进一步去探察，又会发现，总课题的提出又内在地包含了第三者问题，因为康德是立足于"主谓词关系问题"的视角来看待这个总课题的。更具体地说，相对于旧形而上学判断而言，在先天综合判断中，其主谓词关系实现了一次反转，这是"主谓词关系问题"在先天综合判断中的体现；而先天综合判断要成为可能的就总是需要一个第三者将判断的主谓词联结起来。从这个意义上来看，提出第三者问题也成为康德克服形而上学的困境，使形而上学能够成为科学的一种独特方式。

第二节　三种意义上的第三者概念

"先天综合判断是如何可能的？"是康德先验哲学的根本问题，因此，对该问题的探究也就构成了康德先验哲学的根本任务，对于此问题，我们必须要从多重维度对它进行审视，决不能把复杂问题简单化，或者将不同的维度混淆起来。联系到第三者概念，从《纯批》的文本来看，康德似乎至少是从三个不同的维度来考察这个总问题的，因此，在《纯批》的文本所营造的语境中，康德就至少赋予了第三者概念三种不同的意义，这同时也体现了康德考察先天综合判断的可能性问题的三重维度。

一、联结综合判断的主谓词的第三者

学术界关于康德的分析判断和综合判断的区分的论述和研究，大多停留于分析判断和综合判断的区别在于主词是否包含谓词，并将其作为主要的区分标准。还有研究者对分析和综合这两个概念分别做了细致的分析和考察，从而推进了我们对这两类判断的理解和认识。但是，如果结合上一节对"主谓词关系问题"作为康德提出第三者问题的哲学史渊源的论述来看，这显然是不够的，至少是不够深入的。我们知道，从《纯批》的章节划分来看，其主体部分是"先验逻辑"，而整个"先验逻辑"就奠基于"主谓词关系问题"上。从《纯批》的"导言"，即康德谈论分析判断和综合判断的区别中也可以看出这一点。而在康德那里，由于要回答"先天综合判断是如何可能的？"问题，因此"主谓词关系问题"也就首先是"主谓词如何联结"的问题。

这种联结主谓词意义上的第三者正是本书所关心和要考察的第三者，本书也把它称为逻辑学意义上的第三者。当然，这里的逻辑学显然并不是指形式逻辑学，而是康德意义上的先验逻辑学，因为他所谓的先验逻辑，是"一门规定这些知识的来源、范围和客观有效性的科学"。①换言之，他的先验逻辑就是解答"先天综合判断是如何可能的？"这个问题的一门科学。

康德曾经明确指出："综合命题总是需要一个第三者，以便在其中把那些完全没有任何逻辑的（分析的）亲和性的概念相互连结起来。"②可见，所有的综合判断（当然也包括先天综合判断）都需要一个第三者，其功能或作用当然是把综合判断中那些完全没有任何亲和性的概念联结起来。更准确地说，是把综合判断的主谓词概念联结起来。

康德在《纯批》中曾多次论及这个第三者。在"导言"的开头处，第二版（B版）和第一版（A版）的一个重要区别是：第一版着重阐述先验哲学的理念，而第二版则基于先天知识和后天知识、分析判断与综合判断的双重区分明确地提出了先天综合判断的可能性问题。正如赫费所指出的那样："康德通过一种双重选言的划分阐明了形而上学特殊的知识类型，即纯粹的理性认识，然后又阐明了形而上学和纯粹自然科学的知识特性……这两种区分所具有的认识理论和科学理论的意义至今没有减弱。"③显然，上述双重区分不仅具有形而上学和认识论上的意义，而且具有十分重要的逻辑学意义。在综合判断中，如果像康德那样基于主谓词之间的关系来考察综合判断的可能性问题，第三者概念的产生自然就具有了逻辑上的必然性。

在"导言"的"IV. 分析判断与综合判断的区别"这一节中，康德基于判断中主词与谓词的关系来考虑，指出分析判断的主谓词之间的联结是通过同一性来思考的，而综合判断的主谓词的联结却并不借助于它而思考。从性质上来说，分析判断是说明性的判断；综合判断是扩展性的判断。二者之所以有这样的不同，是因为二者所依据的逻辑规律不一样，因此二者的逻辑基础自然也就不一样。分析判断所依据的逻辑规律是矛盾律，而综合判断却并不能依据它。在此，虽然康德并没有指明综合判断所依据的逻辑规律是什么，但是，他在此立足于语言逻辑，提出了一个重要的第三者

① 〔德〕康德：《纯粹理性批判》，邓晓芒译，杨祖陶校，北京：人民出版社，2004年，第55页。
② 〔德〕康德：《纯粹理性批判》，邓晓芒译，杨祖陶校，北京：人民出版社，2004年，第234页。
③ 〔德〕奥特弗里德·赫费：《康德：生平、著作与影响》，郑伊倩译，北京：人民出版社，2007年，第44页。

概念，以它来联结综合判断的主谓词，并把它作为一个重要的哲学问题来对待和研究，这就使得他所创立的先验逻辑与传统的形式逻辑有了一个重大的区别。

康德认为，所有的分析判断都可以依据矛盾律把谓词概念从主词概念中抽取出来，而无须凭借任何经验。"若把一个分析判断建立于经验基础上则是荒谬的，因为我可以完全不超出我的概念之外去构想分析判断，因而为此不需要有经验的任何证据。"①例如，在"一切物体都有广延"这个判断中，我们完全可以依据矛盾律从物体概念中把广延概念抽取出来，因此，这个命题是一个先天确定的分析命题，而不是什么综合的经验命题。

在康德看来，所有的经验判断都是综合判断，我们并不能凭借矛盾律就把经验判断的谓词直接从主词中抽取出来。在"一切物体都是有重量的"这个判断中，"尽管我在一般物体的概念中根本没有包括进重量这一谓词，那个概念毕竟通过经验的某个部分表示了一个经验对象，所以我还可以在这个部分之上再加上同一个经验的另外一些部分，作为隶属于该对象的东西"②。因此，"一切物体都是有重量的"就是一个经验性的综合判断。在这个判断中，把主谓词联结起来的是经验，或者说，在上述判断中，是通过经验把重量这个谓词与物体的概念联结起来了。

同样，先天综合判断也不能依据矛盾律把判断的谓词从主词中抽取出来。由于先天综合判断的主谓词的联结是一种必然的联结，因此我们也不能凭借经验把先天综合判断的主谓词联结起来，于是，先天综合判断的主谓词联结就比经验判断那里更为复杂。在"一切发生的事情都有其原因"这个先天综合判断中，我们可以从"一切发生的事情"这个主词概念中想到一种存有，但"原因"作为谓词概念是完全外在于"一切发生的事情"的，所以，同样需要一个第三者以将一切发生的事情与原因联结起来。

因此，基于逻辑上的主谓词关系来考虑先天综合判断的可能性问题，是康德提出并解答先天综合判断的可能性问题的一个独特视角，从而也使得他提出的第三者概念具有了逻辑学上的意义（因为综合判断的主词没有包含谓词，首先涉及的是主词和谓词概念的外延和内涵，为了论述方便，这里暂时撇开了主谓词关系的本体论和认识论意涵），即第三者是联结先天综合判断的主谓词的中介。这是《纯批》的"导言"中向我们展示的第三者概念逻辑学上的含义，同时也可以看出康德力图从逻辑学的维度上来

---

① 〔德〕康德：《纯粹理性批判》，邓晓芒译，杨祖陶校，北京：人民出版社，2004年，第9页。
② 〔德〕康德：《纯粹理性批判》，邓晓芒译，杨祖陶校，北京：人民出版社，2004年，第9页。

考察先天综合判断的可能性问题。

但是，我们也应该看到，《纯批》的"导言"并非仅仅从判断的主谓词关系（这种关系还涉及其他一些关系，这一点在亚里士多德那里已经变得显而易见了）的维度——即逻辑学维度——来提出第三者概念，其中其实还隐含着另一种重要的维度，即认识论维度，这也就使得第三者概念具有了认识论上的意义。正如徐长福先生所说的那样，"对于主谓关系，如果只考虑外延和内涵的情况，这种研究就是形式逻辑；如果进一步考虑词项所表示的对象是否存在这种本体论问题，以及它们的意义如何理解这种认识论问题，这种研究就属于哲学，这种逻辑就是一种有内容的逻辑。……西方哲学从亚里士多德以来，就其主流传统而言，都是从主谓关系来讲本体论和认识论的"①。作为一名划时代的哲学大家，康德自然也不例外，他也是从主谓词关系的角度来理解本体论和认识论问题的，因此，在康德那里也就产生了另一种意义上的第三者。

二、先验图型作为第三者

在《纯批》的"导言"中，康德在论述经验判断（综合判断）需要一个"某种别的东西（X）"（其实就是第三者）将判断的主谓词联结起来时，明确地指出经验就是这个判断的第三者。②在此，康德以"一切物体都是有重量的"为例，指出："尽管我在一般物体的概念中根本没有包括进重量这一谓词，那个概念毕竟通过经验的某个部分表示了一个经验对象，所以我还可以在这个部分之上再加上同一个经验的另外一些部分，作为隶属于该对象的东西。"③很明显，经验充当了联结经验判断的主谓词的第三者。④

除了谓词不包含在主词之外，综合判断与分析判断的另一个重要区别是综合判断涉及经验对象，而分析判断并不涉及经验对象。从上述引文中可以看到，康德并没有孤立地从主谓词关系的角度来思考先天综合判断的

---

① 徐长福：《主词与谓词的辩证——马克思哲学的逻辑基础探察》，《哲学研究》2017 年第 5 期，第 14 页。
② 〔德〕康德：《纯粹理性批判》，邓晓芒译，杨祖陶校，北京：人民出版社，2004 年，第 9 页。
③ 〔德〕康德：《纯粹理性批判》，邓晓芒译，杨祖陶校，北京：人民出版社，2004 年，第 9 页。
④ 赫费在《康德：生平、著作与影响》（人民出版社，2007 年）的第 83 页指出："经验判断则相反（物体是重的）是通过范畴把主谓物体与谓词重量相联结。"他的说法似乎表明范畴就是联结经验判断的主谓词的第三者。但是，他的这一说法与康德的说法存在着冲突，至少存在着很大的不同。关于这一点该如何理解呢？目前，笔者尚未形成成熟的看法，所以这里暂时对他的看法不做评论。

可能性问题，也就是说，他往往从逻辑学和认识论这两种视角来考察先天综合判断的可能性问题,从而使得第三者概念的提出又具有了认识论意义。

康德认为，在经验判断中，主词概念通过经验这个第三者的某个部分指称了一个经验对象，这就意味着主词概念所指称的经验对象是通过经验中的某个部分联结起来的。但是，在先天综合判断中却没有这种便利，因为我们无法通过经验去联结先天综合判断的主词所指称的对象。在"一切物体都是有重量的"这个经验判断中，一切物体作为一般物体的概念，它指称这个经验对象，我们可以在现实世界中找到任何一个物体，比如石头，因此物体概念与经验对象的联结是通过经验得以实现的。

可是，在先天综合判断中，经验作为辅助手段的作用就完全失效或没有了。康德追问道："当我要超出概念 A 之外去把另一个 B 作为与之结合着的概念来认识时，我凭借什么来支撑自己，这种综合又是通过什么成为可能的呢？"①他以"一切发生的事情都有原因"这个先天综合判断为例来说明之。在这个判断中，"一切发生的事情"作为主词概念与原因作为谓词概念是完全不同的东西。因此，要使该判断成为可能的，必然需要一个第三者将判断的主谓词联结起来。进一步说，在"一切发生的事情都有原因"这个先天综合判断中，由于"原因"作为纯粹知性概念并没有自己的对象，因为它的对象是由直观提供的，因此，就需要一个将原因这个纯粹知性概念（范畴）与现象联结起来的第三者，这就是先验图型。

"由此可见，必须有一个第三者，它一方面必须与范畴同质，另一方面与现象同质，并使前者应用于后者之上成为可能。这个中介的表象必须是纯粹的（没有任何经验性的东西），但却一方面是智性的，另一方面是感性的。这样一种表象就是先验的图型。"②纯粹知性概念（范畴）是完全不依赖于经验的，它来源于先验统觉，是完全纯粹的（rein）东西；而现象指的是"一个经验性的直观的未被固定的对象"。③未被规定也就意味着没有将纯粹知性概念运用于现象之上，而经验对象是范畴已经运用于其上的现象。要将范畴运用于现象从而形成经验对象就需要先验图型这个第三者。

在康德看来，先验图型之所以能够起到联结范畴与现象的中介作用乃是因为它就是"先验的时间规定"，这是先验图型的本质。这是因为时间

---

① 〔德〕康德：《纯粹理性批判》，邓晓芒译，杨祖陶校，北京：人民出版社，2004 年，第 10 页。
② 〔德〕康德：《纯粹理性批判》，邓晓芒译，杨祖陶校，北京：人民出版社，2004 年，第 139 页。
③ 〔德〕康德：《纯粹理性批判》，邓晓芒译，杨祖陶校，北京：人民出版社，2004 年，第 25 页。

一方面是直观的纯形式，那么它就必然是一种普遍的东西，所以它与范畴就是同质的；另一方面，时间包含在所有的个别经验表象之中，一切现象都处于时间关系当中，这样时间与现象又是同质的。

正因为如此，就使得先验图型获得了认识论上的意义，并同时反映了第三者概念具有的认识维度。康德坚持一个基本的原则，无论经验判断还是先天综合判断，要具有客观有效性就必须有一个经验对象与之相对应。"范畴作为先天概念的客观有效性的根据将在于，经验（按其思维形式）只有通过范畴才是可能的。这样一来范畴就必然地和先天地与经验对象（着重号为笔者所加）相关。"①康德的认识论不同于他之前的唯理论的地方就在于独立于经验的先天综合判断要获得自身的客观实在性都不能缺少自己的经验对象；而他的认识论不同于他之前的经验派的地方在于不仅经验判断，独立于经验判断的先天综合判断要获得客观有效性同样需要自己的经验对象。这样，先验图型作为联结直观（现象或经验对象是由它提供的）和范畴之间的中介的第三者就是它的认识论意义，这也体现出了康德解决"先天综合判断是如何可能的？"问题的认识维度。

三、作为综合判断之基础的第三者

这种意义上的第三者来源于对《纯批》中一段重要文本的解读。在那里，康德指出：

> 我们必须超出一个给予的概念（按：指判断的主词）以便把它和一个别的概念（按：指判断的谓词）综合地加以比较，所以就需要一个第三者，只有在它里面两个概念的综合才能产生出来。但什么是这个作为一切综合判断的媒介的第三者呢？只有某种把我们的一切表象都包括在自身中的总括，也就是内感官，及其先天形式时间。对诸表象的综合是基于想像②力，但想像力的综合统一（这是作判断所要求的）则基于统觉的统一。所以在这些东西里我们将必须寻找综合判断的可能性，而由于所有这三项[即内感官、想像力和统觉]都包含有先天表象的根源，也就必须去寻找纯粹综合判断的可能性。的确，这些纯粹综合判断甚至

---

① 〔德〕康德：《纯粹理性批判》，邓晓芒译，杨祖陶校，北京：人民出版社，2004年，第85页。
② 根据现代出版规范，正文中统一使用"想象"，下余同。

由于这些理由也将是必要的，如果某种有关对象的、仅仅基于诸表象的综合之上的知识要实现出来的话。①②

长久以来，关于这段重要的文本，学术界存在着两种不同的解读：一种是把第三者看成是由内感官、想象力和统觉所构成的一个总体；另一种则是把第三者仅仅当成了内感官，及其先天形式时间。

第一种解读有着深厚而长远的传统，它在新康德主义时就已经出现，在当代仍然有一些支持者。赫尔曼·柯亨主张："第三者是由'内感官'，此外还有'想象力的综合'，以及有限的'统觉的综合统一'构成的一个'整体'。归根结底，综合判断的客观实在性在这个整体中被建立起来。"③20世纪前半叶，帕通也认为："实际上，如果我们拥有一个仅仅依赖于表象的综合的关于诸客体的知识，那么，建立在这三项来源或根据之上的先天综合判断，不仅是可能的，而且是必然的。"④美国当代著名学者埃里克·沃特金斯同样断言："康德宣称这个第三者就是经验的可能性，其由三个要素组成：内感官（及其先天形式时间）、想象力对表象的综合（在内感官中）以及统觉的综合统一的统一性（在诸概念和判断中）。"⑤当代德国学者保尔·纳特尔对此处的解读则是："①所有综合判断的媒介=内感官；②内感官的先天形式=时间；③综合的能力=想象力；④综合判断的前提=综合统一；⑤综合统一=统觉的统一。"⑥虽然纳特尔并不像前面三位研究者那样明确地宣称第三者是一个由内感官、想象力和统觉构成的统一体，但是，他的系统性的解读也足以说明他对第三者的理解与前面三位研究者的理解是一致的。

上述解读在国内学术界同样有支持者。最具有代表性的，要数北京大学已故著名康德专家齐良骥先生，他不仅认为第三者就是由内感官、想象力和统觉这三项所构成的，而且明确地将第三者界定为"构成综合判断的基础"。⑦从这个意义上看，第三者似乎就不仅仅是联结主谓词的一个中

① 〔德〕康德：《纯粹理性批判》，邓晓芒译，杨祖陶校，北京：人民出版社，2004年，第149页。
② 本段括号里的几个外文单词是德文原文，之所以把它们写出来是想强调它们的重要性，应该引起注意。
③ Cohen H, *Kommentar zu Immanuel Kants Kritik der reinen Vernunft* (Vierte, Unveränderte Auflage), Leipzig: Felix Meiner Verlag, 1925, S77.
④ Paton H J, *Kant's Metaphysic of Experience: A Commentary on the First Half of the Kritik der reinen Vernunft* (In Two Volumes), London: George Allen & Unwin Ltd, 1936, p. 87.
⑤ Watkins E, *Kant and the Metaphysics of Causality*, Cambridge: Cambridge University Press, 1998, p. 152.
⑥ Natterer P, *Systematischer Kommentar zur Kritik der reinen Vernunft: Interdisziplinäre Bilanz der Kantforschung seit 1945*, Berlin: De Gruyter, 2003, S403.
⑦ 齐良骥：《康德的知识学》，北京：商务印书馆，2011年，第277页。

介了,而且还是综合判断得以可能的基础,因此其地位就显得尤为重要了。

第二种解读则认为第三者仅仅是内感官,及其先天形式时间。德国学者蒂默曼宣称:"在《纯批》关于主体的那一章(按:指'一切纯粹知性原理的体系'),康德谈到了一个通用的第三者(即 ein Drittes,后面没有跟认识这个词)。就后天判断而言,'第三者'(third something)就是经验;而在先天综合判断中,第三者是——在最小的意义上——时间(A154—8/B193—7[①])。"[②]美国学者盖耶尔也曾指出:"'一切综合判断的至上原理'这一节中的'一个第三者所必要的,只有在其中两个概念的综合才能产生',并且这个第三者必定是我们的经验的时间结构,已经给予的图型论证明了这一点,因为'只有某种把我们的表象都包含在自身中的总括,也就是内感官,及其先天形式时间。'"[③]

学术界的这两种解读反映出学者对第三者概念的含义、地位和作用等的不同理解。在第一种解读中,第三者仍被当成了一个条件整体;这种解读突出了第三者在形成综合判断时的基础地位。而在第二种解读中,第三者仅仅是一个中介,尽管它对形成综合判断具有不可忽视的重要作用;这种解读并不像前一种解读那样突出第三者的基础地位,而是只突出了它作为一个中介所发挥的作用。另外,第一种解读更加突出从"先验演绎"(尤其是第一版演绎)和"图型法"的双重角度来理解第三者;而第二种解读则更多的是仅仅从"图型法"的角度来看待第三者。

无论如何,通过上述对第三者概念所做的学术史上的考察,我们也许不难发现,他的第三者概念似乎具有多义性,并且往往会导致不同研究者做出完全不同的解读。由于本书主要是从逻辑学的角度来考察第三者问题,而在康德的文本中又出现了三种意义上的第三者,因此,笔者认为非常有必要对这三种意义上第三者之间的关系作出明晰的阐述。

四、有三种意义上的第三者吗

以上的考察是根据康德的文本以及学术界已有的研究成果所作的一个大致的论述,但是,这一考察也呈现出两个不容忽视的问题。

第一,学术界对于联结先天综合判断的主谓词的第三者的考察和研究似乎并不多见,而对先验图型作为联结现象和范畴的论述却很多,这似乎

---

① 国际上,关于康德的《纯粹理性批判》的两版通常以 A、B 版加页码标识文献的出处。下余同。

② Timmermann J, *Kant's Groundwork of the Metaphysics of Morals: A Commentary*, Cambridge: Cambridge University Press, 2007, p. 126.

③ Guyer P, *Kant*, London: Routledge, 2006, p. 101.

反映了学术界对"主谓词关系问题"的某种集体的忽视。而这个问题在从康德到黑格尔的德国古典哲学中却始终是一个基础性的问题，因为该问题在黑格尔的逻辑学中发展为主谓词的颠倒。后来，到了马克思那里，该问题又呈现为主谓词关系的再颠倒。由此可见，第三者问题其实是主谓词关系问题的题中应有之义，但却随着主谓词问题的被忽视而被集体忽视了。

第二，以上的考察也会不可避免地引发这样一个问题：在康德那里，尤其是在他的理论哲学中，有三种意义上的第三者吗？抑或是根本就不存在三种意义上的第三者，而只有一种意义上的第三者？

首先，这里需要做出一个必要的说明，以上的论述是根据康德的《纯批》这个文本中的相关论述做出的说明，而以上所提到的三种意义上的第三者其实都只涉及"纯粹自然科学"判断也就是内在的自然形而上学判断（作为先天综合判断）的第三者，还没有涉及其他领域（比如纯粹数学、美学等）中先天综合判断的第三者。这样，进一步的问题就是：其他领域是否也涉及第三者问题？答案是肯定的，因为只要领域中存在先天综合判断（这一点康德做了明确的断言），它们就无论如何都需要一个第三者将判断的主谓词联结起来。

其次，有没有一个作为一切综合判断之基础的第三者？这个问题在学术界是有争论的，这一点可以通过本节第三小节的论述看出来。笔者倾向于认为该问题需要做具体的分析。从后面几章的论述中可以看出，第三者在纯粹数学判断和其他领域中的判断的地位和作用是不一样的，第三者在纯粹数学判断中的地位是基础性的，发挥着主导作用，但是在纯粹自然科学中却不是这样的，而在道德判断和审美判断中的地位和作用又有些不一样。学术界虽然存在着将第三者作为一切综合判断（这里的一切综合判断也许局限于纯粹自然科学判断）的基础，而且这种解释有着较长的历史，但是笔者认为，这也许是一种过度解释。

再次，一个关键性的问题在于联结内在的自然形而上学判断的主谓词的第三者与联结现象与范畴的第三者是同一个第三者吗？①这并不是一个容易回答的问题。阿利森认为，先验图型就是联结内在的自然形而上学判

---

① 舒远招在探讨定言命令的第三者问题时曾警示性地指出："在把同一个意志当作定言命令的第三者时，又将之类比于有关自然的先天综合命题的先验图型，这意味着把先验图型就当作了使有关自然的先天综合命题成为可能的第三者。但是，在这一认识中，很可能存在着对第三者的一个重大误解。"[舒远招：《完美神圣的理性存在者的意志：定言命令之第三者——〈道德形而上学的奠基〉中一个重要问题的解答》，《山东科技大学学报（社会科学版）》2012年第5期，第10页。]毫无疑问，这是一个重要的提醒。它提醒我们在研究第三者问题时不要想当然，也不要做简单的类比。虽然笔者通过对有关自然的先天综合判断的第三者问题的研究得到的结论是先验图型就是第三者，但是这一提醒是非常有警示意义的。

断的主谓词的第三者。他的这个看法很值得重视。笔者基本赞同阿利森的看法，但是同样需要做一个限定：先验图型只是内在的自然形而上学判断，即联结此类判断的主谓词的第三者。关于这一点，本书将在第三章讨论内在自然形而上学判断的第三者问题时给予详细的论证和说明，这里不再赘述。

最后，康德在《纯批》的"一切综合判断的至上原理"中对第三者的论述应该作何解？学术界虽然存在着两种解读传统，但是，笔者倾向于认为第二种解读才是合理的解读，而第一种解读存在过度解读之嫌。而且，按照第二种解读，我们可以把康德在其他地方提到的对第三者的论述统一起来，从而做出融贯的理解。

总的来说，在内在的自然形而上学判断中，笔者认同先验图型既是联结现象与范畴的第三者，也是联结内在的自然形而上学判断的主谓词的第三者。在康德的内在的自然形而上学判断中，并不存在一个构成这一领域中一切先天综合判断的基础的第三者。

综上所述，如果按照康德的说法——"综合判断总是需要一个第三者"，那么我们完全可以根据康德的这一提示，以及他在《纯批》中探讨"先天综合判断是如何可能的？"这个总课题的思路和对这个总课题的划分来分别探讨各个领域中先天综合判断的第三者问题。

第二章 纯粹数学判断的第三者

自柏拉图以来，有关数学的基础问题就构成了西方哲学的一个不可或缺的组成部分。虽然《纯批》从"先验感性论"切入康德要探讨的主题，但是他并非像数学家一样探讨专业的数学问题，毋宁说，他阐释了一种"直观的哲学"。这种哲学将关注的焦点放在了两种纯粹先天的直观形式——空间和时间——上，并由此引发出纯粹数学判断的性质和基础的问题。

数学判断的性质，自近代以来就是数学家以及哲学家们争论不休的一个重要话题。尤其是自从康德针对把数学判断当成是分析判断的传统而提出数学判断全都是先天综合判断以来，有关"数学中是否包含先天综合判断"的问题一直是数学家和哲学家们争论的焦点之一，对此问题的争论在20世纪变得尤为激烈。① 《纯批》中的"先验感性论"集中于解决"纯粹数学何以可能的"问题，而在"先验方法论"中，康德则通过比较数学知识与哲学知识的差异，把数学知识界定为"出自直观构造的理性知识"，这是对"先验感性论"中所提出的数学判断的性质和基础问题的一种回应和提升，这突出地体现了康德所强调的基本论点：数学判断具有先天综合性。

总体说来，关于数学知识的性质争论的焦点是：数学判断到底是分析判断还是综合判断？自康德提出"数学的判断全部都是综合的"② 以来，到底应该如何理解康德的上述主张，一直是一个争论不休的话题。同时，就本书所探讨的主题而言，这也是解答纯粹数学判断的第三者问题的首要问题。

根据康德的看法，纯粹数学中包含先天综合判断是一个事实。就此而言，需要辩护的并不是这个事实问题，而是"纯粹数学判断是如何可能的"。

---

① 关于这个争论的具体情况可以参看，〔德〕奥特弗里德·赫费：《康德：生平、著作与影响》，郑伊倩译，北京：人民出版社，2007年，第50—54页；包向飞：《康德的数学哲学》，武汉：武汉大学出版社，2013年，第一章；以及 Shabel L, "Kant's philosophy of mathematics", In Guyer P(ed.), *Kant and Modern Philosophy*. Cambridge: Cambridge University Press, 2007, pp. 95-97.

② 关于康德的这一论断，有研究者指出："但是我们必须注意到：康德说数学命题是先天综合命题，这并不意味着任何数学命题在任何意义上都是先天综合命题，而是说全部数学并不能还原成'就其自身而言就分析地真着的命题'。"（包向飞：《康德的数学哲学》，武汉：武汉大学出版社，2013年，第13页。）笔者认为这一看法是成立的。

因此，本章的第一节将首先引述康德本人对纯粹数学判断的先天综合性的
论述，然后分两步阐明纯粹数学判断的第三者就是先天直观。在第二节中，
笔者首先阐述了存在于康德哲学中的三种不同类型的直观，并强调指出，
无论是经验性直观还是智性直观（intellektuelle Anschauung）都不可能是纯
粹数学判断的第三者；最后试图从现象学的视角对先天直观进行了考察。
上述论证思路旨在进一步确证只有先天直观才是纯粹数学判断的第三者。

第一节　先天直观：纯粹数学判断的第三者

康德所谓的纯粹数学是一种"不包含经验性的知识，而只包含纯粹的
先天知识"①的一门学科。在他看来，是数学的先天综合性而不是它的分
析性保证了它的纯粹性。那么，纯粹数学在何种意义上才能称得上是先天
综合判断呢？这就涉及对纯粹数学判断的先天综合性的理解，更进一步说，
对纯粹数学判断先天综合性的理解其实涉及纯粹数学判断的第三者问题。
在此问题上，康德的策略是一方面通过纯粹数学中存在着先天综合判断的
事实②来确证存在着先天直观，另一方面又通过先天直观来说明纯粹数学
判断作为先天综合判断是如何可能的，即由此来证明纯粹数学判断的先天
综合性。③

一、纯粹数学判断的先天综合性

为了说明数学判断的先天性，康德将论述的重点放在纯粹数学判断
上。按照他的说法，纯粹数学概念"所包含的不是经验性的知识，而纯然
是纯粹的先天知识"④。"先天知识中那些完全没有掺杂任何经验性的东
西的知识则称为纯粹的。"⑤由此可见，纯粹的一定是先天的，但是先天
的并不一定是纯粹的。毫无疑问，纯粹数学判断当然是先天判断，虽然与

---

①〔德〕康德：《纯粹理性批判》，邓晓芒译，杨祖陶校，北京：人民出版社，2004年，第12页。
② 关于数学是否包含有先天综合判断的争论由来已久并延续至今。具体的争论过程可以参考，〔德〕奥特弗里德·赫费：《康德：生平、著作与影响》，郑伊倩译，北京：人民出版社，2007年，第50—54页；〔德〕奥特弗里德·赫费：《康德的〈纯粹理性批判〉——现代哲学的基石》，郭大为译，北京：人民出版社，2008年，第91—95页。
③ 需要说明的是，这里只讨论"纯粹数学"判断的第三者问题，至于应用数学不属于本书所讨论的范围。
④〔德〕康德：《康德著作全集》（第4卷），李秋零主编，北京：中国人民大学出版社，2005年，第269页。
⑤〔德〕康德：《纯粹理性批判》，邓晓芒译，杨祖陶校，北京：人民出版社，2004年，第2页。

经验存在着关系上的差别，但是总体上而言，在康德所使用的术语中，"纯粹的"往往与"先天的"又具有同义性，他似乎没有做严格的区分。一言以蔽之，康德所说的纯粹数学判断其实也就是先天判断。

关于纯粹数学判断的先天性，康德并没有给予非常详细的论述，这主要是因为在康德所处的时代，尤其是在学者们中间，对数学判断的先天性并没有进行什么质疑，可以看成是当时人们的一种共识，这一点完全可以从《纯批》的"第二版序"中关于数学已经走上了科学的康庄大道的描述中看出来。"数学在人类理性的历史所及的最早的时代以来，在值得惊叹的希腊民族那里就已走上了一门科学的可靠道路。"①所以，在康德以及他的同时代人的心目中，数学作为一门可靠的科学，其先天性是不言而喻的事实。因此，我们便不难理解他为什么在"导言"中便直接而明确地宣称："真正的数学命题总是先天判断而不是经验性的判断，因为它们具有无法从经验中取得的必然性。"②因此，在康德的时代，数学判断的先天性是一个无须论证的事实。另外，在《导论》中，康德同样明确地申明了他的基本观点："真正的数学命题永远不是经验的判断，而是先天的判断，因为带有必然性，这种必然性不是从经验中所能得到的。"③

所以，基于以上三处引文便足以说明：纯粹数学判断作为先天判断是不可能建立在经验的基础之上的，因为它是具有严格的普遍必然性的判断，这种特性是不可能来自经验的。纯粹数学判断作为具有严格普遍性和必然的先天判断，是康德在事实层面上对数学判断的性质所做的一个论断。

需要指出的是，纯粹数学判断的先天性不仅仅体现在它不是来自经验，而且体现在保证它的先天性的先天直观是来自理性的，即是理性先天地给出了直观从而保证了纯粹数学的先天性。在这个意义上，数学判断才是"出自概念构造的理性知识"。说到底，纯粹数学作为人类理性的一个部门（分），它终归源自人类理性；换言之，不是经验而是人类理性才是数学知识真正的源泉。正如康德自己所言："理性把它的一切概念都带到直观上来，这种直观是它能够先天地给予的。"④理性把它的经验性的概念、纯粹感性概念和纯粹知性概念统统都带到直观上来，从而使理性的一切概念获得了其客观实在性。理性把自己的概念带给直观，而直观又是由

① 〔德〕康德：《纯粹理性批判》，邓晓芒译，杨祖陶校，北京：人民出版社，2004年，第二版序第12页。
② 〔德〕康德：《纯粹理性批判》，邓晓芒译，杨祖陶校，北京：人民出版社，2004年，第12页。
③ 〔德〕康德：《未来形而上学导论》，庞景仁译，北京：商务印书馆，1978年，第21页。
④ 〔德〕康德：《纯粹理性批判》，邓晓芒译，杨祖陶校，北京：人民出版社，2004年，第560页。

理性自己提供出来的，在此意义上，正是由于直观是理性自身先天地给予的，所以才能称其为先天直观。叶秀山先生曾非常富有洞见地指出："在康德的心目中，'理性'本身就有'授出－提供''直观'的能力，由'理性'本身'给出'的'直观'，当然无关乎'感觉经验'，而可以说是'先天的'。"①所以，说到底，纯粹数学判断的先天性最终来自纯粹理性。也正是在这个意义上，康德才说数学知识是出自概念构造的理性知识。在出自理性的诸多学科当中，数学知识正是由于其出自概念构造的特性，而区别于哲学知识。这样，纯粹数学判断就被康德置于了理性的基础之上，从而获得了一个坚实的基础。

而在谈到纯粹数学判断的综合性时，康德针对人类理性的分析家们（主要指以莱布尼茨、沃尔夫、鲍姆加登和门德尔松等为代表的德国理性主义者）将纯粹数学判断当作分析判断的观点，旗帜鲜明地指出数学判断（命题）全部都是综合判断，并结合算术和几何学中的例子给予了详细的说明，而恰恰是数学判断的综合性成为康德所要强调的重点。依照康德的观点，数学判断的综合性体现在以下方面："纯粹数学知识的实质和它同其他一切先天知识相区别的特点，在于决不是通过概念得出来的，而永远只是通过构造概念得出来的（见《批判》，第 713 页）。数学在命题里必须超出概念达到与这个概念相对应的直观所包含的东西，因此，数学命题都是综合的，永远不能、也不应该通过概念的解析（也就是，通过分析）来得到。"②

康德的上述说法指明了纯粹数学判断是通过构造概念而得来的理性知识，这说明了它的综合性，而它的综合性需要直观来作为保证。理性保证了纯粹数学判断的先天性，直观则保证了它的综合性。同时，这也就意味着，我们从纯粹数学判断的主词中永远也不可能分析出它的谓词，即永远不能仅仅通过概念分析就得到综合的知识，而必须借助于另外一个东西（直观），只有通过它才能把纯粹数学判断的主谓词联结起来。换言之，纯粹数学判断的综合性是由直观来保证的，或者说它的主谓词是由直观来联结的。但是，能够保证纯粹数学判断的先天综合性的直观只能是先天直观，而不可能是经验性直观，更不可能是智性直观。这同时也在提示，先天直观很可能就是联结纯粹数学判断的主谓词的第三者。我们将在下面的论述中详细地证明这一点。

---

① 叶秀山：《启蒙与自由：叶秀山论康德》，南京：江苏人民出版社，2013 年，第 101 页。
② 〔德〕康德：《未来形而上学导论》，庞景仁译，北京：商务印书馆，1978 年，第 23 页。

在 20 世纪，康德关于数学判断的先天综合性的论断一方面遭到了数学家和分析哲学家们的攻击，另一方面也受到了物理学家们的质疑，但是也得到了支持直觉主义和结构主义的数学家和哲学家们的支持。赫费认为，康德强调纯粹数学判断的先天综合性具有两个方面的重要意义："一方面是对于作为形而上学理论的理性批判来说这一论点把一门有问题的科学与已被承认的科学相连结。……另一方面，对于作为客观认识之理论的理性批判来说，关于数学具有先天综合性质的论点，是探寻一切认识之先天前提的一个根据。"[1]赫费对纯粹数学判断的先天综合性之意义的论述不仅突出了纯粹数学性质对解决形而上学的重要意义，而且指明了它是探寻一切知识的先天条件，这是对纯粹数学判断性质的同情的理解，而不是无的放矢的批判。但是，需要注意的是，赫费对纯粹数学判断的先天综合性的辩护的一个基础仍然是数学知识是"出自概念构造的理性知识"，这一点也是理解纯粹数学判断先天综合性的关键。

总之，纯粹数学判断的先天综合性是由先天直观来保证的，而先天直观又是由纯粹理性自己给出的，因此，理性和先天直观构成了纯粹数学判断是先天综合判断的先天条件。这意味着，纯粹数学判断归根到底还是由纯粹理性自身给出的，在此意义上，它才可能是一种"出自概念构造的理性知识"。

基于以上认识，接下来我们需要阐明两个问题：①先天直观何以是数学判断的第三者？②为什么只有先天直观才能将纯粹数学判断的主谓词联结起来，而不是经验性直观或智性直观？

二、纯粹数学判断的第三者的初步阐释

为了解答上述两个疑难问题，我们先来看看康德在《纯批》的"导言"中列举的两个非常经典的例子。在结合这两个例子来阐明纯粹数学判断的第三者问题时，我们打算分两步进行：一是从正面阐释先天直观何以是纯粹数学判断的第三者；二是从反面阐明经验性直观何以不是纯粹数学判断的第三者，同时也不可能是智性直观。

（一）先天直观何以是纯粹数学判断的第三者

先看第一个例子。在算术命题中，就人们通常将"7+5=12"这个命题

当作分析命题的做法，康德针锋相对地指出："虽然人们最初大约会想：7+5=12 这个命题是一个单纯分析命题，它是从 7 加 5 之和的概念中根据矛盾律推出来的。然而，如果人们更切近地考察一下，那么就会发现，7 加 5 之和的概念并未包含任何更进一步的东西，而只包含这两个数结合为一个数的意思，这种结合根本没有使人想到这个把两者总合起来的惟一的数是哪个数。12 这个概念决不是由于我单是思考那个 7 与 5 的结合就被想到了，并且，不论我把我关于这样一个可能的总和的概念分析多么久，我终究不会在里面找到 12。"①

在这里，他似乎认为人们往往以为根据矛盾律就可以从"7+5 之和"的概念中分析出"12"这个数。在他看来，这是不对的。因为根据他的分析，"7+5 之和"的概念作为"7+5=12"这个命题的主词仅仅包含 7 和 5 这两个数结合为一个数的意思，而并未包含更多的东西，即没有包含 12 这个数。康德认为，在这个例子中，"7+5 之和"的概念并不包含"12"这个概念，所以"12"这个概念不是由于我们单纯思考或分析"7+5 之和"的概念就能想到或得出来的。因此，"7+5 之和"与"12"的联结并非分析的，而是综合的。

这就意味着"12"这个概念（谓词）事实上已经超出了"7+5 之和"的概念（主词），而想要得到"7+5=12"这个判断，就必须借助于一个第三者才能把"7+5"与"12"联结起来，从而使"7+5=12"得以可能。康德进一步地分析指出："我们必须超出这些概念之外，借助于与这两个概念之一相应的直观，例如我们的五个手指，或者（如谢格奈在其《算术》中所说的）五个点，这样一个一个地把直观中给予的五的这些单位加到七的概念上去。"②不难看出，康德在此已经非常明确地断言：我们是在直观（对五个手指或五个点的直观）中，把 5 这个数的单位（按照十进制的规则）一个一个地加到 7 这个数之上，由此才能得到 12 这个数。这样我们就在 7 和 5 以及二者之和的概念之外增加了 12 这个概念。因此，通过这个例子，我们可以得出如下结论：能够将"7+5=12"之类的算术命题的主谓词联结起来的第三者只能是直观。

特里·平卡德（Terry Pinkard）对这个例子做了一个总体上的描述，可以帮助我们理解这个例子。"大体上来说，康德的推理过程类似如下。为了做出先天综合判断，我们需要进行一系列操作：首先，我们必须通过

---

① 〔德〕康德：《纯粹理性批判》，邓晓芒译，杨祖陶校，北京：人民出版社，2004 年，第 12 页。
② 〔德〕康德：《纯粹理性批判》，邓晓芒译，杨祖陶校，北京：人民出版社，2004 年，第 12 页。

操作在某个随意选取的量幅（magnitude）中建构起数字 7（大体上来说，是通过一种不断重复的程序将这个量幅中的 7 个单元汇集起来）；其次，我们必须以同样的操作建构起数字 5，只不过，这后一操作是在建构数字 7 的那第一个操作之后进行的；最后，我们必须检验成功执行这两个操作之后的结果是什么。"①按照他的分析，"7+5=12"这个先天综合判断的形式，需要通过三步操作：我们在直观中先建构一个数字 7，然后再建构一个数字 5，这样得到的结果就是 12。无疑，他的分析突出了"直观中的建构"，与我们以上的分析显然是一致的。

　　以上主要是通过例子概括性地说明了直观是联结纯粹数学判断的主谓词的第三者。为了对此问题有更加明确的认识，我们必须要进一步追问：直观是如何将"7+5=12"联结起来的？为此，就需要对纯粹数学判断的第三者问题作出更加清晰和精确的说明。

　　我们将继续结合"7+5=12"这个例子以及康德的其他相关文本进一步阐明直观是如何将纯粹数学判断的主谓词联结起来的。就"7+5=12"而言，按照康德的解释，"因为我首先取的是 7 这个数，并且，由于我为了 5 这个概念而求助于我的手指的直观，于是我就将我原先合起来构成 5 这个数的那些单位凭借我手指的形象一个一个地加到 7 这个数上去，这样就看到 12 这个数产生了"②。

　　针对康德的上述论证，有研究者认为康德在此处的论证存在明显的错误。"笔者认为，康德的这一论证存在明显的错误。他用所谓'直观'的五个手指或五个点一个一个地加到七个点上，然后再数一下得出 12 来。这种计算过程对于幼儿的学习是必不可少的，但不是'7+5'这一概念所必需的。……否则，时间和 7+5=12 都将失去其先验的（按：就是指先天的，即 a priori）性质，即使是综合的，那也只能是后验的（按：就是指后天的，即 a posteriori）。"③不可否认，康德在此的论证可能会让人们产生这样一种疑惑：按照康德的解释，将"7+5 之和"与"12"联结起来的第三者似乎是经验性直观，而不是先天直观，因为对手指或五个点的直观都是经验性直观，而由此导致的结论就只能是"7+5=12"是一个后天综合命题，因为该命题建立在经验性直观的基础之上。

① 〔美〕特里·平卡德：《德国哲学 1760—1860：观念论的遗产》，侯振武译，北京：中国人民大学出版社，2019 年，第 22 页。
② 〔德〕康德：《纯粹理性批判》，邓晓芒译，杨祖陶校，北京：人民出版社，2004 年，第 12 页。
③ 陈晓平：《贝叶斯方法与科学合理性——对休谟问题的思考》，北京：人民出版社，2010 年，第 264 页。

那么，究竟应该如何理解康德此处的论证并回答人们的质疑呢？正如陈晓平指出的那样："要保留 7+5=12 的先验性（按：指先天性），那就不应该把'一个一个地增加'这个过程看作物理过程，而应看作思维过程，这一思维过程正是递推法（即最基本的数学归纳法），……可以说，递推法是人们与生俱来的；一个人在很小的时候就能感觉到时间和空间的无限性，就是通过递推法得知的，既然一个人在实际生活中从未观察到无限的事物；由此可见，递推法是先验的。由于数学命题必须借助于递推法，而递推法是可以增加内容并且是先验的，所以一切数学命题都是先验综合命题。"①

通过递推法来解释康德的论证的确是一种比较合理的解释，这也可以看成是对康德的上述论证的一个补充。笔者赞同上述解释，但是，关于康德的上述论证，我们似乎也可以做这样一个解释：尽管我们是凭借对手指或五个点的直观（很明显，这种直观显然是经验性直观）把 5 加到 7 上去的，但是，这个过程其实是在时间中并通过时间加上去的。也就是说，即使是对手指或五个点的直观，没有先天直观及其形式作为前提条件也是不可能的。在此，时间正是以时间量的形式出现的，从而保证了我们能够把 5 一个一个地加到 7 上去。"在其（按：指先天直观）中我只想到从一个瞬间到另一瞬间的相继进程，这时通过一切时间部分及其相加而最终产生出了一个确定的时间量。"②时间之所以能以确定的时间量的形式出现是"因为时间的一切关系都能够在一个外部直观上面表达出来"③。这体现了时间必须通过空间才能以确定的形式被固定下来，因为时间作为纯粹的绵延，是缺乏固定性的，如果没有空间对它进行固定，我们也就无法真正地计算时间。

在此，单位就具有了特殊的意义。可以说，单位就是空间化的时间。把 5 一个一个地加到 7 上必须凭借一定的单位（规则），否则这种相加就是杂乱无章的。单位的意义也许正在于为某种计数活动的实现提供了前提条件。在此意义上，单位也就成了先天直观及其形式作用于经验性直观的条件。

可见，经验性直观以先天直观为根据或条件，这是无可置疑的；否则，经验性直观就将是完全不可能的。为了说明这一点，我们再引用康德在《导

---

① 陈晓平：《贝叶斯方法与科学合理性——对休谟问题的思考》，北京：人民出版社，2010 年，第 264—265 页。

② 〔德〕康德：《纯粹理性批判》，邓晓芒译，杨祖陶校，北京：人民出版社，2004 年，第 155 页。

③ 〔德〕康德：《纯粹理性批判》，邓晓芒译，杨祖陶校，北京：人民出版社，2004 年，第 37 页。

论》中的一段话来说明之："数学必须根据纯粹直观，在纯直观里它才能够具体地，然而却是先天地把它的一切概念提供出来，或者象人们所说那样，把这些概念构造出来。……因为纯直观，作为先天直观，在一切经验或个别知觉之先就已经同概念不可分割地结合在一起了。"①

基于《导论》中的以上解释，我们可以看出，数学是必须在纯粹直观（先天直观）中才能获得自身的概念，这一点是它不同于哲学的主要之点，所以康德才说："哲学的知识是出自概念的理性知识，数学知识则是出自概念的构造的理性知识。但构造一个概念就意味着：把与它相应的直观先验地展现出来。"②

出自概念构造不是指概念在构造，而是通过先天直观构造概念，此概念是指数学概念，而不是纯粹知性概念。到底何为概念的构造？对此，康德给出了进一步的解释："一个概念的构造要求一个非经验性的直观，因而后者作为直观是一个个别客体，但作为一个概念（即一个普遍的表象）的构造而仍然必须在表象中表达出对一切隶属于该概念之下的可能直观的普遍有效性。"③康德的这个解释非常晦涩，但他举了一个三角形的例子来说明之，可以帮助我们理解他想表达的思想。"所以我构造一个三角形，是由于我把与这个概念相应的对象要么通过在纯粹直观中的单纯想像、要么按照这种想像也在纸上以经验性的直观描绘出来，但两次都是完全先天地描绘，并没有为此而从任何一个经验中借来范本。"④

针对康德对"构造一个概念"的上述论述，国内外不少研究者如康蒲·斯密、丽莎·夏贝尔（Lisa Shabel）、齐良骥、杨祖陶和邓晓芒、温纯如等，对康德的上述论述做出了各自的解释。在这些研究者中，对"构造一个概念"的解释最为详细的要数温纯如先生。他指出："构造概念的意思是：（1）它是先天展示的直观。作为直观，确需要有一'个别对象'，它可以在直观中展示。我们构成一个三角形，或是在纯粹直观中想象一个图形，或是在经验的直观中画在纸上一个图形，它们没有从任何经验中猎取图形的样，是先验的，它们能直观到的三角图形，因而又是具体的。（2）它是与概念相应的直观。构造一个概念，确需一个'非经验的直观'，

①〔德〕康德：《未来形而上学导论》，庞景仁译，北京：商务印书馆，1978年，第39—40页。
②〔德〕康德：《纯粹理性批判》，邓晓芒译，杨祖陶校，北京：人民出版社，2004年，第553页。
③〔德〕康德：《纯粹理性批判》，邓晓芒译，杨祖陶校，北京：人民出版社，2004年，第553页。
④〔德〕康德：《纯粹理性批判》，邓晓芒译，杨祖陶校，北京：人民出版社，2004年，第553页。

它具有普遍性。我们在纸上画的三角形是经验的，但它不是具体感性事物，而是用以指示图形概念的，与概念相应的非经验直观，具有普遍的效力。因为在经验直观中，我们注意的是概念构成的活动，而抽出规定它们的具体形态（质料、边长、大小等）这并不影响概念的主要性质，因此说，构成概念是用特殊的方式（直观）展示普遍性的概念。"①

此外，值得一提的还有钱捷教授的看法，他以空间为例，对"构造"概念的解释则突出直观形式的本源性，他说："这个（被构造出的）空间概念是从直观的形式中'本源地获得的'，或者说，它是'潜在地内禀的'。这种基于直观形式的本源的获得就是构造的真正含义。"②显然，这种解释是把数学的基础最终奠基于空间和时间的直观形式之上，这与康德在"先验感性论"的结尾处给出的结论完全一致，而且也有效地解答了 B160—161 中的注释中看似矛盾的表述。

笔者基本上认同以上两位研究者对"构造"含义的理解，但同时也认为，"构造一个概念"一方面被解释成先天展示的直观，另一方面被解释成与概念相应的直观，这是对先天直观的作用的强调。但是，由于这些研究者普遍倾向于从纯粹（先天）直观的角度做出解释，因而往往只注意到"构造一个概念"与非经验性的直观之间的联系，而没有充分地注意到经验性直观在"构造一个概念"时所发挥的作用。

通过上述例子，我们似乎也可以对"构造一个概念"的含义做如下理解：所谓"构造一个概念"包含两层意思，一是通过在纯粹直观中的单纯想象将一个概念的对象描绘出来，二是通过在经验性直观中将该概念的对象描绘出来。这意味着，构造有两个层次，第一个层次是在纯粹直观中的构造，第二个层次是在经验性直观中的构造，二者缺一不可。

我们仍然结合上述三角形的例子来说明。这里存在着两种类型的三角形：一种是通过在纯粹直观中的单纯想象描绘出来的三角形；另一种是通过在经验性直观中描绘出来的三角形。根据康德的上述解释，这两种被描绘出来的三角形都是先天的，都表达了三角形的概念，并且都无损于三角形概念的普遍性，而且它们都作为三角形概念的对象而存在。

国内有研究者针对康德列举的例子指出："例如构造一个三角形，不论仅仅通过头脑中的想象在时空中表现与之相应的形状，还是用笔把它实际描绘于纸上，总之，它无须与经验相关，而只须与作为纯粹直观的空间

---

① 温纯如：《认知、逻辑与价值：康德〈纯粹理性批判〉新探》，北京：中国社会科学出版社，2002 年，第 581 页。

② 钱捷：《康德究竟如何看待几何学的可能性？》，《哲学研究》2020 年第 6 期，第 99 页。

（点、线、面等）和时间（表现为线、量的延伸）相关。"①数学的方法的确是作为构造的方法，这种构造方法虽然与经验无关，但却与经验性直观有关。在上述三角形的例子中，在经验性直观中描绘出的三角形虽然是一个被画出的经验性的图形，但是它同样表现了三角形概念的普遍性。因此，当我们在理解"构造一个概念"的含义时就不能只强调纯粹（先天）直观那个层次，而忽视甚至抛弃了经验性直观的作用。不过，上述三角形的例子也进一步向我们表明了经验性直观要以先天直观为根据。

根据上述对"构造一个概念"的含义的理解，我们再回到"7+5=12"这个例子。在这个例子中，通过在时间中的单纯想象构造了7、5、12和"7+5之和"这些概念，这就意味着是时间把"7+5之和"与"12"先天地联结在一起的，所以，当时间把"7+5之和"与"12"联结起来时就意味着把"7+5"与"12"联结起来了，从而得到了"7+5=12"这个纯粹数学判断。但这些概念都只是通过在时间中的单纯想象构造出来的，还没有在经验性直观中将"7+5=12"描绘出来。要在经验性直观中将"7+5=12"构造出来就需要借助于对五个手指或五个点的直观。这突出了经验性的直观在形成纯粹数学判断时起的作用。这一点我们在解释"构造一个概念"的含义时已经指明了。

夏贝尔对上述例子的解释如下："通过构造一个和的概念，我们能判断出'7+5之和'的概念拥有等于'12'的存在这种属性，即便此属性不是分析地包含在'7+5之和'的概念中的。"②夏贝尔似乎是基于实体与属性的关系来阐释这个例子的，不过，她的上述解释未免有些牵强，原因在于，按照康德的解释，"7+5之和"的概念是不需要构造的，它是可以从"7+5之和"中直接地分析出来的，而"12"这个概念是分析不出来的，"12"也不是"7+5之和"的属性。而且她的解释也遗留了一些问题："7+5之和"的概念何以拥有等于"12"的存在这种属性呢？这是否意味着"7+5之和"内在地包含了"12"这个概念？

她对此的进一步解释是："重要的是，康德认为'12'这个概念的内容'产生'自这个直观（按：她并未指明这个直观是指先天直观还是指经验性直观）的计算过程：诸概念的构造与相加产生了主词概念，这是一个产生那些概念之属性的过程，此过程被表现在谓词概念中。"③

① 陈嘉明：《建构与范导——康德哲学的方法论》，上海：上海人民出版社，2013年，第42页。
② Shabel L, "Kant's philosophy of mathematics", In Guyer P (ed.), *Kant and Modern Philosophy*. Cambridge: Cambridge University Press, 2007, p. 103.
③ Shabel L, "Kant's philosophy of mathematics", In Guyer P (ed.), *Kant and Modern Philosophy*. Cambridge: Cambridge University Press, 2007, p. 103.

夏贝尔的解释是从在直观中的计算过程来立论的，但是她的解释存在着一个不太清楚的地方，那就是她对这个计算过程的解释。笔者对这个计算过程存在两个疑问：一是诸概念的构造难道只产生了主词概念吗？二是此过程表现在谓词中是什么意思？可惜的是，夏贝尔没有对上述计算过程给予进一步的解释。针对上述疑问，根据我们之前对"7+5=12"所做的阐释，可以得知这里的计算过程其实离不开两个关键点：先天直观和计算规则（十进制）。因此，基于这两个关键点，笔者认为在直观中构造的概念既包括主词概念，也包括谓词概念，因为通过把5一个一个地加到7上，这是在直观中并依照计算规则才得出"12"这个结果的。于是，整个计算过程也就最后表现在"12"这个谓词概念中。在整个计算过程中，理性在先天直观的条件下，依照一定的计算规则，不仅构造了主词概念，也构造了谓词概念，从而使整个判断得以形成。

至于先天直观是如何将"7+5"与"12"联结起来的，笔者将在下面给出一定的解释模式。另外，还需要指明的是，虽然夏贝尔没有指明这里的直观是什么，但是，根据我们上述对"数学认识是出自概念构造的理性认识"的理解，她所谓的直观只能是先天直观，而不能是经验性直观。

尽管"7+5=12"这个例子颇为后人所诟病，但是罗伯特·爱莲心·阿利森（Robert Elliott Allison）却指出："先验综合命题（按：就是指先天综合判断）的命运绝不依赖于这一特殊例子的正确性，因为它可能正在起着一种错误的引导作用，而且它有点像康德的体征案例（feature example）一样也是一个拙劣的选择。"[①]他甚至认为，我们可以抛开康德所举的这个例子，而用一个更加清晰的例子——"一切有形状的事物皆有尺度"——更能说明先天综合判断的形态。当然，爱莲心只是觉得康德的例子并不一定适合说明先天综合判断，但他并非否认先天综合判断的存在及其意义。

最后，我们对这个例子做一个总结。康德认为："要把5加在7之上，这一点我虽然在某个等于7+5的和的概念中已经想到了，但并没有想到这个和等于 12 这个数。"[②]这意味着，我们可以从"7+5"中分析出它的和的概念，所以，"7+5 之和"与"7+5"的联结是必然的联结。但是，我

① 〔美〕爱莲心：《时间、空间与伦理学基础》，高永旺、李孟国译，南京：江苏人民出版社，2015 年，第 21 页。
② 〔德〕康德：《纯粹理性批判》，邓晓芒译，杨祖陶校，北京：人民出版社，2004 年，第 12—13 页。

们无论如何都不能从"7+5 之和"中分析出"12"来，这就是说，"7+5"与"12"之间的联结还不是必然的联结。因此，要把"7+5"跟"12"必然地联结起来就还需要另外的东西。康德认为，这另外的东西就是先天直观（时间）①。

可见，这里涉及四项：①7+5；②7+5 之和；③时间；④12。②我们通过在时间中的单纯想象把 5 一个一个地加到 7 上去，这样才得到了 12，而我们之所以能够这样做，是因为时间本身是一种匀质的单位（时间量）。所以，当时间把"7+5 之和"与"12"联结起来时，同时也就意味着把"7+5"跟"12"联结起来了。

第二个例子是纯粹几何学的例子。康德在《纯批》的"导言"中以"两点之间直线最短"这个命题为例，说明了纯粹几何学命题也是先天综合判断。"两点之间直线最短，这是一个综合命题。因为我的直的概念决不包含大小的概念，而只包含某种性质。所以'最短'这个概念完全是加上去的，而决不能通过分析从直线这个概念中引出来。因此在这里必须借助于直观，只有凭借直观这一综合才是可能的。"③

不过，康德并没有像分析"7+5=12"这个算术命题那样详细而明确地分析"两点之间直线最短"这个几何学命题的第三者是如何把直线和最短联结起来的。但是，根据康德的上述论述，有一点是可以肯定的，那就是先天直观（在纯粹几何学中，其形式是空间）充当了这个命题的第三者。当代著名哲学家爱莲心的分析也许可以帮我们确证这一点。他指出：空间作为一种"非概念性的因素要求一种可以形象化的行为以便将事物带入存在"④。为了说明空间在先天综合判断中所具有的重要作用，爱莲心举出了在他看来比康德的例子更为清晰的例子来说明之，这个例子就是"一切有形状的事物皆有尺度"。他指出："一旦空间被赋予形状，其结果就是尺度。而一旦空间概念被赋予尺度，其结果也就是形状。就其本身而言，

---

① 在康德看来，算术是跟时间相关的，而几何学是与空间相关的。这并不意味着算术只与时间有关，而几何学只与空间有关。在康德哲学中，时间和空间不能截然分开，康德在《纯批》的"先验感性论"中已经清楚地表明了这一点。

② 这种分析模式只是着眼于纯粹数学判断的表层，而其中隐而未现的要素没有被列出来。在此，被隐去的还有两项：先验图型和量的范畴。或者说，先验图型和量的范畴在形成纯粹数学判断中具有重要的作用，但是就具体的纯粹数学判断而言，由于我们着眼于主词、谓词和第三者，所以这两项也就没有被列出来。

③〔德〕康德：《纯粹理性批判》，邓晓芒译，杨祖陶校，北京：人民出版社，2004 年，第13页。

④〔美〕爱莲心：《时间、空间与伦理学基础》，高永旺、李孟国译，南京：江苏人民出版社，2015 年，第23页。

形状的'尺度'与尺度的'形状'都不可以仅以自身的意义构成概念。形状或尺度概念的合成取决于有所附加的空间；而这一空间的合成却不可以被概念式地详加分析。……并且，（空间）这一附加因素恰是存在于形状和尺度这两个概念之间的逻辑必然性的根据。由于这一根据并非逻辑根据，我们可以将其视为一种综合因素。以这一方式，一种综合因素被带入由形状和尺度这两个概念而来的必然联系之中。"①爱莲心的说明非常明确地向我们表明：在"一切有形状的事物皆有尺度"这个例子中，空间就是联结形状和尺度的中介，即第三者。他还明确地指出，"当两个概念因共同分享一个非概念的第三者因素而产生的必然的联系"不同于当两个词语拥有同一个含义时它们之间的必然联系。②显然，在上述例子中，一切有形状的事物与尺度之所以产生必然联系，是因为二者共同分享了空间这个非概念的第三者因素。

　　另外，康德在其他地方也指认了先天直观（空间）就是联结纯粹几何学命题的主谓词的第三者。譬如，在《纯批》的"先验方法论"中，康德指出："公理，就其是直接确定的而言，都是一些先天综合原理。于是，一个概念不可能综合地却又是直接地与另一个概念相联结，因为，我们为了能够超出一个概念之外，就必须有一个第三者即中介性的知识。……数学是能够提出公理的，因为它可以借助于在对象的直观中构造概念而把该对象的诸谓词先天地直接结合起来。"③根据笔者上面对算术命题的分析，此处提到的"在对象的直观中构造概念"中的"直观"同样只能指先天直观，而不可能指经验性直观。当然，我们同样不能否认经验性直观在形成纯粹几何学命题时所起的作用。

　　总之，联结纯粹数学判断的主谓词的第三者是先天直观，而不是经验性直观。后者必须以前者为前提或基础。下面，笔者将结合康德给出的说明进一步证明这一点。

　　（二）经验性直观何以不是纯粹数学判断的第三者

　　以上只是从正面阐明了先天直观何以构成了纯粹数学中先天综合判断的第三者，并指明了经验性直观要以先天直观为根据才能成为可能。如果从反面来看，我们就需要考察为何经验性直观不能充当纯粹数学判断的

① 〔美〕爱莲心：《时间、空间与伦理学基础》，高永旺、李孟国译，南京：江苏人民出版社，2015年，第23—24页。
② 〔美〕爱莲心：《时间、空间与伦理学基础》，高永旺、李孟国译，南京：江苏人民出版社，2015年，第25页。
③ 〔德〕康德：《纯粹理性批判》，邓晓芒译，杨祖陶校，北京：人民出版社，2004年，第565页。

第三者。原因在于，"如果是后者（按：指经验性直观），那么就永远不可能从中得出一个普遍有效的命题，更得不出一个无可置疑的命题：因为经验永远不能提供这样的东西"①。换言之，如果是经验性直观充当纯粹数学判断的第三者，那么，纯粹数学判断就只会是后天的或者经验的判断，而不是先天的，即普遍必然的判断。

其实，对这个问题的回答也涉及先天直观和经验性直观的区别。在笔者看来，二者的主要区别在于来源不同。先天直观来自主体（作为理性存在者），经验性直观来自主体之外的经验对象。正如康德所言："如果我们的直观在表象物的时候是按照物本身那样来表象的话，那么就绝对没有先天的直观，直观就永远是经验的。"②如果直观来自主体之外的物，那么这样的直观就只具有后天的、相对的普遍性，因而就永远只是经验性的。这样的直观当然无法作为纯粹数学判断的第三者，因为纯粹数学判断都是先天综合判断，都具有严格的普遍必然性，都是经验性直观无法给予或保证的。与之相反，先天直观决不能来自对象，而只能来自主体。因为，先天直观（空间和时间）只是我们内直观的形式，所以其"并不依赖于对象本身，而只依赖于直观它的那个主体"③。

为了支持笔者的观点，下面将再提供两处重要的文本依据作为支撑。

文本一：康德在《纯批》的"先验感性论"中曾指出："由于几何学定理是先天综合地并以无可置疑的确定性被认识的，所以我要问：我们是从哪里取得这类定理的，并且我们的知性是靠什么来支持自己去达到这类绝对必然的、普遍有效的真理的？没有任何别的道路，惟有通过概念，或是通过直观；但这两者本身要么是先天地、要么是后天地被给予出来的。后一种情况，即经验性的概念连同它所建立于其上的经验性的直观，所能提供的综合命题没有别的，只有这样一种本身也只是经验性的命题、即经验命题……而后者却是一切几何学定理所表现的特征。但要达到这种知识，何者将是首要的和惟一的手段，也就是说通过单纯概

① 〔德〕康德：《纯粹理性批判》，邓晓芒译，杨祖陶校，北京：人民出版社，2004年，第45—46页。
② 〔德〕康德：《未来形而上学导论》，庞景仁译，北京：商务印书馆，1978年，第41页。
③ 〔德〕康德：《纯粹理性批判》，邓晓芒译，杨祖陶校，北京：人民出版社，2004年，第39页。

念还是通过先天直观，那么很显然，从单纯概念是完全不能达到任何综合知识的，而只能达到分析的知识。"①

康德的说法很明确：经验性的命题建基于经验性直观上，而一切几何学定理只能建基于先天直观上，因此只有通过先天直观才能获得先天综合判断。于是，一切几何学定理作为先天综合判断均是通过先天直观而成为可能的。由此可见，先天直观在形成先天综合判断的过程中，就不仅仅是联结判断的主谓词的中介，它作为中介甚至还构成了先天综合判断得以可能的根据或条件。因此，先天直观作为纯粹数学判断的第三者的作用就不仅仅是作为中介，而且也是作为根据或条件，它扮演着双重角色。

　　文本二：在该书的"先验方法论"中，康德更为明确地宣称："在数学中，引导我的综合的是先天直观，在此一切推论都可以直接从纯粹直观中引出来。"②

如果联系到我们前面讲到的经验性直观在"构造一个概念"中的作用，那么我们可以把"7+5=12"这个命题当成不同层次的命题理解：第一个层次是在先天直观中，第二个层次是在经验性直观中。在第一个层次中，我们通过在先天直观中的单纯想象将"7+5"与"12"联结起来从而得到"7+5=12"这个先天综合判断；在第二个层次中，我们通过在经验性直观中把"7+5=12"在纸上写出来，从而使得"7+5=12"这个先天综合判断获得了客观实在性。但是，后一个层次要以前一个层次为根据。这就是说，在纸上写出来的"7+5=12"来自通过在先天直观中的单纯想象这个层次的"7+5=12"这个先天综合命题。

另外，莱因哈特·布兰特（Reinhard Brandt）对这个例子的分析值得重视。"7+5=12，乃是基于**一种非概念的必然性**（按：黑体字为笔者所加）；非概念的，因为它之否定并不通向一种矛盾。它不是推理的，而是直观的，并且是在那些在时间上被规序的计数行为中得以实现的。"③这一解释无疑突出了纯粹数学判断的"非概念的必然性"，即一种非推理性的、直观

① 〔德〕康德：《纯粹理性批判》，邓晓芒译，杨祖陶校，北京：人民出版社，2004年，第45页。
② 〔德〕康德：《纯粹理性批判》，邓晓芒译，杨祖陶校，北京：人民出版社，2004年，第598页。
③ 〔德〕莱因哈特·布兰特：《康德——还剩下什么？》，张柯译，北京：商务印书馆，2019年，第84页。

的必然性；它不同于纯粹自然科学判断所要求的推理性的必然性，这种必然性只是在计数行为中得以实现。所以布兰特进一步指出："被求助的乃是空间的直观（对于我们而言，正是在空间直观中，时间才变得可表象），为的是能够接受加法的一种直观的明见性。"①因此，按照他的解释，计数行为乃是一种依据"单位制"（如十进制，它其实就是一种概念）的直观行为，同时也是一种依据空间直观这种直观的明见性的直观行为。不过，这种直观行为已经是经验性意义上的直观了。

　　总之，能够联结纯粹数学判断的主谓词的第三者只能是先天直观（纯粹直观），其形式就是时间和空间，而不可能是经验性直观，而且后者还必须以前者为前提或根据。正如约翰·华特生早就指明了的那样："问题是要说明，我们怎样能有验前判断（按：先天判断），其中的陈述归之于主体而在分析上不是包含在那个主体的概念之中的，或者我们也可以这样说，要找出使我们能够合理地把陈述和主体结合起来的 X 即中词（按：第三者）是什么，而那陈述是包含有一个超出主体的确定的。我们已经发现这个 X 是直观的纯粹形式，即空间与时间。"②

　　最后，我们援引康德给出的一个明确而直接的说明以结束本节的讨论："时间和空间是可以从中先天地汲取各种综合知识的两个知识来源，尤其是像纯粹数学在关于空间及其关系的知识方面就提供了一个光辉的范例。也就是说，空间和时间是一切感性直观的两个合在一起的纯形式，它们由此而使先天综合命题成为可能。"③

第二节　纯粹数学判断第三者的进一步确认

　　以上结合"7+5=12"这个先天综合判断的例子初步论证了先天直观何以能作为纯粹数学判断的第三者。在这一节，笔者将阐述三种类型的直观，并解答两个可能存在着的疑问，从而进一步确证纯粹数学判断的第三者是先天直观，它具有形式和对象这两方面。在此基础上，对先天直观做一个现象学考察，从而进一步确证它作为第三者的合理性。

---

① 〔德〕莱因哈特·布兰特：《康德——还剩下什么？》，张柯译，北京：商务印书馆，2019 年，第 84 页。

② 〔加拿大〕约翰·华特生：《康德哲学讲解》，韦卓民译，武汉：华中师范大学出版社，2000 年，第 90 页。

③ 〔德〕康德：《纯粹理性批判》，邓晓芒译，杨祖陶校，北京：人民出版社，2004 年，第 40 页。

一、直观的三种类型

在《纯批》中，康德提到了三种类型的直观：经验的直观、先天直观和智性直观。[①]在康德看来，前两种直观都属于感性直观，而且二者之间还存在着纯粹和非纯粹之分。不过，在康德看来，在人类的身上只存在着感性直观，而没有智性直观。但是，康德并不否认智性直观的存在。他认为，这种智性直观只应属于那原始存在者或者说属于属神的存在者。他指出："我们也并不需要把空间和时间中的这种直观方式局限于人类的感性；有可能一切有限的有思维的存在者在这点上是必须与人类必然一致的（尽管我们对此无法断定），所以这种直观方式毕竟不会由于这种普遍有效性而不再是感性，这正是因为它是派生的直观（intuitus derivativus），而不是本源的直观（intuitus originarius），因而不是智性直观，这种智性直观，依据上述同一理由，看来只应属于原始存在者，而永远不属于一个按其存有及按其直观（在对被给予客体的关系中规定其存有的那个直观）都是不独立的存在者。"[②]

需要说明的是，康德承认在人这种有限的理性存在者身上只存在感性直观和先天直观，而不承认还有一种智性直观，这是他同欧洲大陆理性派不同的地方。康德对智性直观概念的改造与提升是为了让其与先天直观区别开来。但是，对康德哲学以及后来的哲学史而言，智性直观并不是没有意义的。[③]

应该说，无论是先天直观还是智性直观，都是纯粹的。从第一节的讨论中可以看到，只有先天直观才是构成纯粹数学判断之所以可能的先天条件，即只有先天直观才能充当联结纯粹数学判断的主谓词的第三者，这是康德的先天直观理论要着重论述的对象。"先验感性论"的结论也充分说明了这一点："纯粹数学，作为先天综合知识来说，它之所以是可能的，就在于它只涉及感官对象，而感官对象的经验的直观，其基础是（空间的

[①] 韩水法教授对康德的直观概念作出了三重区分：①作为直观活动或行为的直观；②作为直观活动之形式的直观，即纯粹直观或先天直观；③作为直观活动所产生之结果的直观。（韩水法：《康德传》，石家庄：河北人民出版社，1997 年，第 70—73 页）王建军教授则区分出了康德哲学中四种类型的直观，即感性的直观、自发的直观、自由的直观和理智直观。（王建军：《康德与直观》，北京：北京师范大学出版社，2014 年。）在此，笔者不打算详细分析直观的类型，尽管在这一问题上值得做进一步的研究和讨论，而是将研究和论述的重点放到为什么只有先天直观才是纯粹数学判断的第三者。

[②] 〔德〕康德：《纯粹理性批判》，邓晓芒译，杨祖陶校，北京：人民出版社，2004 年，第 50 页。

[③] 关于"智性直观"的含义以及它在哲学史上的意义，可以参看，邓晓芒在《文史哲》的《康德的"智性直观"探微》（2006 年第 1 期）中第 119—125 页的论述。

和时间的）纯直观，即先天的直观。这种纯直观之所以可能做为基础，就在于它只是感性的纯粹形式，这种感性形式先行于对象的实在现象，在现象中首先使对象在事实上成为可能。"①

二、进一步的阐释和确证

（一）对三个重要疑问的解答

我们已经阐明了先天直观（其形式是时间和空间）通过联结纯粹数学判断的主谓词从而使得纯粹数学判断得以可能（为其奠基）。但是，这种解释可能会面临三个重大的疑问：①如果联结纯粹数学判断的主谓词的第三者仅仅是先天直观，它与范畴（主要是量的范畴）是什么关系？因为如果没有量的范畴的参与，纯粹数学判断又怎么会具有客观有效性，即普遍必然性呢？②如果量的范畴也参与了纯粹数学判断的形成过程，而量的范畴又需要一个先验图型为中介才能获得客观实在性，即获得自己的经验对象，那么，问题便是：先天直观与先天图型有何关系？③康德在《纯批》的"先验感性论"部分明确地说到时空谓词，而如果时空也作为谓词，那它们作为第三者岂不是与纯粹数学判断的谓词重合了吗？如何理解这一点？

首先看第一个疑问。康德一直坚持的一项基本原则是："思维无内容是空的，直观无概念是盲的。"②这意味着，任何认识（或知识，它不同于思维）③的形成都以直观和概念作为不可或缺的要素，这是不容置疑的，那么对先天综合判断而言也是一样的。康德不止一次表述了这项基本原则，比如在《纯批》中，他曾指出："我们的知识来自于内心的两个基本来源，其中第一个是感受表象的能力（对印象的接受性），第二个是通过这些表象来认识一个对象的能力（概念的自发性）；通过第一个来源，一个对象被给予我们，通过第二个来源，对象在与那个（作为内心的单纯规定的）表象的关系中被思维。所以直观和概念构成我们一切知识的要素，以至于概念没有以某种方式与之相应的直观、或直观没有概念，都不能产生知识。"④

根据上述原则，纯粹数学判断内在地包含着直观和概念这两个基本的要素，并同时以二者为先天根据。在《导论》第二十节中，康德曾经分析了几何学中一个重要的定理，在那里，他强调指出，虽然纯粹数学判断以

① 〔德〕康德：《未来形而上学导论》，庞景仁译，北京：商务印书馆，1978年，第43页。
② 〔德〕康德：《纯粹理性批判》，邓晓芒译，杨祖陶校，北京：人民出版社，2004年，第52页。
③ 请参看，康德：《纯粹理性批判》（人民出版社，2004年）第二版序第20页中康德自己所做的注释。
④ 〔德〕康德：《纯粹理性批判》，邓晓芒译，杨祖陶校，北京：人民出版社，2004年，第51页。

先天直观为基础，但是他同时也提醒我们："通常人们认为，综合判断仅仅是通过比较而被连结在判断里的一些单纯的直观做成的。如果把我们的一切综合判断，仅就其客观有效而言，都加以分析，我们就会看出决不然。从直观抽象出来的一些概念，要再加上一个包摄这些概念的纯粹理智概念，只有这样连结为客观有效的判断，这些综合判断才是可能的。即使纯粹的数学判断，它的最简单的公理也不能不受这一条件的制约。'直线是两点之间最短的线'这个原理的前提是线包摄于量概念下。量当然不是单纯的直观，它的位置只是在理智里，量概念供理智从判断的量方面，即复多性（judicia plurativa，复称判断）规定（线的）直观，以便做出判断。因为，不言而喻，在判断中，一个既定的直观里是含有许多同质的东西的。"①

按照康德的上述解释，在"直线是两点之间最短的线"这个纯粹几何学判断中，"直线"是从先天直观（空间）中构造出来的纯粹感性概念，它充当该判断的主词，而量的概念（最短）充当概念判断的谓词，只有把前者统摄在后者中，才能形成这个先天综合判断。因此，即使是纯粹数学判断，它的概念也需要包摄在"量"的纯粹知性概念之下，这是纯粹数学判断不得不遵循的一条基本原则。"直线"的概念必须被包摄在"量"的概念之下，才能做出"直线是两点之间最短的线"这样的先天综合判断。在其中，"最短"作为"量"的概念，它通过先天直观被添加到"直线"的概念上。因此，任何先天综合判断如果缺乏这两个要素（即直观和纯粹知性概念）就是不可能的，纯粹几何学（数学）判断也不例外。正如布兰特所指出的那样："空间作为主观的直观形式乃是一种在几何学上未被规定的质基，唯在范畴上得到规定的知性行为和想象力行为才把欧几里得图形带入了这种质基。伴随着这一观念而被言说的恰恰是，几何学命题是先天综合的，因而是对（不确定的）直观和（确定的）知性的一种非经验性的结合。"②

以上分析表明，仅仅根据先天直观还不足以形成纯粹数学中的先天综合判断，必须要有量的范畴在其中发挥作用，因此，根据上述原则，人们完全有理由追问：纯粹数学判断的第三者（即先天直观）与范畴（主要是量的概念）是什么关系？

对此疑问，我们也许可以做出这样一种解答：先天直观通过先验图型联结于范畴。不过，需要指出的是，虽然在康德看来，纯粹数学判断要成

---

① 〔德〕康德：《未来形而上学导论》，庞景仁译，北京：商务印书馆，1978 年，第 68 页。
② 〔德〕莱因哈特·布兰特：《康德——还剩下什么？》，张柯译，北京：商务印书馆，2019 年，第 57 页。

为可能，固然需要纯粹知性概念，但这并不意味着范畴就是联结纯粹数学判断的主谓词的第三者，因为范畴在形成纯粹数学判断的过程中起的作用是把先天直观包摄于自身之下，而并没有承担联结纯粹数学判断的主谓词的职责。换言之，纯粹知性作为一种高级认识能力，必须通过纯粹知性概念并把先天直观包摄于纯粹知性概念下才能做出纯粹数学判断，这是一个前提性的原则，但是这并不意味着纯粹知性概念就是第三者。

下面，笔者将对此展开具体的说明。不过，在解答上述疑问之前，首先需要指明一点：纯粹数学判断只与量的范畴打交道，而不与其他范畴，即不与质的范畴、关系范畴以及模态范畴打交道。关于这一点，康德曾明确指出，"数学知识的形式是数学只能指向量的原因。因为只有大小的概念是可以构造、即可以先天地在直观中展示的"①，这与"数学知识则是出自概念的构造的理性知识"的说法完全一致。②赫费也指出："量的概念对于自然是建构性的，因而数学作为量的科学在两个方面对于自然的认识都是建构性的。"③

关于量的范畴与先天直观之间的关系问题，康德在《纯批》的"先验方法论"中有一个比较明确的交代："但数学不仅构造了各种大小（quanta），例如在几何学中，而且构造了单纯的定量（quantitatem），如在代数学中，在这里数学将那个应当按照这样一种大小概念来设想的对象的性状完全抽象掉了。这样一来，数学就为自己选择了对一般量（数目）进行一切构造的某种符号标志，如加、减、开方等等，并且在它把量的普遍概念按照量的不同关系也用符号标志出来之后，它就把这个量由以被产生和被改变的一切处理过程都按照某些普遍规则在直观中表现出来；凡在一个量应被另一个量除的地方，数学就把标志这两个量的符号按照除法的表示形式置于一处，如此等等，于是它就借助于一种符号构造，正如几何学按照一种明示的或几何的（对对象本身的）构造那样，同样也达到了推论的知识凭借单纯的概念永远也不可能达到的地方。"④

具体而言，纯粹数学凭借先天直观构造了大小和单纯的定量，这些都是量的概念或范畴在纯粹数学判断中的表现；这也就意味着先天直观为自

①　〔德〕康德：《纯粹理性批判》，邓晓芒译，杨祖陶校，北京：人民出版社，2004年，第554页。
②　〔德〕康德：《纯粹理性批判》，邓晓芒译，杨祖陶校，北京：人民出版社，2004年，第553页。
③　〔德〕奥特弗里德·赫费：《康德的〈纯粹理性批判〉——现代哲学的基石》，郭大为译，北京：人民出版社，2008年，第174页。
④　〔德〕康德：《纯粹理性批判》，邓晓芒译，杨祖陶校，北京：人民出版社，2004年，第555—556页。

己选择了对数目进行构造的符号标志,这些符号标志包括加、减、除、开方等。正是借助这些符号标志,我们才能做出"7+5=12""三角形的内角和是180°"等数学判断。因此,在纯粹数学判断中,它的主词和谓词都是纯粹感性概念,而先天直观既是与主词又是与谓词同质的,所以它能够充当第三者。康德认为,数的概念必须被纳入量的范畴之下,才能形成先天综合判断。然而,这种统摄过程并不像在纯粹自然科学判断中那样,直接将范畴应用于现象之上。

所以,这就不同于自然形而上学中先天综合判断的情况,因为后者的主谓词分别是经验性的概念和范畴(纯粹知性概念)。举例来说,"7+5=12"这个判断的主谓词都是"数"的概念(纯粹感性概念),而"一切发生的事情都有其原因"的主谓词则分别是经验性概念和范畴,因为"一切发生的事情"完全可以被转换为"一切可能经验的对象"。关于这一点,本书第三章通过对内在的自然形而上学判断的第三者问题的探讨将提供更加明确和具体的说明。

而且,从上述引文中我们也看不出范畴是如何把纯粹数学判断的主谓词联结起来的。关于上述引文,我们也可以做这样一个解释:量的范畴在形成纯粹数学判断的过程中的确起到了非常重要的作用,也正是它赋予了纯粹数学判断以普遍必然性,但是,它只能被理解为构成了纯粹数学判断的先天条件或根据,而不能被理解成联结纯粹数学判断的主谓词的第三者。当然,我们可以说在纯粹感性判断和量的范畴之间同样需要一个中介,但是这个意义上的中介是把谓词和量的范畴联结起来的第三者,而不是联结纯粹数学判断的主谓词的第三者。于是,就引出了第二个疑问。

对于第二个疑问,我们可以做出这样一个解答:在纯粹数学判断中,一方面,由范畴运用于先天直观而与其共同造就了数的图型(先验图型);另一方面,二者存在着一定的重合。

康德曾说:"纯粹知性概念在与经验性的(甚至一般感性的)直观相比较中完全是不同质的,它们在任何直观中都永远不可能找到。"①意思是说,纯粹知性概念与任何直观(当然也包括先天直观)都是不同质的,所以二者需要通过一个中介才能联结起来,这意味着在先天直观与纯粹知性概念之间同样需要一个中介,而这个中介显然就是先验图型。

以上已经指出,纯粹数学判断只与量的范畴相关,而按照康德的说法,"定量(quantitatis)作为一个知性概念,其纯粹图型是数,数是对一个单

---

① 〔德〕康德:《纯粹理性批判》,邓晓芒译,杨祖陶校,北京:人民出版社,2004年,第138页。

位一个单位（同质单位）连续的相加进行概括的表象。所以数无非是一般同质直观之杂多的综合统一，这是由于我在直观的领会中产生出时间本身而造成的"①。作为量的图型的数，是同质单位连续相加所得的一个表象，并且是由时间所造成的。从康德对量的图型的界定中可以看出，作为量的图型的数是一般意义上的数，而不是完全等同于纯粹数学判断中的作为主谓词概念的数。因为在纯粹数学判断中的数都是一个个具体的数，如 7、5、12 等。因此可以判定，作为纯粹数学判断的主谓词概念的数（纯粹感性概念，不同于"数"这个量的图型）通过数的图型与量的范畴联结起来了。在此，我们当然可以说数的范畴就是联结数的概念与量的范畴的第三者。

问题是，数的图型与先天直观的关系如何呢？从康德关于数的图型的界定中，我们可以看出数的图型是由"我在直观的领会中产生出时间本身而造成的"，这给出了数的图型的成因。由于数的图型一方面联结着量的范畴，另一方面又联结着先天直观，这意味着先天直观与数的图型之间存在着一定的重合。

另外，关于二者的关系，康德在《判批》中给出的一些说法也值得注意。比如，他曾指出："要显示概念的实在性永远需要有直观。如果它们是经验性的概念，那么这些直观就叫作实例。如果它们是纯粹知性概念，那么这些直观就被称之为图型。"②在此，康德提到了两种意义上的直观，与经验性的概念相应的是经验性直观，康德也把它叫做实例；与纯粹知性概念相应的叫纯粹直观或先天直观，康德也将其称为图型，不难看出这里所谓的图型只能指先验图型，因为它同时联结着直观与纯粹知性概念。可见，先天直观与先验图型是存在着重合的。③

为了说明先天直观与先验图型存在着重合，我们再引用《判批》中的两处文本作为论据。在《判批》中，康德指出："一切作为感性化的生动描绘（演示，subiectio sub adspectum④）都是双重的：要么是图型式的，这时知性所把握的一个概念被给予了相应的先天直观。"⑤"所以，一切我

---

① 〔德〕康德：《纯粹理性批判》，邓晓芒译，杨祖陶校，北京：人民出版社，2004 年，第 141—142 页。

② 〔德〕康德：《判断力批判》，邓晓芒译，杨祖陶校，北京：人民出版社，2002 年，第 198 页。

③ 关于这一点，康德在《纯批》的"纯粹知性概念的图型法"中有明确的说法，由于经验性概念的图型不是这里要探讨的主题，所以在此从略。具体可参看，康德在《纯粹理性批判》（邓晓芒译，杨祖陶校，人民出版社，2004 年）中第 140—141 页中的论述。在那里，康德至少谈到了三种类型的图型，即纯粹感性概念的图型、经验性概念的图型和纯粹知性概念的先验图型。

④ 拉丁文：付诸直观。——译者注

⑤ 〔德〕康德：《判断力批判》，邓晓芒译，杨祖陶校，北京：人民出版社，2002 年，第 198 页。

们给先天概念所配备的直观，要么是图型物，要么是象征物，其中，前者包含对概念的直接演示，后者包含对概念的间接演示。"①很明显，康德的论述再一次向我们表明了先天直观与先验图型存在着重合。

另外，我们还需要注意，纯粹感性概念是以量的图型为基础的，也就是说，7、5、三角形、直线、圆形等纯粹感性概念要以量的图型为基础。这一点，康德有明确的说明："实际上，我们的纯粹感性概念的基础并不是对象的形象，而是图型。对于一般三角形的概念，三角形的任何形象在任何时候都不会适合。……三角形的图型永远也不能实存于别的地方，只能实存于观念中，它意味着想像力在空间的纯粹形状方面的一条综合规则。"②在此，三角形的图型构成了一般三角形的概念的基础，这意味着在纯粹数学中，它的概念基于量的图型，而且该图型是想象力的一条综合规则，只有凭借它，纯粹数学判断才得以可能。

通过对先天直观、量的图型、数的概念、量的范畴这四者之间的关系的阐明，我们不难发现，在涉及纯粹数学判断的形成过程中出现了四个要素：①数的概念（纯粹感性概念）；②量的图型（数）；③先天直观；④量的范畴。就这四者的关系而言，首先，量的图型联结着先天直观与量的范畴，而量的图型又是由直观形式（时间）而不是知性范畴所造成的。关于这一点，康德明确地指出："外感官的一切量（quantorum）的纯粹形象是空间；而一般感官的一切对象的纯粹形象是时间。但定量（quantitatis）作为一个知性概念，其纯粹图型是数，数是对一个单位一个单位（同质单位）连续的相加进行概括的表象。所以数无非是一般同质直观之杂多的综合统一，这是由于我在直观的领会中产生出时间本身而造成的。"③作为量的图型，数的本质在于它是由"直观的领会"中产生出时间本身所造成的，因此数联结着先天直观和定量这个知性概念。其次，数的概念不过是量的图型的体现，就好像一个三角形的概念是一个三角形的图型的体现，它们在纯粹数学判断中充当了主谓词。最后，尽管先天直观作为纯粹数学判断的第三者，但是如果缺乏量的范畴，就不可能保证纯粹数学判断的先天性，而如果没有量的图型，也就不会有数的概念的产生。所以，在纯粹数学判断的第三者问题中，先天直观是纯粹感性概念的第三者，而量的图型又是先天直观和

---

① 〔德〕康德：《判断力批判》，邓晓芒译，杨祖陶校，北京：人民出版社，2002 年，第 199 页。
② 〔德〕康德：《纯粹理性批判》，邓晓芒译，杨祖陶校，北京：人民出版社，2004 年，第 140 页。
③ 〔德〕康德：《纯粹理性批判》，邓晓芒译，杨祖陶校，北京：人民出版社，2004 年，第 141—142 页。

量的范畴的第三者，只不过这两个第三者的意义是不一样的。

最后看第三个疑问。康德在《纯批》中不止一次地说到时空作为谓词。比如他曾经说："现象的各种谓词在与我们的感官的关系上是能够被赋予客体本身的……凡是根本不会在自在的客体本身找到、但却能在客体与主体的关系中找到，并与主体的表象不可分的东西，都是现象。这样，空间和时间的谓词就正当地被赋予了作为感官对象的感官对象，并且在其中没有幻相。"①

上一节的论述已经表明：先天直观，其形式是时空，是纯粹数学判断的第三者，现在康德又说时空作为谓词，这不是存在着第三者和谓词的重合吗？应该如何理解这一点呢？

我们对此疑问的解答是：时空本身并不是谓词，尽管时空可以作为谓词。换言之，它们是纯粹数学判断得以可能的先天根据和条件。举个例子：张三在商场里。在这个判断中，张三是主词，商场是谓词。我们知道，商场代表一定的空间，也就是说，商场作为谓词以空间作为规定根据。商场作为谓词，是对张三这个主词的规定。这个规定要能够与张三结合起来就必须以空间为先天条件，否则它与张三的联结就是不可能的。因此，在这个例子中，空间仍然是作为这个判断得以可能的先天根据，尽管它的谓词也表达空间的概念。

依照上述思路，当康德说时空作为谓词时，他并不是说时空本身作为谓词，而是以时空为先天根据或条件的规定作为谓词。这样，我们就不仅可以理解上面所引用的那段文本，而且能理解康德的另一个表达："空间与时间是什么呢？它们是现实的存在物吗？或者它们虽然只是事物的诸规定乃至于诸关系，但却是哪怕事物未被直观到也仍然要归之于这些事物本身的东西？要么，它们是这样一些仅仅依附于直观形式、因而依附于我们内心的主观性状的东西，没有这种主观性状，这些谓词就根本不可能赋予任何事物？"②

时空到底是什么？康德这段文本给出了三种不同的解答，不过康德并不赞同前面两种解答，而只承认第三种解答。在第三种解答中，康德提到了"这些谓词"（es）。人们很容易想到，"这些谓词"就是指时空。但是，要注意的是这里的"这些谓词"可能指那些规定或关系更为准确，就像我们在此之前对"张三在商场里"这个例子所做的分析那样。因此，说

---

① 〔德〕康德：《纯粹理性批判》，邓晓芒译，杨祖陶校，北京：人民出版社，2004 年，第 48 页。康德不只在这里直接指出时空为谓词，而且在其他地方同样指出过这一点，比如在 A23/B38，A27/B43、A88/B120 等地方。

② 〔德〕康德：《纯粹理性批判》，邓晓芒译，杨祖陶校，北京：人民出版社，2004 年，第 28 页。

时空作为谓词本身是一种不准确的表达，更准确的表达也许是：时空的规定而非时空本身作为谓词。

（二）纯粹数学判断的第三者的两面性

之所以论述这个问题，是因为它既与我们讨论的主题相关，也与康德哲学研究中的一个难题有关，这就是由《纯批》的 B160—161 中的一个注释所引发的争论。这个注释这样写道："空间在作为对象被表象出来时（我们在几何学中实际上就需要这样做），就包含有比直观的单纯形式更多的东西，这就是把按照感性形式给出的杂多统摄在一个直观表象中，以致直观的形式就只给出了杂多，而形式的直观却给出了表象的统一性。这种统一性，我在感性论中曾仅仅归之于感性，以便只注意到它是先行于一切概念的，虽然它是以某种综合为前提的，这综合不属于感官，但通过它，一切有关空间和时间的概念才首次成为可能的。因为，既然空间和时间通过它（由于知性规定着感性）而首次作为直观被给予，那么这种先天直观的统一性就属于空间和时间，而不属于知性概念。（§24.）"①

关于这段注释，学术界的争论主要集中在两个问题上。

第一，对于这段注释的前半部分"空间在作为对象被表象出来时……而形式的直观却给出了表象的统一性"，学术界关注前半部分提到的"直观的形式"（Form der Anschauung）和"形式的直观"（formale Anschauung）的区别与联系。布兰特对此指出："对形式直观（formale Anschauung）的谈论在 1781 年就已出现了（A268），但它与直观形式（Form der Anschauung）的差异，是在 1783 年才在《未来形而上学导论》中被确定（Ⅳ287，25）并随后在 B160 中被着重指出；形式直观处在知性的统一性规定之下（尤其参见Ⅳ320，22-322，17）。从'第一批判'到'第二批判'的发展倾向之一是，知性的职权在增长，并且直观因此丧失了独立性。但纯粹直观能够以下述方式而是形式直观的对象吗，即形式直观获得了对不一致的对称物的一种认识？为此就需要一种对空间整体或空间直观的抓取把握（Ⅱ383，13-23；Ⅳ286，25-31），但这种抓取把握恰恰被形式直观所拒绝。1768年的那一动机——正是这一动机通向了批判哲学——消失不见了。"②可见，对直观的形式和形式的直观的理解不仅涉及二者自身的内涵，而且涉

---

① 〔德〕康德：《纯粹理性批判》，邓晓芒译，杨祖陶校，北京：人民出版社，2004 年，第 107 页。

② 〔德〕莱因哈特·布兰特：《康德——还剩下什么？》，张柯译，北京：商务印书馆，2019 年，第 56 页。

及康德的思想发展的问题。所以，对于我们所探讨的主题而言，弄清二者的关系是至关重要的一个环节之一。关于二者的内涵和关系的探讨将是本小节的重点。

第二，学界关于这段注释的第二个争论的焦点是本注释的后半部分，这尤其集中于对"先天直观的统一性""属于空间和时间，而不属于知性概念"这个论点的探讨。"人们普遍感到困惑的是，在这段话中，康德为什么先是指出在几何学中作为对象的空间因为包含有实际上是知性的综合统一的作用便不再是直观的形式而是形式的直观，紧接着就强调其中的统一性正如'超绝感性论'（按：指先验感性论）实际上曾提示人们的那样（既然康德在那里谈到几何学的可能性时仅仅提到了作为直观形式的空间）是归属于感性的空间而非知性的概念的。"①这一困惑其实主要在于康德为何在结尾处把这种经过了知性的运作的"形式的直观"归属于感性而不归属于知性。②由于该问题与我们的主题并没有直接的关系（但并不是完全没有关系），所以本节并不打算对已有的争论进行述评，而只是将论述的重点放到第一个问题上。

究竟如何理解直观的形式和形式的直观之内涵与关系，这的确是一个不小的难题，因为康德在《纯批》中给出的说法的确让人感到困惑。譬如，在"§10.纯粹知性概念，或范畴"中，康德指出："我理解的纯粹综合是以先天的综合统一性为基础的综合：所以我们的计数（尤其是在数目较大的情况下看得更明白）是根据概念的综合，因为它是按照单位的某种共同基础（例如十进制）来进行的。所以在这个概念之下杂多综合中的统一性就成为必然的了。"③此处的说法无疑突出了计数活动中范畴的基础性作用，因为以"单位制"为基础的计数活动表明的是计数活动要以量的范畴为基础，否则便无法进行计数活动。换言之，计数活动就是根据概念的综合。但是在强调"一切直观杂多都从属于统觉的本源—综合的统一的诸条件"（§17.）时，康德却又说："空间和时间及其一切部分都是直观，因而是带有它们所包含的杂多的一些单个表象（见先验感性论），所以它们

---

① 钱捷：《康德究竟如何看待几何学的可能性？》，《哲学研究》2020 年第 6 期，第 100 页。

② 关于该问题的具体的争论可以参看，Longuenesse B, *Kant and the Capicity to Judge*, Wolfe C T(trans.), Princeton: Princeton University Press, 1998, pp. 219-221；Longuenesse B, *Kant on the Human Standpoint*, Cambridge: Cambridge University Press, 2005, pp. 68-69；〔德〕莱因哈特·布兰特：《康德——还剩下什么？》，张柯译，北京：商务印书馆，2019 年，第 53—73 页；钱捷：《康德究竟如何看待几何学的可能性？》，《哲学研究》2020 年第 6 期，第 95—104 页。

③ 〔德〕康德：《纯粹理性批判》，邓晓芒译，杨祖陶校，北京：人民出版社，2004 年，第 70 页。

就不只是使同一个意识包含在许多表象里面的概念，而且是使许多表象包含在一个表象及其意识里面的概念，因而这些表象被看作复合的，于是意识的这种统一性就被看作是综合的，但又是本源的。直观的这种单独性有很重要的用途（见后面§25.）。"①这显然是在强调空间和时间作为直观的形式所具有的单独性（Einzelheit）。

康德的上述两处至少表面上看起来有矛盾的说法给研究者们的阐释带来了极大的困难。不过，学者们进行了很多有益的探索，这对我们理解纯粹数学判断的第三者问题大有裨益。

龙格奈斯（Longuenesse）认为，注释中所说的"形式的直观"就是"先验感性论"中所说的"直观的形式"。②这意味着在"先验感性论"中，"直观的形式"就已经有知性的运作在其中了。但是这一解释会带来两个疑问：第一，在注释中康德明确地说"形式的直观"要比"直观的形式"包含更多的东西，所以相关的问题也就是如何理解这里说的"更多的东西"。第二，康德在明确说到数学知识是"直觉性的知识"，只有哲学知识才是"推论性的知识"时，在"先验感性论"中就引入知性的运作，这会导致把"先验感性论"归属于"先验逻辑"，从而导致前者的独立性的丧失。针对上述疑问，龙格奈斯认为，一方面，注释中所说的"直观的形式"还只是"潜在的形式"。它仅仅表明直观能够被知性所规定，但并不表明已经被知性所规定，正是知性的规定才使得这种"潜在的形式"变为现实的，即形式的直观。另一方面，在承认第一方面的前提下再来看注释中所说的"形式的直观给出了表象的统一性"，这表明空间作为几何学的对象，在被表象为思维的对象时，其中就已经包含了知性的综合统一作用了，即知性已经在其中运作了。显然，这样来理解其实是把"直观的形式"与"形式的直观"等同起来了，因此我们可以将龙格奈斯的观点概括为"等同论"。其优点在于能够说明"先验感性论"和"先验逻辑"的统一，但无法真正解释数学知识与哲学知识的区别。

与龙格奈斯的看法相左，在布兰特看来，他坚持的是"两阶段"的解释理论。"直观形式是被给予的，相反，一种几何学图形或现象的特定的形式直观却是在特定量的知性概念的领导下被综合所产生的。"③这意味

---

① 〔德〕康德：《纯粹理性批判》，邓晓芒译，杨祖陶校，北京：人民出版社，2004年，第92页。

② Longuenesse B, *Kant and the Capicity to Judge*, Wolfe C T(trans.), Princeton: Princeton University Press, 1998, pp. 219-221.

③ 〔德〕莱因哈特·布兰特：《康德——还剩下什么？》，张柯译，北京：商务印书馆，2019年，第55页。

着，在"先验感性论"中所阐释的空间和时间概念未曾有知性的运作在其中，而形式的直观则是由知性运作于直观的形式（时空）之结果。布兰特以空间概念为例来理解二者之关系："空间直观的第一阶段现在是作为单纯的质基而运作的，相继的综合行为是在知性的领导下被带入这种质基中的，并因而通向了必然的先天综合判断。"①简言之，按照布兰特的看法，区分直观的形式与形式的直观的标准就在于在其中是否有知性的运作，如果有就是形式的直观，如果没有则是直观的形式。他甚至将这两个阶段与康德政治哲学中的"自然状态"和"公民状态"对应起来理解。他说："这样的两个阶段（这里的直观之纯粹形式和那里的形式的、由知性所领导的直观）就不得不与那种二阶性（'自然状态'和'公民状态'）相对比了。……'感性论'和'逻辑学'的相继次序，在我们大胆作出的猜测中，乃是自然状态和公民状态的不可倒转的等阶次序的映像。"②根据布兰特的解释，我们可以将其观点概括为"两阶段论"。笔者以为，布兰特的解释比龙格奈斯的更有解释力和启发性。不过，笔者觉得这种"两阶段论"的解释理论与政治哲学对应起来尽管很有启发性，但似乎存在着过度解释的嫌疑。

钱捷教授在综合考察国外学术界关于该问题的研究成果之后做出了很有说服力的论证和说明。其基本的观点是："直观的形式的本质是一种在连续性的意义上的实无限，而形式的直观作为量化的直观只有在连续性的直观中才具有现实性。"③显然，这既不同于龙格奈斯的"等同论"，也不同于布兰特的"两阶段论"。这一理解的一个突出特点是强调了直观的形式对形式的直观的基础性作用。在他看来，几何学的对象是量化了的空间，即形式的直观，而不是直观的形式，后者并不构成几何学知识的对象。对此，他所提供的文本依据有两个：第一处文本在前批判时期的教授资格论文——《论可感世界与理知世界的形式及其原则》——中，在那里康德曾写道，"时间是一个连续的量，……时间的任意一个部分都是时间，时间的简单的东西就是瞬间，但它们不是时间的部分，而是界限"④，"空

---

① 〔德〕莱因哈特·布兰特：《康德——还剩下什么？》，张柯译，北京：商务印书馆，2019 年，第 58 页。

② 〔德〕莱因哈特·布兰特：《康德——还剩下什么？》，张柯译，北京：商务印书馆，2019 年，第 61 页。

③ 钱捷、林逸云：《直观的意义——康德〈纯粹理性批判〉B160—161 注释辨微》，《哲学研究》2016 年第 8 期，第 83 页。

④ 〔德〕康德：《康德著作全集》（第 2 卷），李秋零主编，北京：中国人民大学出版社，2004 年，第 406 页。

间不可避免地必须被设想为连续的量"。①第二处文本是在《纯批》中，康德在"先验辩证论"中论述道："如果一切部分在一个连续进展的分解中又总是可分的，则这个分割、即从有条件者向其诸条件的回溯就 in infintum（无限地）进行；因为这些条件（即这些部分）都已包含在这个有条件者本身中，而由于这个有条件者在一个包括在它的边界之间的直观中整个地被给予了，这些条件也就全部都一起被给予了。"②依照康德的上述说法，钱捷教授认为"空间与时间之所以是直观，其根本原因在于它们是连续的"③。他对上述两处文本进行了进一步的解释："所谓空间作为直观的形式是一种实无限，这只能在此意义上——也就是在连续性的意义上——加以理解。"④不难看出，按照教授资格论文和《纯批》中的说法，时空都被解释为连续的量，而且这种连续的量着实包含着界限或边界的概念，这样来理解"直观的形式"（空间和时间）的内涵是非常有启发性的，这就为理解"形式的直观"的内涵及其与"直观的形式"的关系提供了一个合理的前提。在他看来，"形式的直观"是一种量化了的"直观的形式"，或者说度量的时空。他由此得出的结论是："知性的规定导致了空间的量化（几何学对象），而这种量化的空间只有在空间直观之中才具有现实性。"⑤

笔者赞同钱捷教授对"直观的形式"和"形式的直观"的内涵即关系所做的解释，因为这种解释相对于"等同论"和"两阶段论"具有更强的解释力。根据我们的论题，笔者认为："直观的形式"和"形式的直观"恰好体现出纯粹数学判断的第三者的两面性。下面，笔者就来论证这一点。

在《纯批》的"先验感性论"中，康德曾提到几何学定理都是先天综合的，它们都是被以无可置疑的确定性而被认识到的；换言之，所有的几何学定理都是先天综合判断。而要获得这种知识，"何者将是首要的和惟一的手段，也就是说通过单纯概念还是通过先天直观，那么很显然，从单纯概念是完全不能达到任何综合知识的，而只能达到分析的知识"⑥。显然，这是突出先天直观在形成几何学知识时的基础性地位和作用，按照康

① 〔德〕康德：《康德著作全集》（第 2 卷），李秋零主编，北京：中国人民大学出版社，2004年，第 411 页。
② 〔德〕康德：《纯粹理性批判》，邓晓芒译，杨祖陶校，北京：人民出版社，2004 年，第 427 页。
③ 钱捷、林逸云：《直观的意义——康德〈纯粹理性批判〉B160—161 注释辨微》，《哲学研究》2016 年第 8 期，第 87 页。
④ 钱捷、林逸云：《直观的意义——康德〈纯粹理性批判〉B160—161 注释辨微》，《哲学研究》2016 年第 8 期，第 87 页。
⑤ 钱捷、林逸云：《直观的意义——康德〈纯粹理性批判〉B160—161 注释辨微》，《哲学研究》2016 年第 8 期，第 88 页。
⑥ 〔德〕康德：《纯粹理性批判》，邓晓芒译，杨祖陶校，北京：人民出版社，2004 年，第 45 页。

德一贯的立场，数学知识是出自概念构造的理性知识，而构造一个概念就是把它在直观中展示出来。为此，康德进一步举例说："且让我们看看这条定理：'凭两直线不能围住一个空间，因而不能有任何图形'，让我们试着从直线的概念和'两'这个数目的概念中把这个定理推导出来；或者另一条定理：'凭三条直线可以有一个图形'，并试试同样单从这些概念中推出它来。你的一切努力都是白费，你将发现你不得不求助于直观，正如几何学也一直在做着的那样。所以，你给自己提供了一个直观中的对象……所以你必须给自己在直观中提供一个先天对象并在此之上建立你的综合命题。（按：着重号是笔者所加）"①不难看出，与先天直观时刻联系在一起的是先天对象（其实就是几何学对象，即形式的直观）；而且这个先天对象是通过先天直观中的想象力的作用而得到的对象。

那么，它何以也构成了纯粹数学判断的第三者呢？我们以康德列举的后一个定理说明之。这个定理是"凭三条直线可以有一个图形"。我们通过在先天直观中的单纯想象构造了一个三角形，这种意义上的三角形其实就是先天直观的对象（形式的直观），而且它同时代表着三角形的概念。在这个作为先天对象的三角形中，我们可以找到三条直线，也可以找到一种图形，所以正是这个作为先天对象的三角形把三条直线和图形联结起来了，从而得到了"凭三条直线可以有一个图形"这个纯粹数学中的先天综合判断。

另外，先天直观的对象又是作为先验图型的形式出现的。换言之，先天直观的对象有两面，一面是作为先天直观的对象，另一面是作为先验图型象征着三角形的概念。对此，我们可以引用两处文本说明之。在《纯批》的"先验方法论"中，康德以三角形为例，说明哲学家和数学家行事的方式是不同的，在做了这个比较之后，他谈道："但第二种处理方式就是数学的构造，确切地说在这里就是几何学的构造，借助于这种构造，我在一个纯粹直观中，正如在经验性的直观中那样，添加了属于一个一般三角形的图型、因而也属于它的概念的杂多，那些普通的综合命题当然必须通过这种方式而被构造出来。"②只要联系我们前面分析过的三角形的例子③，我们对此处提到的一般三角形的图型就应该做这样一种理解：这个一般三

---

① 〔德〕康德：《纯粹理性批判》，邓晓芒译，杨祖陶校，北京：人民出版社，2004年，第45—46页。

② 〔德〕康德：《纯粹理性批判》，邓晓芒译，杨祖陶校，北京：人民出版社，2004年，第556页。

③ 参看前文分析"构造一个概念"的含义时引用的三角形的例子。详见本书第58—60页对这个例子的说明。

角形的图型其实就是作为先天直观的对象出现的，也就是说，它是通过在纯粹（先天）直观中的单纯想象描绘出来的三角形。这个被描绘出来的三角形存在于想象中，其作为先天直观的对象，同时又象征着一般三角形的概念，所以说，这里的一般三角形的图型其实就是作为先天直观的对象出现的。

第二处文本依据也在《纯批》的"先验方法论"中，在那里，康德指出："所以哲学知识只在普遍中考察特殊，而数学知识则在特殊中、甚至在个别中考察普遍，但却仍然是先天的和借助于理性的，以至于正如这种个别在构造的某些普遍条件之下得到规定一样，概念的对象也同样必须被设想为普遍地得到规定，那种个别只是作为这概念的图型而与之相应的。"①在上述这段文本中，康德提到了数学知识是在特殊甚至个别中考察普遍，而这种个别又是作为普遍的概念的图型出现的。概念的对象是通过在先天直观中的单纯想象被描绘出来的，其同时也是一个与该概念相应的图型。

另外，《判批》中的一个说法说得更加明确、直接。"要显示概念的实在性永远需要有直观。如果它们是经验性的概念，那么这些直观就叫作实例。如果它们是纯粹知性概念，那么这些直观就被称之为图型。"②就纯粹数学判断而言，量的范畴的图型是数，而数的图型也只不过是直观的形式的对象，所以量的范畴的实在性要显示出来必然需要数的图型这种先天直观。因此，与纯粹知性概念适应的先验图型被康德直接称为直观，显然这种直观只能是形式的直观，而不可能是直观的形式。

因此，根据上述对先天直观和数的图型之间关系的理解，我们也就不难理解康德在《纯批》的"纯粹知性概念的图型论"中的一个断言："实际上，我们的纯粹感性概念的基础并不是对象的形象，而是图型。……三角形的图型永远也不能实存于别的地方，只能实存于观念中，它意味着想像力在空间的纯粹形状方面的一条综合规则。"③三角形概念的基础是它的图型（作为先天直观的对象），而三角形概念的图型又只能存在于观念中，这也就意味着它只能存在于通过在纯粹（先天）直观中的单纯想象中。所以，一般三角形的图型就是先天直观的对象。

纯粹数学判断的第三者虽然有先天直观（形式）和图型或者说形式和对象这两面，但康德最终还是把纯粹数学判断的第三者归结为形式这一面，

---

① 〔德〕康德：《纯粹理性批判》，邓晓芒译，杨祖陶校，北京：人民出版社，2004年，第553页。
② 〔德〕康德：《判断力批判》，邓晓芒译，杨祖陶校，北京：人民出版社，2002年，第198页。
③ 〔德〕康德：《纯粹理性批判》，邓晓芒译，杨祖陶校，北京：人民出版社，2004年，第140页。

即归结为先天直观这一面。关于这一点，我们可以通过《纯批》的"先验感性论的结论"中的说明看出来。

> 于是在这里，我们就拥有对于解决先验—哲学的"先天综合判断是如何可能的？"这个总课题所需要的构件之一了，这就是先天的纯直观，空间与时间，在其中，如果我们想要在先天判断中超出给予的概念之外，我们就会碰见那不能在概念中、却完全可以在与概念相应的直观中先天地揭示出来并能被综合地结合在那概念上的东西，但这些判断出自这一理由决不能延伸到感官对象之外，而只能对可能经验的客体有效。①

在以上这个结论中，康德首先指出了先天直观（空间和时间）是解答"先天综合判断是如何可能的？"这个总问题所需要的构件之一。通过在"先验感性论"中对以上总问题的探求，康德表明了空间和时间是解答"纯粹数学是如何可能的？"这个问题的条件或根据。其次，他认为空间和时间作为先天直观可以先天地揭示出不包含在主词概念中的谓词概念，因此空间和时间就是纯粹数学判断的第三者。最后，康德指出，基于以上两个理由，数学认识就绝不能超出感官对象之外，换言之，它只对可能经验的客体有效。换言之，有了空间和时间这个第三者，纯粹数学判断才能有与之相对应的感官对象，或可能经验的客体。因此，空间和时间作为纯粹数学判断的第三者，既是纯粹数学判断之所以可能的先天根据，也是纯粹数学判断的可能经验的对象的先天根据。在此，作为第三者的先天直观（直观的形式）具有双重奠基的作用：一是从逻辑上为纯粹数学判断奠基；二是为纯粹数学判断的对象奠基。

不过，这里的对象其实可以进一步划分为两个层次，第一个层次是在先天直观中，这时的对象就是先验图型（如单纯想象中的三角形）；第二个层次是在经验性直观中，这时的对象就是经验或感官对象（如在纸上画出的三角形）。

所以，根据上面对三角形这个例子的分析以及"先验感性论的结论"，我们可以说：先天直观与先验图型（如一般三角形的图型）共同构成了纯粹数学判断的第三者。但是，纯粹数学判断的客观有效性最终还是要落实到与经验性直观相应的经验对象（如在纸上画出来的三角形，康德称为实

---

① 〔德〕康德：《纯粹理性批判》，邓晓芒译，杨祖陶校，北京：人民出版社，2004年，第50页。

例）上，这时就需要先验图型作为形象化的中介了。

最后，根据以上对纯粹数学判断的第三者问题的分析，我们可以做这样一个总结性的概括：当我们说纯粹数学判断的第三者是先天直观时是从形式这个角度说的；而当我们说纯粹数学判断的第三者是先验图型时是从先天直观的对象的角度说的。所以，纯粹数学判断的第三者就有两面。但是，从最后的意义上说，联结纯粹数学判断的主谓词的第三者是先天直观。

三、对先天直观的一个现象学考察

康德侧重于从形式方面阐释他的先天直观理论，导致人们认为他的先天直观理论一定程度上忽视了先天直观的对象，因为正如康德所指出的那样："这些东西（按：指感觉的东西如不可入性、硬度、颜色等）属于纯粹直观，它是即算没有某种现实的感官对象或感觉对象，也先天地作为一个单纯的感性形式存在于内心中的。"[①]由此可见，康德更多的是把先天直观看成是感性的纯形式，至于在现实中有没有跟这个纯形式对应的感官对象，这是他不关心的。另外，虽然先天直观不一定在现实中有其感官对象，但并非等于说它就没有自己的对象存在，这就意味着，康德并不是完全没有在先天直观与其对象（无论是思想中的还是现实的对象）之间做出明确区分。但是，埃德蒙德·胡塞尔（Edmund Husserl）仍然指责他"缺少在直观与被直观物之间的明确区分"[②]。

不过，康德虽然自己没有很明确地区分"先天直观与其对象"，但至少还是注意到了要对二者做出区分。关于这一点，我们在阐述纯粹数学判断的第三者的两面性时就已经指出来了。我们曾经指出，纯粹数学判断的第三者是先天直观，该先天直观的直接对象是先验图型。前者侧重于从形式方面解答纯粹数学判断的第三者问题，后者侧重于从形式的对象方面解答纯粹数学判断的第三者问题。这就从一定程度上反映了康德其实还是注意到了先天直观与其对象之间的区分的。只不过，他没有像胡塞尔那样对直观和直观的对象做出那样明细的区分而已。

我们可以从胡塞尔关于现象学的本质直观的理论对康德的直观理论做一个补充，从而从现象学的角度充实康德的直观理论。我们先来看看胡塞尔是怎么看待这个问题的。在胡塞尔看来，任何直观（无论是个体直观还是本质直观）都有自己的对象。他的这种看法区别于传统认识论对直观

---

① 〔德〕康德：《纯粹理性批判》，邓晓芒译，杨祖陶校，北京：人民出版社，2004年，第26页。
② 〔德〕胡塞尔：《第一哲学》（上卷），王炳文译，北京：商务印书馆，2006年，第509页。

的看法。传统认识论认为直观只能将个体之物作为自己的对象，至于观念之物以及一般之物则只能是思维的对象。与传统认识论的观点相反，胡塞尔将一般之物当成本质直观的对象。他用关于"红"的一个例子说明了这一点。他认为，一般的红是本质直观的对象，而具体的红的事物（如一张红色的纸）则是个别直观（相当于经验性直观）的对象。因此，无论是本质直观还是个别直观都有自己的对象。①

当然，由个别直观到本质直观的过程是通过现象学还原（悬搁，Epoche）实现的。在此，我们无须关注现象学的还原。我们从胡塞尔的例子中可以很容易地看出，纯粹直观（本质直观）的对象就是一般之物。②其实，在康德的先天直观理论中也涉及了作为一般之物的对象（如三角形）。在直观中的三角形其实就是一般之物，只不过康德没有像胡塞尔那样称其为一般之物，而是称其为先天对象而已。虽然如此，胡塞尔对本质直观的分析非常精细，所以仍然可以看成是对康德的先天直观理论的一个发展。

在胡塞尔那里，他区分了关于"先天的"两种含义。"先天的"第一种含义是对象的原初的、绝对被给予性；第二种含义是"那些作为范畴具有一定意义上的原则性含义的概念，并进一步理解为建立在这些概念中的本质规律"。③"先天的"两种含义密切相关，第二种含义需要借助第一种含义才能实现出来。

关于"先天的"第一种含义，胡塞尔进一步指出："如果我们在这里坚持关于先天的第一种概念，那么现象学就在原初的、绝对被给予性的领域内与先天有关，与在总体直观中把握的种类、与先天的实事状态有关，这些实事状态在这些绝对被给予性的基础上可以直接直观地构造自身。"④

---

① 胡塞尔关于这个例子的具体分析是这样的："关于红，我有一个或者几个个别直观，我抓住纯粹的内在，我关注现象学的还原。我除去红此外还含有的、作为能够超越地被统摄的东西，如我桌子上的一张吸墨纸的红等；并且我纯粹直观地完成一般的红和特殊的（in specie）红的思想的意义，即从这个红或那个红中直观出的同一的一般之物；现在个别性本身不再被意指，被意指的不再是这个红或那个红，而是一般的红。"［参看胡塞尔在《现象学的观念：五篇讲座稿》（人民出版社，2007年）第48页中的论述。］
② 著名现象学家倪梁康对这个一般之物做了如下分析："一方面，我们不是在被给予之物，即感性材料中'发现'这个一般之物，因而不同于实在论；另一方面，我们也不是在这种特殊的意识活动中'创造'这个一般之物，而是'发现'它，发现这个被一般人容易理解为虚无的非时空的观念，因而又不同于唯名论。"［参看倪梁康《现象学及其效应：胡塞尔与当代德国哲学》（生活·读书·新知三联书店，1994年）第76页中的论述。］
③ 〔德〕胡塞尔：《现象学的观念：五篇讲座稿》，倪梁康译，北京：人民出版社，2007年，第45页。
④ 〔德〕胡塞尔：《现象学的观念：五篇讲座稿》，倪梁康译，北京：人民出版社，2007年，第45页。

按照这种解释，实事状态在原初的、绝对被给予性的领域内或基础上直观地构造自身。而所谓实事状态指的是"对象的状况或对象之间的联系"，它"必然奠基于相应的对象（实事）之上"①。因此，不同于康德的出自主体的理性的直观的构造理论，胡塞尔的构造侧重的是实事状态在实事（对象）基础上的直观的构造，因此实事及实事状态的呈现是排除了自然主义立场、悬搁了一切认识成见的直观的明见性。

基于"先天的"第二种含义，胡塞尔进一步指出："对理性（不仅理论理性、而且实践理性，以及任何理性）批判的主要目的显然都在于第二种意义上的先天，在于确定自身给予的那种原则形式和实事状态，并且借助这种自身被给予性来实现、利用和评价随同对原则性含义的要求一起出现在逻辑学的、伦理学的、价值学说的概念和规律。"②可见，在胡塞尔看来，"先天的"第二种含义要通过其第一种含义来实现、利用和评价，并在逻辑学、伦理学和价值学说的概念和规律中出现。按照胡塞尔的解释，"先天的"第二种含义似乎与康德的"先天的"含义非常接近，这是通过理性批判而获得的含义。

胡塞尔似乎更加看重"先天的"第一种含义，并把它作为"先天的"第二种含义的基础。通过康德意义上的理性批判，可以获得"先天的"第二种含义，但是并不能获得其第一种含义。同时，胡塞尔认为，对象的先天直观其实也就是其本质直观。所谓本质直观，是一种"不通过中介观看对象的活动，……或者说，只有在无中介状态（无观念体系、无立场）中观看对象，对象自身的本质才能呈现出来"③。这种无中介状态的本质直观是通过排除自然主义的成见，即通过悬搁或现象学还原达到的一种明见性。它不需要凭借主体的任何表象，比如时间、空间、范畴等表象，而是在直观中自身呈现。所以，如果从对象的角度看，本质直观的对象其实也就是一般之物。

因此，基于上述分析，我们甚至可以把康德的先天直观理论与胡塞尔的本质（先天）直观理论做一个对比。首先，胡塞尔的本质直观是侧重于客体或对象的角度，而康德的先天直观则侧重于主体的角度，这是二者的一个非常明显的不同之处。其次，在胡塞尔看来，通过理性的批判而获得

---

① 倪梁康：《胡塞尔现象学概念通释》，2 版，北京：生活·读书·新知三联书店，2007 年，第 423 页。

② 〔德〕胡塞尔：《现象学的观念：五篇讲座稿》，倪梁康译，北京：人民出版社，2007 年，第 45 页。

③ 谢文郁：《形而上学与西方思维》，南宁：广西人民出版社，2016 年，第 264 页。

的"先天的"第二种含义需要通过其第一种含义才能实现、利用和评价。这简直就是把康德的先天直观理论奠基于他的本质直观理论的基础之上。最后，康德的先天直观理论是为了解决"先天综合判断是如何可能的？"这个问题，因而带有极强烈的认识论和方法论色彩，而胡塞尔的先天直观理论则侧重于试图突破主客二分的思维方式，把现象学奠基于"朝向实事本身"（Zu den Sahen selbst）的目标之上，因而透露出了更为强烈的形而上学（第一哲学）的色彩。

以上通过从胡塞尔的现象学的本质直观理论对康德的先天直观理论所做的考察，我们虽然不能说胡塞尔关于本质直观的理论就一定优于或超越了康德的先天直观理论，但是，我们至少可以说胡塞尔关于本质直观有其对象的看法是对康德的先天直观理论的进一步展开和发展。这也就从一定程度上弥补了康德的先天直观理论所具有的主观主义和形式主义方面的不足，这主要体现在胡塞尔的本质直观的理论真正超越了有关先天直观理论的主体性难题。

通过本章第二节对纯粹数学判断的第三者的两面性的分析，以及对先天直观所做的一个现象学考察，在此我们可以确定的是：在康德那里，先天直观是有自己的对象（观念对象）的，虽然该对象不是经验性的感官对象，而是纯粹的感性对象。由于对象的存在，一定程度上也就表明了先天直观的存在，尽管先天直观的存在不是经验实在意义上的存在，而是在单纯想象中的存在。

另外，在此我们还可以做这样一个归纳：先天直观的对象是先验图型，经验性直观的对象是感官图型，如我们所举的三角形的例子；先天直观的对象就是单纯想象中的三角形，经验性直观的对象就是在纸上画出来的三角形。这充分地说明了不仅存在着经验性直观，而且存在着先天直观。不仅如此，具有先验的观念性的先天直观要获得其经验的实在性最终也需要凭借经验性的直观。

在纯粹数学判断中，先天直观作为第三者，它所联结的主谓词是两个纯粹感性概念。另外，这些纯粹感性概念是可以在经验性概念中得到展示的，因而二者具有同质性，所以也不存在纯粹感性概念与经验性概念的联结需要一个第三者的问题，这正如康德所说的那样："一个盘子的经验性的概念和一个圆的纯几何学概念具有同质性，因为在圆中所思维的圆形是可以在盘子中直观到的。"①

---

① 〔德〕康德：《纯粹理性批判》，邓晓芒译，杨祖陶校，北京：人民出版社，2004年，第138页。

这里涉及两个层次的直观和联结：在先天直观层次上，在纯粹数学判断中，先天直观作为第三者所联结的是两个纯粹感性概念。由于纯粹感性概念与经验性概念之间具有同质性，因此，以先天直观为基础的经验性的直观所联结的是两个经验性概念，这是因为"经验性的直观只有通过纯粹的直观（空间和时间）才可能；因此凡是几何学关于纯粹直观所说的，也毫无异议地适用于经验性的直观，借口说似乎感官对象可以不符合空间中的构造的规则（如线或者角的无限可分性规则），这是必须放弃的"①。

在此，笔者需要对纯粹数学判断的第三者问题的联结机制做一个简要的总结。在纯粹数学判断中，主词和谓词都是纯粹感性概念，而第三者是先天直观。但是，由于纯粹数学判断的构成离不开直观和概念（纯粹知性概念或范畴）两个基本要素，而量的范畴在其中发挥着重要的作用，所以，纯粹数学判断的形成机制就涉及四项：①主词（纯粹感性概念）；②第三者（先天直观）；③量的范畴；④谓词（纯粹感性概念）。仍然以"7+5=12"为例来说明之。首先，无论是"7""5"还是"7+5"和"12"，这些都是纯粹感性概念。其次，由于在先天直观中同时包含着这两种纯粹感性概念（作为主词和谓词），所以它才能够作为第三者。最后，由于量的范畴必须通过一个数的图型才能运用于先天直观，而且由于量的范畴是保证纯粹数学判断必然性的不可或缺的条件，因此这个要素是必不可少的。这种分析模式不同于纯粹自然科学判断的第三者问题的分析模式，这一点笔者将在下一章给出更为详细的论证和说明。

关于纯粹数学判断与纯粹自然科学判断之间的异同，康德在《纯批》的一个脚注中进行了比较详细的说明："一切联结（conjunctio）或者是组合，或者是结合（nexus）。前者是杂多而并不必然相互隶属的东西的综合。……在一切可从数学上来考虑的东西中同质的东西的综合就是这种情况（这种综合又可以分为集合的综合和联合的综合，前者针对着外延的量，后者针对着内包的量）。第二种联结（nexus）是杂多东西就其必然相互隶属而言的综合，例如偶性必然隶属于实体，或者结果必然隶属于原因，——因而表现为即使是不同质的、但毕竟是先天的联结。这种联结由于不是任意的，所以我将它称为力学性的，因为它涉及杂多之物的存有的联结（这种联结又可以分为现象相互之间的物理学的联结和现象在先天知

---

① 〔德〕康德：《纯粹理性批判》，邓晓芒译，杨祖陶校，北京：人民出版社，2004 年，第 157 页。

识能力中的形而上学的联结）。"①

　　根据康德的上述论断，我们可以看出，在纯粹数学判断与纯粹自然科学判断之间，至少存在以下三个方面的差异：第一，纯粹数学判断的主谓词的联结基于同质的东西的联结，这反映在纯粹数学判断中就表现为其主谓词都是纯粹知性概念；而纯粹自然科学判断的主谓词的联结则基于不同质的东西的联结，这表现在纯粹自然科学判断上就是其主谓词分别是现象（可能经验的对象）与范畴的联结。第二，纯粹数学判断的主谓词的联结基于杂多而并不必然相互隶属的东西的综合，而纯粹自然科学判断的主谓词的联结则基于杂多东西必然相互隶属的综合。第三，纯粹数学判断涉及的主要是量的范畴，而纯粹自然科学判断则主要涉及关系范畴，就此而言，后者涉及杂多之物的存有的联结，而前者并不涉及这一点。因此，基于以上三个方面的差异，纯粹数学判断的第三者问题自然就不同于纯粹自然科学判断（主要是内在的自然形而上学）的第三者问题，这一点将在下一章阐释纯粹自然科学判断的第三者时进行更清楚的阐释。

---

① 〔德〕康德：《纯粹理性批判》，邓晓芒译，杨祖陶校，北京：人民出版社，2004年，第154页。

第三章　自然形而上学判断的第三者

　　在《纯批》和《导论》中，康德采用的是"纯粹自然科学是如何可能的？"（Wie ist reine Naturwissenschaft möglich?）的提问方式。不过，本章在标题的设置上使用的则是"自然形而上学判断的第三者"，原因在于，在笔者看来，康德所谓的"纯粹自然科学"（reinen Naturwissenschaft）其实就是他所谓的"内在的形而上学"，其中包括一般自然的形而上学和有形自然的形而上学，而不是通常意义上的经验自然科学；更进一步说，后者脱胎于前者并以前者为基础。①另外，由于自然形而上学又包括内在的和超越的（transzendent）两个部分，所以本章将探讨这两个部分中先天综合判断的第三者问题。

　　为了阐明自然形而上学判断的第三者问题，首先需要对《纯批》中的"纯粹自然科学"概念做出澄清，因为这是一个在学术界长期被误解了的概念。学术界通常的理解是将康德的"纯粹自然科学"与近代自然科学（其是以牛顿物理学为代表的普通自然科学）等同起来，这种理解是主流，在学术界一直占据着正统地位。然而，近年来它却受到了一些质疑和挑战。其中，质疑和挑战的基本要点在于强调指出：康德所谓的"纯粹自然科学"

---

　　① 古希腊时期的自然哲学是探究"世界的本原"的一门学问。到了亚里士多德那里，它被进一步明确化为研究"第一原理"的学问，而近代的自然科学（尤其是天文学和物理学）则更多强调的是经验研究。因此，近代自然科学虽然脱胎于古希腊以来的自然哲学研究，但是它毕竟在经验的意义上获得了其广阔的发展空间，并深刻地影响了后来的科学观念。我们这个时代的普遍的科学观念就是这种意义上的科学观念。但是，需要注意的是，近代自然科学包含理论的和经验的两个部分，因此不能简单地将"纯粹自然科学"等同于近代自然科学。在康德的时代，经验自然科学获得了突飞猛进的发展，这深刻影响着当时的自然哲学的观念，从而使自然哲学的观念也产生了深刻的危机。笔者以为，康德所谓的"纯粹自然科学"其实是在自然哲学的意义上所使用的，而不是在经验意义上所使用的。因此，康德更多的是在古希腊的自然哲学的观念上来使用"纯粹自然科学"的，或者说，他的"纯粹自然科学"概念接续了古希腊的自然哲学传统，而不是近代的经验自然科学。当然，由于深受当时经验自然科学发展状况的影响，康德也绝不会抱残守缺似的坚持古希腊意义上的自然哲学观念，而是在面对自然哲学危机的同时使它能够融合近代自然科学的成果，从而能够成为像后者那样真正的科学。从这个意义上说，这也是康德面对形而上学危机（主要是指自然哲学的危机）时的一种方式。总之，如果把康德的"纯粹自然科学"理解为经验意义上的"经验自然科学"无疑是对这个概念的极大误解。因此，本章第一节的主要任务就是澄清康德的"纯粹自然科学概念"。

并不是指近代经验的自然科学,而是指一般自然的形而上学或纯粹哲学。①
其次,需要找到“纯粹自然科学”中的先天综合判断,并对其第三者做出
说明。最后,由于康德对形而上学所做的规划分为内在的和超验的两个部
分,其中“纯粹自然科学”是其内在的部分,因此超验的部分是否也存在
第三者问题就是一个不可回避的难题。

　　基于上述考虑,本章第一节试图澄清“纯粹自然科学”的概念。在此
基础上,第二节将深入探讨以下问题:①“纯粹自然科学”中到底包括哪
些先天综合判断? ②康德是如何论述纯粹自然科学判断的第三者的? ③学
术界关于纯粹自然科学判断的第三者问题的研究状况如何? ④先验图型这
个作为联结范畴与现象的第三者是否同时也是纯粹自然科学判断的第三
者? 这一节是本章的主体,也是本章最重要的一节。第三节则试图讨论“超
验的自然形而上学”中的第三者问题。

第一节　康德的“纯粹自然科学”概念解析

　　“纯粹自然科学”无疑是康德理论哲学中一个重要的概念。学术界对
此概念的理解和认识存在着一些争议。一般而言,学术界通常认为,康德
所谓的“纯粹自然科学”就是指近代普通或经验的自然科学,尤其以牛顿
的物理学为代表。②这种自然科学以外在于人类的无机自然界(尤其是以
宏观物体的运动)为研究对象,并试图通过经验观察的方式去探寻其中的
规律性,所获得的也只是有关该领域中经验的自然规律的科学知识。这种
意义上的自然科学是在近代机械论(机械力学)世界观的深刻影响下催生

---

① 罗中枢:《论康德的“纯粹自然科学”及其可能性》,《天津社会科学》2005 年第 5 期,第
48—51 页。

② 关于这一点,文德尔班的一个说法很有代表性,他曾指出:“对于康德来说,和对于整个 18
世纪来说一样,当其认识论的整个发展要旨在于为纯粹自然科学,亦即牛顿的数学物理学找到
哲学基础的时候,对自然的目的论考察日益成为一个主要的问题。”[康德:《判断力批判》
(注释本),李秋零译注,北京:中国人民大学出版社,2011 年,第 1 页。]从文德尔班的论
述看,他显然是把“纯粹自然科学”当成是牛顿的数学物理学的代名词。另外,国内学者李泽
厚先生的一个说法也很有代表性,他曾指出:“在康德那里,因果范畴之于自然科学(物理学)
犹如时、空感性直观之于数学,它们是保证这些科学成立的‘先验’要素。因果问题恰恰也是
现代物理学理论的重要课题。”(李泽厚:《批判哲学的批判——康德述评》,北京:生活·读
书·新知三联书店,2007 年,第 156 页。)从他的论述看,他显然同样把近代自然科学看成是物
理学的同义词,其中因果问题是近代自然科学乃至现代物理学的重要课题。我们知道,近代自然科
学其实是经验意义上的自然科学。按照这种理解,康德在《纯批》中提出“纯粹自然科学如何可能”
的问题也就被转换成“经验的自然科学是如何可能的”这个问题。在此,康德的“纯粹自然科学”
便被无意识地或悄悄地替换成了“经验的自然科学”(即通常意义上普通的自然科学)。

出来的，也是在文艺复兴反对宗教垄断和独裁的历程中逐渐成长和发展起来的。随着近代自然科学（尤其是数学、天文学和物理学）所取得的成功，人们对它的信念在不断地增强，这种状况也反映在康德的《纯批》当中了。在这种背景之下，人们自然而然地认为，康德在《纯批》中所追问和解答的"纯粹自然科学是如何可能的？"其实就是在为近代自然科学奠定哲学的基础，而"纯粹自然科学"不过就是近代自然科学的代名词。

但是，上述看法是不是真的能够成立呢？对此，笔者表示怀疑。这种以经验对象为出发点，去探究经验对象背后的自然规律的经验自然科学是一种典型的后验论而非先验论的研究，与康德的先验观念论立场是截然相反的，因此，一个关键的疑点就是，既然经验的自然科学所研究的对象是经验性的自然规律，并通过经验观察和实验研究的方法获得有关自然规律的认识，那么它怎么会得到具有普遍必然性的先天综合判断呢？为了弄清此问题，我们就有必要考察一下康德在《纯批》中的主要目的是不是要为当时的自然科学奠基。更具体地说，就是完全有必要厘清一下"纯粹自然科学"的概念从而弄清康德的主要目的或真正的意图所在。因此，本节首先简要概述了学术界对康德的"纯粹自然科学"概念的通常理解，然后将结合康德本人对"纯粹自然科学"概念的相关论述以及学术界对这个问题的最新研究成果来进一步阐明康德的"纯粹自然科学"概念，从而达到澄清此概念的目的。

一、"纯粹自然科学"概念的通常理解

学术界往往把康德所谓的"纯粹自然科学"与近代经验自然科学（以牛顿的数学物理学为典型）等同起来。近代自然科学在方法上有两个基本特征：一是重视观察和实验，它是以经验的积累和总结为基础的，在此基础上去发现经验现象背后的自然规律；二是重视数学的基础作用。一句话概括：近代自然科学以数学为基础，是建立在经验观察和实验方法之上的经验自然科学。因此，近代自然科学在方法上尤其重视经验归纳法，这种方法在近代经验自然科学的鼻祖弗兰西斯·培根那里得到了较为经典的表达。不仅如此，它还将这种方法视为获得可靠的科学知识的有效途径。正是基于这种方法，近代自然科学将自然界视为一个机械式的存在，其中每一事物都受到某种必然规律的支配，构成一个无机自然界的图景。总之，近代自然科学的来源就是通过经验观察和实验，然后把观察或通过实验得到的各种各样的经验现象通过归纳法上升到理论（即规律的层次），从而形成具有相对普遍性和系统性的经验自然科学。

　　不过，在《纯批》的文本语境中，康德将这种经验意义上的自然科学不是称为经验的自然科学，而是称为"本义上的（本真的）自然科学"（eigentliche Naturwissenschaft）。然而，值得特别注意的是，他同时也宣称这种"本义上的自然科学"还有一个纯粹的部分。[①]也许正是没有对这一部分给予应有的重视，所以才往往导致人们把康德所谓的"纯粹自然科学"想当然地与近代经验自然科学等同起来了。譬如，有研究者认为，在《纯批》中存在着哲学与科学之间的循环论证，其中的"'哲学'指'纯粹理性批判哲学'，……而'科学'则只是从狭义上来理解，仅指纯粹数学和纯粹自然科学；而广义上的科学，则包括一切数学、自然科学和未来的作为科学的形而上学及作为其导论的纯粹理性批判哲学"[②]。不难看出，当"纯粹自然科学"在与纯粹理性批判哲学相比较的意义上就被等同于我们通常所谓的经验自然科学了。也有研究者认为，康德在《纯批》中追问和解答"纯粹自然科学是如何可能的？"的过程中"解释了自然科学的形式客观性，即先验性，却没有解释自然科学的内容的客观性，即主体间性"[③]。这同样是把"纯粹自然科学"经验科学化，并做了一般化的解读。总之，如果没有注意到康德只是将经验意义上的自然科学称为"本义上的自然科学"，而将它与"纯粹自然科学"简单地等同起来，自然就会把康德的"纯粹自然科学"做出经验科学化的解读。

　　可以说，这种解读既不符合相关的文本语境，也不符合康德要"拯救形而上学"的意图，并无形中扩大了康德的自然科学概念。其实，在康德（其实也包括后来的德国古典哲学家）那里，科学有着严格的意义，关于这一点，赫费有着明确的指认："康德有一个很严格的科学概念，这一概念并不包括我们今天称之为科学的所有东西。属于'真正科学'的是：它的确凿性是毋庸置疑的（必然的）；只能够包含有单纯经验性的确凿性的认识是一种仅仅非真实地被如此称呼的知识（MAN，IV468）。"[④]赫费的说法非常值得重视，因为他明确指出康德是严格区分了普通意义上的科学和严格的科学知识的，这对我们探讨"纯粹自然科学"概念具有重要的启示

①　〔德〕康德：《康德著作全集》（第 4 卷），李秋零主编，北京：中国人民大学出版社，2005年，第 478—479 页。

②　李菁：《哲学与科学的可能性之间的循环证明——从康德〈纯粹理性批判〉的视域看》，《同济大学学报（社会科学版）》2007 年第 5 期，第 22 页。

③　尹维坤：《康德解释了自然科学的客观性吗？》，《科学技术哲学研究》2013 年第 1 期，第44 页。

④　〔德〕奥特弗里德·赫费：《康德：生平、著作与影响》，郑伊倩译，北京：人民出版社，2007年，第 49 页。

和意义。按照这一区分，我们通常所理解的经验的自然科学还谈不上是严格意义上的科学，而仅仅属于非严格意义上的知识的范畴。康德关于科学与知识（Erkenntnis）的这一明确区分也深刻地影响了后来的德国哲学家们（也许不限于德国古典哲学家），而这正是德国哲学自亚里士多德以来所继承的一项重要传统，因为在亚里士多德那里，哲学作为最高的科学（第一哲学），它要探讨的是"作为存在的存在"（或存在之为存在）和第一原理，因此完全不同于普通自然科学所探讨的对象，这一点可以说是德国古典哲学研究界的共识，并已经由研究者所指明。[①]

把"纯粹自然科学"当成普通的经验自然科学的通常理解虽然一直影响和制约着国内外学者们对康德的"纯粹自然科学"概念的理解，占据着主流地位，但还是遭到了一些研究者的质疑和挑战，曾经就有研究者敏锐地指出："康德的'纯粹自然科学'并非一般意义上的自然科学，它指与纯粹数学相对应的另一类纯粹理性知识，即纯粹哲学或一般自然的形而上学。"[②]那么，康德所谓的"纯粹自然科学"到底指什么？这需要结合康德在《纯批》、《导论》和《基础》等文本中的相关论述和说明才能对此问题做出更加可靠的解答。

二、"纯粹自然科学"就是内在的形而上学

如上所述，已有研究者指明了康德的"纯粹自然科学"其实是纯粹哲学，而不是普通意义上的自然科学。他还明确地指出："康德的所谓'纯粹哲学'指的其实就是'一般的形而上学'、'一般自然的形而上学'、'自然形而上学的先验部分'或'本来意义上的先验哲学'。康德已明确把'纯粹自然科学'称为'哲学'、'纯粹哲学'或'一般自然的形而上学'，并且把'实体常住不变'、'一切发生的事情都有原因'等纯粹自然科学的原理叫作'哲学原理'或'真正的形而上学命题'。"[③]他进一步强调

---

① 北京大学的先刚教授曾尖锐地指出："德国哲学（不仅仅是德国古典哲学）所说的'智慧'（Wissenschaft）是指最佳形态、最高意义上的达成完满的哲学，这个独特的德语词汇从字面上看是'知识系统'的意思，但不是什么普通的知识，而必须被理解为亚里士多德哲学传统以来一直追寻的那种'终极动检'或'最高智慧'。……把德国哲学的'科学'理解为通常人们在这个词下面设想的东西（自然科学尤其是实证科学），等于完全没有进入德国哲学的精神世界。"（先刚：《永恒与时间——谢林哲学研究》，北京：商务印书馆，2008 年，第 11 页。）先刚教授的说法尽管尖锐，但是非常中肯，同时也说明了从日常的科学概念来理解康德的科学概念实在是隔靴搔痒、不得要领。
② 罗中枢：《论康德的"纯粹自然科学"及其可能性》，《天津社会科学》2005 年第 5 期，第 48 页。
③ 罗中枢：《论康德的"纯粹自然科学"及其可能性》，《天津社会科学》2005 年第 5 期，第 48—49 页。

指出："事实上，无论是在《纯粹理性批判》中还是在《导论》中，康德都反复强调先验原理（按：指纯粹知性原理）构成了'一切对象的知识的基础'，因而不属于通常意义上的自然科学，而属于哲学。"①同时，在《纯批》的"先验分析论"中，"康德集中探讨了'一般自然的形而上学'问题，考察了因果关系、实体性等哲学范畴的来源、本性、效用、使用条件，讨论了'在这些条件下，先天的从纯粹知性概念产生并先天的存在于其他一切知识的基础之中的综合判断——即讨论纯粹知性的原理'。在《自然科学的形而上学基础》中，康德集中探讨了'特殊的有形自然的形而上学'，他通过'物质'概念及其属性——广延和运动——的适当构造，使它们与先验原理的诸种先验规定相符合，从而根据先天范畴和原理解释了经验自然科学的基本概念和基本法则"②。

上述观点非常值得重视，也是极具冲击性的观点，并为我们探讨"纯粹自然科学"的概念提供了重要的文本出处。不难看出，提出上述观点的主要的文本依据均来自康德的《纯批》、《导论》和《基础》中相关的论述。笔者认为，上述观点是非常有见地的，这种富有启发性的观点比通常的观点更有解释力和说服力。我们甚至还可以为上述观点提供更多的文本依据。

第一，在《基础》③的"导言"中，康德曾经指出：

本义上这般称谓的自然科学（按：指通常的自然科学，以牛顿力学为代表），首先要以自然形而上学为前提。因为诸法则，亦即必然性——属于一个事物的特定存在的那种东西的必然性——的诸原则，所关涉的是一个不可以构造的概念，因为该特定存在不可能在先天直观中呈现出来。所以，本义上的自然科学以自然形而上学为前提。于是，后者（按：指自然形而上学）必

---

① 罗中枢：《论康德的"纯粹自然科学"及其可能性》，《天津社会科学》2005年第5期，第50页。
② 罗中枢：《论康德的"纯粹自然科学"及其可能性》，《天津社会科学》2005年第5期，第50页。
③ 目前，国内学术界关于这部著作的翻译有两种译法：一是翻译成《自然科学的形而上学基础》（邓晓芒译本），二是翻译成《自然科学的形而上学初始根据》（李秋零译本）。其实，"基础"和"初始根据"是同一个德文词Anfangsgründe的不同翻译。英译者迈克尔·弗里德曼（Michael Friedman）将该词翻译成 Foundations 也是取基础之义［对此可以参看，Kant I, *Metaphysical Foundations of Natural Science*, Friedman M (trans. & ed.), Cambridge: Cambridge University Press, 2004.］。在此，本书沿用"基础"这一比较常用的译法。

须唯一地包含非经验的纯粹原则（恰恰是因为这个理由它才享有一种形而上学的称号），但是它仍然是这样：要么它甚至能够不与任何确定的经验客体相关，并且对感官世界的这一或者那一事物来说不确定地探讨那些规律，从而使得一个一般自然的概念成为可能，在这种情况下就有了自然形而上学的先验的部分；要么它研究这一类或者那一类已经有了一个经验性概念的事物的一种特殊本性，但除了包含在这个概念中的东西外，并不把任何别的经验性原则用于对这种本性的认识（例如，它把物质或者一种能思维的存在者的经验性概念当作基础，并寻求理性关于这些对象先天地能够拥有的认识的范围）；而在这时，这样一门科学总还是必须叫作自然的，即有形的自然或者能思维的自然形而上学，[但在这样一种情况下] 就不是一般的，而是特殊的形而上学的自然科学（物理学或心理学），其中上面提到的先验原则被运用于我们感官的这两类对象上。①

在这段话中，康德首先指出了一切本义上的（eigentliche）自然科学要以自然形而上学为前提。前面已经指出，包括一般意义上的自然科学或牛顿物理学在内的自然科学都被康德称为本义上的自然科学。同时，这种本义上的自然科学需要一个纯粹的部分，而且只有这个纯粹的部分才能使自然科学能够被称得上是本义上的自然科学。但这个纯粹的部分不是自然科学自身提供的，而是由纯粹哲学或形而上学和纯粹数学提供的。所以，本义上的自然科学要以自然形而上学为前提，即一般意义上的自然科学（以牛顿物理学为代表）同样要以自然形而上学为前提。

其次，在这段话中，康德还提到了自然形而上学的两个组成部分，即先验的部分和特殊的部分。其中特殊的部分也被他叫作特殊的形而上学的自然科学。由于自然形而上学的先验部分不与任何确定的经验客体相关，并且不确定地探讨感官世界的那些规律，从而使得一个一般自然的而非特殊的概念成为可能，因此它就是"一般自然的形而上学"。至于特殊的形而上学的自然科学，其又包括形而上学的物体学说和形而上学的灵魂学说。在其中，按照《纯批》的"先验方法论"中对自然的形而上学所做的规划，

---

① Kant I, *Metaphysische Anfangsgründe der Naturwissenschaft* (Schriften zur Naturphilosophie herausgegeben von Wilhelm Weischedel Ⅸ). Frankfurt am Main: Suhrkamp Verlag, 1968, SS. 13—14.

只有形而上学的物体学说才可以构成自然科学的纯粹部分。在康德看来，形而上学的灵魂学说之所以不能构成自然科学的纯粹部分，是因为数学不能运用于内感官的对象（灵魂）之上。同时，康德也把形而上学的物体学说叫作有形自然的形而上学。不难看出，《基础》中的这一划分与《纯批》中的规划是完全一致的。

第二，在《伦理形而上学》中，康德也把"纯粹自然科学"称为形而上学的自然科学。他指出：

> 对于涉及外部感官之对象的自然科学来说，人们必须有一些先天原则，而且把这些原则的一个体系以一种形而上学的自然科学的名义置于被运用到特殊经验上的自然科学亦即物理学之前，是可能的，甚至是必要的，这一点，在另一个地方（按：指在《基础》中）已经证明过了。①

很明显，康德在此明确地区分了"形而上学的自然科学"和"特殊经验上的自然科学"（物理学，也就是"涉及外部感官之对象的自然科学"）。同时，康德还指明了"特殊经验上的自然科学"需要一些先天原则，而且他明确地把这些先天原则的一个体系叫作"形而上学的自然科学"。这个被称为"形而上学的自然科学"是先行于"特殊经验上的自然科学"即物理学的，并把其中的先天原则运用到后者，从而构成了后者得以成立的基础。这种"形而上学的自然科学"当然是纯粹的，其实也就是《纯批》和《导论》中所谓的"纯粹自然科学"。由此，一般意义上的自然科学与"纯粹自然科学"的根本区别便出来了：前者是经验科学，是非纯粹的；后者是先天科学或先验科学，所以是纯粹的。

第三，如果从《纯批》所阐释的"纯粹理性的建筑术"出发去看待康德的"纯粹自然科学"，我们会对其有一个更加清晰而深入的认识。康德指出，他所谓的"建筑术"（Architektonik）是指"关于各种系统的艺术"。在《纯批》的"先验方法论"部分的"纯粹理性的建筑术"这一章中，康德集中陈述了他对科学的自然形而上学的体系构想。他在那里写道：

---

① 〔德〕康德：《康德著作全集》（第 6 卷），李秋零主编，北京：中国人民大学出版社，2007年，第 221 页。

较狭窄意义上的所谓形而上学（按：指自然形而上学）是由先验哲学和纯粹理性的自然之学所组成的。前者只考察知性，以及在一切与一般对象相关的概念和原理的系统中的理性本身，而不假定客体会被给予出来（即本体论）；后者考察自然，即被给予的对象的总和（不论它们是被给予感官的，还是被给予另一种类的直观的，如果我们愿意这样说的话），因而就是自然之学（虽然只是合理的自然之学）。但现在，理性在这种合理的自然考察中的运用要么是自然性的，要么是超自然性的，或不如说，要么是内在的，要么是超验的。前者是在自然知识能够被（具体地）应用于经验中这个范围内针对着自然界的，后者是针对着经验对象的超越于一切经验之上的那种连结的。因此这种超验的自然之学要么以内部连结为自己的对象，要么以外部连结为自己的对象，但两种连结都是超出可能经验之外的；前者是全部自然界的自然之学，即先验的世界知识，后者是全部自然界与一个超自然的存在者的关联的自然之学，即先验的上帝知识。①

在这段重要的论述中，康德在两相对比的意义上对他将要建立的自然形而上学做了以下三个层次上的划分：第一个层次，他首先将自然形而上学划分成先验哲学和纯粹理性的自然之学。第二个层次，他将纯粹理性的自然之学再次划分为内在的和超验的两个组成部分。第三个层次，他做了两个方面的划分，一方面，他将内在的自然之学划分为以外感官的对象之总和为研究对象的合理的物理学（有形自然的形而上学）和以内感官的对象之总和为研究对象的合理的心理学（或称为思维自然的形而上学）；另一方面，他又将超验的自然学划分为以自然界全体为研究对象的先验的世界知识和以自然界全体与自然界之上的一个存在者的关系即与上帝的关系为研究对象的先验的上帝知识。

在做出了上述三个层次的划分之后，康德最后总结道："因此整个形而上学系统（按：指自然形而上学）就是由四个主要部分构成的。1. 本体论。2. 合理的自然之学。3. 合理的宇宙论。4. 合理的神学。第二个部分即纯粹理性的自然学说包含有两个部门（分），即合理的物理学（physica

---

① 〔德〕康德：《纯粹理性批判》，邓晓芒译，杨祖陶校，北京：人民出版社，2004年，第638页。

rationalis)和合理的心理学(psychologia rationalis)。"①康德把自然形而上学划分成上述四个部分显然是受到了鲍姆加登的深刻影响,但又对后者的规划有所改进,这就为他提出伦理形而上学提供了体系方面的条件。

根据康德的规划,他所谓的先验哲学就相当于他所谓的本体论,而合理的自然之学则相当于内在的形而上学(自然之学)。但是,按照康德的解释,内在的自然之学有两类不同的对象,即外感官的对象和内感官的对象。外感官的对象被称为有形自然;而内感官的对象也被称为思维着的自然或灵魂。而按照康德之前的唯理论哲学的看法,研究灵魂的自然之学是超验的自然之学,也叫作"理性心理学",康德在《纯批》的"先验辩证论"部分的第二卷的第一章中对它进行了深入而系统的批判。不过,康德在此并没有否认理性心理学也可以是超验的。所以,这里存在一个问题:这里所谓的合理的心理学是不是就是指康德所批判的唯理论的理性心理学?按照赫费的看法,这所谓的合理的心理学就是《纯批》的"先验辩证论"所批判的理性心理学。②笔者认为赫费的看法也许不能成立,因为康德所谓的理性心理学是建立在其知识论基础之上的,换言之,是在他对知识做出限制之后所提出的理性心理学,这也是康德所理解的理性心理学不同于他之前的理性心理学的地方。最后是合理的宇宙论和合理的神学,大致相当于前面所讲的超验的形而上学(自然之学)。

只要把上述划分与《纯批》的结构对照起来,我们很容易发现:本体论和理性物理学正好对应着《纯批》的"先验分析论"③。而"先验分析论"这个部分的任务正好是要回答"纯粹自然科学是如何可能的?"这个问题。

第四,在《导论》中,"纯粹自然科学"概念得到了更为直观而明确的表达。康德在那里指出:

> 如今,可能经验的原理同时就是自然能够被先天地认识的普遍规律。而这样一来,我们所面临的第二个问题,亦即"纯粹自然科学是如何可能的?"其中所包含的课题就解决了。一门科学

---

① 〔德〕康德:《纯粹理性批判》,邓晓芒译,杨祖陶校,北京:人民出版社,2004 年,第638—639 页。

② 具体参看奥特弗里德·赫费在《康德的〈纯粹理性批判〉——现代哲学的基石》(人民出版社,2008 年)第 319 页的图表。如果赫费的理解是成立的,合理的心理学就不再属于内在的形而上学,而属于超验的形而上学了。

③ 按照赫费的划分,本体论甚至包括了先验感性论。对此可以参看奥特弗里德·赫费在《康德的〈纯粹理性批判〉——现代哲学的基石》(人民出版社,2008 年)第 319 页的图表。

的形式所要求的体系性的东西，在这里全部都可以找到，因为除了上面所说的一切一般判断的形式条件，从而逻辑学所提供的一切一般规则的形式条件之外，再也没有什么条件是可能的了；这些条件就构成了一个逻辑的体系；而建立在它们上面的、包含着一切综合的和必然的判断的先天条件的概念，正由于此而构成了一个先验的体系；最后，把一切显象归摄在这些概念之下所凭借的原理，则构成了一个自然学的体系，亦即自然体系。这个体系先行于一切经验性的自然知识，首先使这些知识成为可能，因而能够被称为真正的、普遍的和纯粹的自然科学。①

　　这段话非常值得重视，因为它不仅集中回答了"纯粹自然科学是如何可能的？"问题，而且向我们表明了康德所谓的"纯粹自然科学"到底是指什么。在这段话中，康德明确提到了三个体系，即逻辑的体系、先验的体系和自然的体系。我们只要把《导论》中列出的三个表（逻辑判断表、先验理智概念表和纯粹形而下的自然科学普遍原则表）②与刚才提到的三个体系对照起来研究就会发现：这三个体系跟这三个表之间形成了一种严格的一一对应的关系。逻辑的体系恰好对应于逻辑的判断表；先验的体系则恰好对应于先验的知性概念表（也被康德称为范畴表）；自然的体系恰好对应于纯粹自然科学的自然科学普遍原则表（也被康德叫作纯粹知性原理）。不难看出，康德所谓的自然的体系指的就是纯粹知性原理的体系，即由直观的公理、知觉的预测、经验的类比和一般经验性思维的公设构成的一个体系。可见，康德的"纯粹自然科学"就是这里所说的自然的体系，即纯粹知性原理的体系。因此，这种意义上的"纯粹自然科学"就不可能是经验意义上的自然科学，因为它所包含的是纯粹知性的原理，它们都是纯粹的，而非经验的。

　　由此可见，先验哲学中研究知性的部分是由逻辑的体系、先验的体系和自然的体系三者共同构成的一个有机整体。康德在此部分追问"纯粹自然科学是如何可能的？"这个问题时，首先是要为自己将要建立的自然的体系或一般自然的形而上学即严格意义上的纯粹自然科学奠定基础，而不是为经验意义上的自然科学奠定基础。因此，"纯粹自然科学"就不能被理解成通常所说的经验的自然科学（物理学），至少不能把二者完全等同起来，而是顶多理解成后者的纯粹部分与前者存在着重叠。

---

①〔德〕康德：《康德著作全集》（第 4 卷），李秋零主编，北京：中国人民大学出版社，2005年，第 309 页。

②〔德〕康德：《未来形而上学导论》，庞景仁译，北京：商务印书馆，1978 年，第 69—70 页。

结合上述的文本引证和分析，我们可以得出如下结论：康德所谓的"纯粹自然科学"其实就是指本体论和纯粹自然之学中合理的物理学；或者也可以说是一般自然的形而上学和有形自然的形而上学；它是纯粹哲学。康德的"纯粹自然科学"是由一般自然的形而上学和有形自然的形而上学这两个部分所构成的，它们共同构成了内在的形而上学。其中，一般自然的形而上学又包含着三个体系，即逻辑的体系、先验的体系和自然的体系；而有形自然的形而上学则是他的《基础》一书所要阐明的。

第二节　先验图型作为内在的形而上学判断的第三者

要探明内在的形而上学判断的第三者，首先需要找到其中的先天综合判断。根据康德自己的说明，笔者以为《纯批》的"原理分析论"中的"纯粹知性一切综合原理的系统展示"这一节以及《基础》的四章中有关"物质"概念所做的判断都属于内在的自然形而上学中的先天综合判断。其中，前者是一般自然形而上学中的先天综合判断，即有关一般自然（作为经验对象之总和）的先天综合判断；后者则是有形自然的形而上学中的先天综合判断。不过，内在的自然形而上学判断虽然分为两个组成部分，但是二者的主谓词却可以看成是一样的，所以不需要分开来讨论，这一点将在后面得到说明。

表面上看，在《纯批》的"原理分析论"部分，康德似乎阐述了另外两种意义上的第三者，即作为联结范畴和现象的中介的第三者（先验图型）和作为一个条件整体使先天综合判断得以可能的第三者。学术界对此聚讼纷纭，这在本书的第一章已经做了相关的论述，这里就不再赘言。不过，就已有的研究而言，存在着两种重要的阐释倾向：第一种倾向是没有对由内感官、想象力和统觉这三项构成的一个条件整体这个第三者与联结先天综合判断主谓词第三者做出明确的区分；第二种倾向是将联结范畴和现象的第三者与联结内在的自然形而上学判断的主谓词的第三者等同起来，而没有说明为什么它们是可以等同的。因此，本节首先力图找出内在的先天综合判断，然后试图对学术界存在着的以上两种解释倾向给予评析。在此基础上，在本节的第三部分中，笔者将着重阐明先验图型既是联结现象与范畴的第三者，同时也是联结纯粹自然科学判断的主谓词的第三者。

一、内在的形而上学中先天综合判断的寻求

通过本章第一节对"纯粹自然科学"概念做出的解析，我们基本上可

以确定内在的形而上学中大致包含哪些先天综合判断了。内在的形而上学的第一部分——一般自然的形而上学对应于《纯批》的"先验分析论"，由此我们可以确定：我们在《纯批》的这个部分寻求到的先天综合判断就应该都是内在的自然形而上学中的先天综合判断，更准确地说是一般自然的形而上学中的先天综合判断。

按照康德的说明，"第二章（按：指'原理分析论'的第二章——一切纯粹知性原理的体系）则讨论在这些条件（按：指诸先验图型法）下从纯粹知性概念中先天地推出、并成为其他一切先天知识之基础的那些综合判断，即讨论纯粹知性的诸原理"①。很明显，康德的论断十分明确地表示"纯粹知性原理的体系"中所阐述的四条综合原理②都是"纯粹自然科学"中的先天综合判断，而不是普通的自然科学（物理学）原理，而这往往是人们容易忽视的一点。康德在此提醒我们："但要充分注意：我在这里一方面既不是着眼于数学的原理，另（一）方面也不是着眼于普通（物理学的）力学原理，而只是着眼于与内感官相关（不论在其中给出的表象如何）的纯粹知性原理，这样一来，前面那些原理全都获得了自己的可能性。"③康德的提示至少向我们表明了两点：第一，哲学原理既不是着眼于数学的原理，也不是着眼于普通物理学的原理；第二，正是这四条综合原理为数学原理和普通（物理学的）力学原理提供了可能性根据。因此，纯粹知性的四条综合原理是属于内在的形而上学意义上的先天综合判断，也就说它们属于一般自然的形而上学中的先天综合判断。而且，根据《导论》中谈到的三个体系——逻辑的体系、先验的体系和自然的体系，"纯粹知性原理的体系"也可以被称为"自然的体系"，所以这四条综合原理是有关一般自然的先天综合判断便是确凿无疑的。

另外，在《纯批》的"纯粹理性的训练"一章中，在谈及有关一般自然的形而上学判断都是关于一般物的概念的先天综合判断时，康德也把这种意义上的判断称为先验的综合判断（命题）④。他指出："针对根本不可能先天提供其直观的一般物的那些综合命题都是先验的。因此，先验命题永远也不能通过概念的构造、而只能按照概念来先天地给予。它们所包

---

① 〔德〕康德：《纯粹理性批判》，邓晓芒译，杨祖陶校，北京：人民出版社，2004年，第137页。
② 指直观的公理、知觉的预测、经验的类比和一般经验性思维的公设。
③ 〔德〕康德：《纯粹理性批判》，邓晓芒译，杨祖陶校，北京：人民出版社，2004年，第154页。
④ 一般而言，在康德那里，他还是区分了先天的（a priori）和先验的（transzendental），但是他的用词也不是那么严格。另外，中文学术界对这两个概念的翻译也存在着争议，这主要体现在有些翻译者和研究者把 a priori 也翻译成先验的，因此在国内学术界也就存在着"先验综合判断"这样的表述。

含的只是应当据以经验性地寻求那不能先天直观地被表象出来的东西（即诸知觉）的某种综合统一性的规则。但它们决不可能先天地把自己的任何一个概念在某种情况下表现出来，而只是后天地、以依照那些综合原理才成为可能的经验作中介，才做到这一点。"①

在此，康德认为"一般物"的概念是先天地表象现象的经验性内容的概念，所以"对这物的先天综合知识所能够提供出来的，只不过是对知觉有可能后天给予我们的东西进行综合的单纯规则，却永远也不可能先天地提供实在对象的直观，因为这种直观一定必须是经验性的"②。不同于有形自然的形而上学判断，有关一般自然的形而上学判断不可能先天地提供出有关实在对象的直观，因为这种直观是经验性的，它所能提供的只是有关一般物的先天直观。与此不同，有形自然的形而上学判断则可以提供出实在对象的经验性直观，譬如对物质的直观。因此，康德在此处提到的有关一般物的先验的综合判断其实就是一般自然的形而上学判断。不过，需要指出的是，"物质"概念是"一般物"概念的具体表现，即前者表现了后者；它们虽然分属于两个不同的层次，但二者并没有实质上的差别。

其实，《纯批》的"原理分析论"中的纯粹知性的四条综合原理作为先天综合判断的观点，也可以通过康德的另一个说法得到更明确的印证："对一个三角形的数学概念，我就会构造它，即先天地在直观中把它提供出来，并以这种方式获得一种综合的、但却是合理性的知识。但是，当像实在性、实体、力等等这样的先验概念被给予我时，那么这一概念就既不表示经验性的直观，也不表示纯粹直观，而只表示对经验性直观（因而也是不能被先天给予的直观）的综合，所以，由于这种综合不能先天地超出到与之相应的直观，从这概念中也就决不能产生出规定性的综合命题，而只能产生对可能的经验性直观的某种综合原理。"③实在性、实体、力等纯粹知性概念不表示任何直观，而只表示对经验性直观的综合，从这些概念中产生的"对可能的经验性直观的某种综合原理"其实就是指"原理分析论"中的"纯粹知性一切综合原理的系统展示"这一节中的四条综合原理，它们其实是一般自然形而上学中的先天综合判断。

内在形而上学的第二个部分——特殊的有形自然的形而上学（合理的物理学）的先天综合判断何在呢？根据前面对"纯粹自然科学"概念的理

---

① 〔德〕康德：《纯粹理性批判》，邓晓芒译，杨祖陶校，北京：人民出版社，2004年，第558页。
② 〔德〕康德：《纯粹理性批判》，邓晓芒译，杨祖陶校，北京：人民出版社，2004年，第558页。
③ 〔德〕康德：《纯粹理性批判》，邓晓芒译，杨祖陶校，北京：人民出版社，2004年，第558—
　　559页。

解，关于这个问题的答案，我们可以从《基础》中找到。在此书中，康德围绕着"物质"概念给出了四个有代表性的先天综合判断。这四个先天综合判断分别是：物质是空间中的运动物（量的判断）；物质就是运动物，这是就它充实一个空间而言的（质的判断）；物质就是运动物，这是就运动物本身具有运动力而言的（关系的判断）；物质就是运动物，这是就它作为运动物能够是经验的对象而言的（模态的判断）。与一般自然的形而上学判断一样，上述关于"物质"概念的判断也"必须通过知性概念的所有上述四种功能（在四章中）来阐明，四章中的每一章都增添物质概念的一个新规定"①。

对"物质"概念增加新规定都是在范畴表的指导下并依据"纯粹知性的综合原理"做出的，这说明了《基础》中提到的有关"物质"概念的四个判断就是特殊的有形自然的形而上学中的先天综合判断，它们与一般自然的形而上学一样，都是从范畴而来的先天综合判断。可见，无论是一般自然的形而上学判断还是特殊的有形自然的形而上学判断都是从范畴中推出来的，这是二者的共同之处。这在一定程度上也暗示了，内在的自然形而上学判断的主词是会落实到"物质"概念上的，而它的谓词归根到底就是纯粹知性概念。关于这一点，我们将在后面专门列出一小节来探讨它的主谓词。

依照康德的看法，特殊的有形自然的形而上学判断为一般自然的形而上学判断提供了例证，并使后者能够获得客观实在性，这其实是在提示纯粹知性概念需要运用于一般物，并最终运用于"物质"上并获得它的客观实在性。"一般形而上学在它需要例证（直观）、以便赋予它的纯粹知性概念以意义的所有场合中，在任何时候都必须从一般的物体学说中，因而从外部直观的形式和原则中取得这些例证，而在这些例证还没有完全展现时，它就在纯属没有意义的概念中间摇摆不定地四处摸索。因此，就有了关于实在性的冲突的可能性、关于强度的量的可能性等等问题的著名争执、至少是模糊。在这些问题上，知性惟有从取自形体自然的例证中才能获得教益，这就是那些概念惟有在其下才能具有客观实在性、亦即具有意义和真实性的条件。"②

由此可见，内在的形而上学的第二部分对其第一部分的意义是非常重

---

① 〔德〕康德：《康德著作全集》（第 4 卷），李秋零主编，北京：中国人民大学出版社，2005年，第 485 页。

② 〔德〕康德：《康德著作全集》（第 4 卷），李秋零主编，北京：中国人民大学出版社，2005年，第 486 页。

大的，它不仅为第一部分提供例证，而且也使其第一部分获得了确定的意义和真实性的条件，即获得了客观实在性。反过来说，如果内在的形而上学的第一部分缺少第二部分去充实，那么它的第一部分的客观实在性、量等范畴就会陷入模糊的、没有意义的争执当中。同时，这也体现了内在的形而上学两个组成部分之间是紧密相关的，二者是缺一不可的：第一部分为第二部分提供原则或前提，第二部分则为第一部分提供例证，从而使其获得客观实在性。

通过以上的分析和文本引证，我们不仅找到了内在的形而上学中的先天综合判断，而且确定了内在的形而上学的两个组成部分之间的深刻关联，这为我们探明其中的第三者问题提供了条件。于是，现在需要进一步探究的问题是：联结内在的形而上学判断的主谓词的第三者到底是什么？为了解答这个问题，我们有必要做一些准备工作，即澄清和厘清学术界有关第三者问题的一些误解，从而为寻找到真正的第三者铺平道路。

二、学术界关于第三者的两种不同理解

内在的形而上学判断的第三者到底是什么？帕通、阿利森、盖耶尔、蒂默曼等国际知名的康德专家都提出过各自的看法。不过，本书并不打算全盘引述他们的观点，而只选取了帕通和阿利森两位专家的观点进行述评。之所以选择二者，是因为在这两位研究者中，前者将经验的可能性当成了第三者，后者则将先验图型当成了第三者，他们的观点也深刻地影响着当代西方学术界，所以对二者的观点做出述评不仅可以帮助我们弄清内在的形而上学判断的第三者问题，而且有助于我们从整体上把握西方学术界在该问题上的研究状况。在引述二者观点的基础上，笔者试图对这两位研究者的观点进行评论，并表明笔者关于内在的形而上学判断的第三者问题的基本观点。

（一）帕通关于第三者问题的基本观点及存在的问题

1. 帕通关于第三者问题的基本观点

帕通在其著名的《康德的经验形而上学》一书中通过"第三者"和"经验的可能性"这两节集中阐发了他关于内在的形而上学中先天综合判断的第三者问题的基本观点。而且，这两节正好也是他对《纯批》的"原理分析论"的第二章第二节"一切综合判断的至上原理"的解读。

在"第三者"这一节中，帕通根据康德的论述首先指出，综合判断总是需要一个第三者。他认为，这个第三者"作为一个关键的问题在先验演绎中已经被发现了"。^①因此，他认为在"一切综合判断的至上原理"这一节中，"康德是通过一个关于以前的结论的概要开始他的探索的"^②。这个概要就是"只有一个总体，我们所有的表象都被包含在其中。这个总体就是内感官及其先天形式，也就是时间。我们在时间中的表象依赖于想象力的综合，以及这种综合的统一（统一是判断所需要的）依赖于统觉的统一"^③。不难看出，帕通所叙述的与康德在"一切综合判断的至上原理"这一节中的说明是一致的。"第三者"这一节表明了帕通对第三者概念的一个理解，即第三者是由内感官及其先天形式（时间）、想象力的综合（图型）和统觉的综合统一（范畴）构成的一个条件整体。

但是，他同时又认为康德在"一切综合判断的至上原理"这一节中对第三者的陈述已经站在对象（object）这一边了。换言之，他认为康德已经是在阐述概念（即纯粹知性概念或范畴）与其对象的联结问题了。

然而，帕通并不是直接断言经验的可能性就是联结概念与其对象的第三者，而是通过分析康德的"被给予"（to be given）这个概念而过渡到他的结论的。他认为，康德对"被给予"这个概念的解释太复杂而不清晰。我们知道，按照康德的解释，所谓"被给予"就是一个对象在直观中直接地被呈现出来。帕通认为，康德在"一切综合判断的至上原理"这一节中是要对"被给予"这个概念的解释确定一个公式。这个公式就是：一个对象的被给予就是与经验的对象的表象（idea）^④相关。针对这个公式，他对表象这个概念做了这样的解释："对象的表象就是对象的概念。"^⑤然后，他马上提出了这样一个问题："在何种意义上，概念是与经验相关的？"^⑥他对此问题的回答是："当一个经验性概念借自或来源于经验时，它就是与经验相关的……当一个先天概念是经验的诸条件（或形式）的概念时，它就是与经验相关的。在这种情况下，概念就是与可能经验相关的，因为

① Paton H J, *Kant's Metaphysic of Experience: A Commentary on The First Half of the Kritik der reinen Vernunft* (In Two Volumes), London: George Allen & Unwin Ltd, 1936, p. 86.
② Paton H J, *Kant's Metaphysic of Experience: A Commentary on The First Half of the Kritik der reinen Vernunft* (In Two Volumes), London: George Allen & Unwin Ltd, 1936, p. 86.
③ Paton H J, *Kant's Metaphysic of Experience: A Commentary on The First Half of the Kritik der reinen Vernunft* (In Two Volumes), London: George Allen & Unwin Ltd, 1936, pp. 86-87.
④ 德文里的表象一词是 Vorstellung，在帕通的《康德的经验形而上学》一书中，他将此词翻译为 idea。
⑤ Paton H J, *Kant's Metaphysic of Experience: A Commentary on The First Half of the Kritik der reinen Vernunft* (In Two Volumes), London: George Allen & Unwin Ltd, 1936, p. 88.
⑥ Paton H J, *Kant's Metaphysic of Experience: A Commentary on The First Half of the Kritik der reinen Vernunft* (In Two Volumes), London: George Allen & Unwin Ltd, 1936, p. 88.

经验是可能的仅仅因为它遵循了上述诸条件。"①他甚至断言："康德的主要观点是诸先天概念能获得客观实在性或有效性仅仅是因为我们能证明它们一定被必然地运用于经验的所有对象上。"②

在上述分析的基础上，在"第三者"这一节的末尾，帕通明确地道出了他有关第三者问题的基本观点："我们可以暂时地推论出使一切综合判断可能的第三者是经验——如果是经验判断，其第三者就是实际经验（actual experience），如果是先天综合判断，其第三者就是可能经验（possible experience）。"③在此，帕通做了一个对照式的理解，即在他看来，经验判断的第三者是经验（指实际经验），而先天综合判断的第三者则是可能经验。

在接下来的"经验的可能性"一节中，帕通对其关于先天综合判断的第三者的观点做了进一步的阐释和发挥。他指出，关于第三者更准确的表达不是可能经验，而是经验的可能性。④他说："第三者不仅仅是我们可能拥有的这种或者那种经验：毋宁说，它是经验本身的形式或必然条件，缺乏它，任何经验都是不可能的。"⑤他进一步把经验的形式解释为"诸现象的综合统一，并且经验只有依照一个遵循范畴和统觉的统一的综合才是可能的。"⑥帕通的这个说法似乎在进一步向我们表明，经验的可能性就是指诸现象的综合统一，而这种综合统一又依赖于范畴和统觉的统一。并且，他还是从形式的角度来理解这种综合统一的。他甚至根据康德所说的"经验的可能性是给予先天综合判断以客观有效性的东西"这一点，更进一步指出："经验的可能性是'第三者'，其给予它们（指所有综合判断——引注）客观实在性。"⑦

总之，在我们看来，帕通关于先天综合判断的第三者问题的基本观点

---

① Paton H J, *Kant's Metaphysic of Experience: A Commentary on The First Half of the Kritik der reinen Vernunft* (In Two Volumes), London: George Allen & Unwin Ltd, 1936, pp. 88-89.

② Paton H J, *Kant's Metaphysic of Experience: A Commentary on The First Half of the Kritik der reinen Vernunft* (In Two Volumes), London: George Allen & Unwin Ltd, 1936, p. 89.

③ Paton H J, *Kant's Metaphysic of Experience: A Commentary on The First Half of the Kritik der reinen Vernunft* (In Two Volumes), London: George Allen & Unwin Ltd, 1936, p. 89.

④ 按照帕通的意思，我们是可以把"可能经验"与"经验的可能性"这两个概念当成是相同的概念来看待的。

⑤ Paton H J, *Kant's Metaphysic of Experience: A Commentary on The First Half of the Kritik der reinen Vernunft* (In Two Volumes), London: George Allen & Unwin Ltd, 1936, p. 90.

⑥ Paton H J, *Kant's Metaphysic of Experience: A Commentary on The First Half of the Kritik der reinen Vernunft* (In Two Volumes), London: George Allen & Unwin Ltd, 1936, p. 90.

⑦ Paton H J, *Kant's Metaphysic of Experience: A Commentary on The First Half of the Kritik der reinen Vernunft* (In Two Volumes), London: George Allen & Unwin Ltd, 1936, p. 93.

是：除了由内感官及其先天形式（时间）、想象力的综合（图型）和统觉的综合统一（范畴）这三项构成的一个条件整体这个第三者之外，同时还存在着一个把先天概念（范畴）和其对象联结起来的第三者，这就是可能经验或经验的可能性。因此，在他那里，似乎存在着两种意义上的第三者。而且，在他看来，康德在"一切综合判断的至上原理"这一节中主要是阐明可能经验或经验的可能性这个第三者。

不能否认，帕通的基本观点是有着可靠的文本作为依据的，他所依据的主要文本是"一切综合判断的至上原理"这一节中的两段文字：

> 如果一种知识要具有客观实在性，即与某个对象相关，并通过该对象而拥有含义和意义，那么该对象就必须能以某种方式被给予出来。舍此则这些概念就是空的，我们虽然由此而进行了思维，事实上通过这种思维却什么也没有认识到，只是在玩弄表象而已。一个对象的给出，如果这不再只是间接地被意指，而要在直观中直接呈现出来的话，那无非就是将对象的表象与经验（不管是现实的经验或者至少是可能的经验）联系起来。即使是空间和时间，尽管这些概念摆脱一切经验性的东西而如此纯粹，尽管它们如此肯定地在内心中完全先天地被表现出来，但如果它们没有被指明在经验对象上的必然运用，它们就毕竟是没有客观效力、没有意义和所指的，的确，它们的表象只是一个永远与再生的想像力相关联的图型，这种再生的想像力唤起经验的诸对象，没有这些对象，空间和时间就不会有什么意义；一切概念的情况要是如此，没有两样。
>
> 所以，经验的可能性就是赋予我们的一切先天认识以客观实在性的东西。而经验是基于诸现象的综合统一之上，即基于按照一般现象的对象之概念所作的综合之上的，舍此它就连知识都不是，而会是知觉的某种梦幻曲，这些知觉不会服从按照某种彻底联结的（可能得）意识的规则而来的连贯关系，因而也不会与统觉的先验的和必然的统一性融合在一起。所以经验拥有为它的先天形式奠基的诸原则，这就是那些在现象的综合中的统一性的普遍规则，它们的客观实在性，作为必然的条件，任何时候都可以在经验中、甚至在经验的可能性中指出来。没有这种关系，先天

综合命题就是完全不可能的，因为它们没有第三者，亦即没有任何让其概念的综合统一能在上面呈现出客观实在性来的对象。[①]

在这两段引文中，有两个关键性的概念，即"被给予"和"经验的可能性"，康德把这两个概念都打上了着重号。可能正是这一点，引起了帕通的特别重视。特别是第二段引文中的最后一句话，更是让帕通认为经验的可能性就是先天综合判断的第三者。而且，从以上对帕通的基本观点的引述中也可以看出，他在《康德的经验形而上学》一书中的"第三者"和"经验的可能性"这两节中主要解释了这两个概念，尤其是"经验的可能性"这个概念。

2. 对帕通之基本观点的评析

帕通将经验的可能性当成先天综合判断的第三者存在着三个不容忽视的问题。

第一个问题是他没有说明康德指明的由内感官及其先天形式（时间）、想象力的综合（图型）和统觉的综合统一（范畴）这三项构成的一个条件整体（其作为先天综合判断的第三者）与他所谓的经验的可能性这个第三者之间到底是什么关系。帕通将经验的可能性理解成经验的形式或经验的可能性条件。他将这形式或条件归结到诸现象的统一，并进一步归结为范畴和统觉的统一。这似乎是在告诉我们，他所谓的经验的可能性似乎与由内感官、想象力和统觉这三项构成的一个条件整体存在着某种关系，但是他又没有指明二者之间的关系。而且，帕通对"经验的可能性"到底是什么似乎缺乏一个明确的说法，我们只能从他的论述中进行猜测。按照康德的说法，经验的可能性包括两个方面：直观的可能性和概念的可能性。但是问题的关键恰恰在于，笼统地说经验的可能性是第三者并没有阐述清楚经验的可能性是如何将先天综合判断的主谓联结起来的。

第二个问题是他将经验的可能性看成是所有先天综合判断的第三者，而且这个第三者联结的双方是先天概念（范畴）和对象。我们不禁要问：经验的可能性与先验图型之间又是什么关系？帕通同样没有对上述问题作出说明。而且，帕通的说法似乎给人这样一个印象：他并没有区分联结先天综合判断的主谓词的第三者和联结范畴和经验对象（现象）的第三者。人们不禁要问：二者是同义的吗？或者说，二者具有对应关系吗？对于这

个问题，我们在本节后面将给予论证和说明。

第三个问题是康德在上述文本中虽然讲到了经验的可能性能够赋予一切先天综合判断以客观实在性，但是他并没有说经验的可能性就是联结先天综合判断的主谓词的第三者。我们已经在上文给出帕通提出经验的可能性是先天综合判断的第三者的文本依据。特别是第二段文本的最后一句提到了没有一个第三者就没有让先天综合判断的概念的综合统一获得客观实在性的对象。但是，那里提到的第三者就真的是指经验的可能性吗？对此，笔者表示怀疑。笔者甚至也可以将那里提到的第三者理解成由内感官、想象力和统觉这三项构成的一个条件整体，原因在于如果没有这个第三者也就不会有先天综合判断的对象被给予出来。这样来理解，在义理上似乎也是说得通的。另外，我们同样可以把这个第三者看成是先验图型，因为康德在前面提到过，这个第三者是内感官及其先天形式，即时间。

此外，何谓"经验的可能性"或"可能经验"？在帕通那里，这似乎是一个不言自明的问题。可是，仔细想想，似乎并不那么明了。因为按照康德的说法，可能经验包括直观之可能性和概念之可能性两个方面，而根据这一论述，经验自然就包括直观和概念两个构成要素，它们使得经验成为可能。所以，可能经验就是所谓的一般的经验之可能性，比如，明天会不会下雨这个可能经验，它如何成了先天综合判断的第三者呢？实在匪夷所思。

总之，帕通将经验的可能性当成联结先天综合判断的主谓词的第三者存在着诸多可疑之处。而且，他的一些观点也存在一定的模糊性。所以，当我们在阐述先天综合判断的第三者时非常有必要在不同的语境中严格区分不同意义上的第三者，至少应该给予必要的说明，否则很容易产生认识和理解上的混乱。

（二）阿利森关于第三者问题的基本观点的述评

1. 阿利森关于第三者问题的基本观点

与帕通不同，阿利森的观点要明确得多。他明确地认为联结现象与范畴的先验图型就是联结先天综合判断的主谓词的第三者。其立论的文本依据是康德在"纯粹知性概念的图型法"里对联结范畴与现象的第三者的阐述。阿利森的这种看法代表了他对"一切综合判断的至上原理"一节中提出的第三者问题的解答。

康德在"纯粹知性概念的图型法"中曾经指出先验图型作为联结范畴和现象的第三者，一方面与范畴同质，另一方面又与现象同质；并且它能够使范畴应用（Anwendung）于现象之上成为可能。不仅如此，康德还指出，这个第三者是纯粹的（即没有任何经验性的东西），但是它一方面是智性的，另一方面是感性的。总之，作为先验图型的第三者具有两面性。根据康德对先验图型的描述，阿利森认为现象和范畴之间存在着一种类比（analogy）关系。这种类比关系体现在一种相似物（analogue）之上。他指出：“当然，这个相似物将被证明就是先验图型，即众说纷纭的（infamous）①第三者，它使得范畴和现象之间的联结成为可能。”②

不仅如此，他进一步把先验图型理解成联结先天综合判断的主谓词的第三者。他指出：“对康德而言，既然概念是‘可能判断的谓词’，并且这些判断运用概念于现象之上就是综合的，那么，此时那些运用先天概念的综合判断同样是先天的，这说明康德在图型论那章的开始关注的问题真正说来就是先天综合判断是如何可能的问题。当他在《纯批》的导言中以一般的语词初次提出这个问题的时候，尚未具体地涉及纯粹知性概念，康德神秘地暗指出一个未知之物=X（B13），其必须基于在判断中已经使用的诸概念之间的联结。当他在先验分析论回到这个问题的时候，这个未知之物=X更具体地被描述为先验图型。”③

我们在本书的“导言”中提出先天综合判断的第三者问题时就提到了“未知之物=X”。这个“未知之物=X”的东西是康德在《纯批》“导言”中用来表示联结先天综合判断的主谓词的中介，即第三者。康德在那里还没有明说这个“未知之物=X”的东西到底是什么。而从阿利森的论述中可以看出，他明显认为这个“未知之物=X”的东西（第三者）就是先验图型。

由此可见，阿利森非常明确地将联结先天综合判断的主谓词的第三者与联结现象和范畴的第三者即先验图型完全等同起来了，他并没有对这两种意义上的第三者做出区分。

不过，有些奇怪的是，在后来出版的非常著名的《康德的先验观念论》

---

① 笔者不知道阿利森为什么在此使用 infamous 这个英文词来修饰第三者。在《牛津词典》和《当代朗文词典》中，infamous 均被解释成臭名昭著的、声名狼藉的意思。但是，如果把此处的 infamous 也翻译成上述意思显然是不恰当的。笔者猜想阿利森可能是想表达人们对第三者即先验图型的看法存在着众说纷纭、莫衷一是的状况。所以，笔者将此词翻译为众说纷纭的，也许更能表达阿利森想要表达的意思。

② Allison H E, "Transcendental Schematism and The Problem of the Synthetic A Priori", *Dialectia*, Vol. 35, No. 1, 1981, p. 65.

③ Allison H E, "Transcendental Schematism and The Problem of the Synthetic A Priori", *Dialectia*, Vol. 35, No. 1, 1981, p. 65.

（*Kant's Transcendental Idealism*）一书中，阿利森并没有重申他在此处的观点①。他在此书中仅仅指出了先验图型就是第三者，而没有进一步指出联结先天综合判断的主谓词的"未知之物=X"的东西就是第三者。这里似乎可以看出阿利森对这个"未知之物=X"的东西到底是什么没有做出明确的说明，因而他的看法是有所保留的。不过，我们将在下面的研究中指明，"未知之物=X"的东西不是别的，其实就是先验图型。

总之，阿利森是把联结现象和范畴的第三者与联结先天综合判断的主谓词的第三者等同起来了，这是他在第三者问题上的基本观点。不过，现在的问题是：是否能将二者等同起来？更进一步说，二者到底是什么关系？

2. 对阿利森的基本观点的评析

应该说，阿利森将先验图型这个联结现象和范畴的第三者与联结先天综合判断的主谓词的第三者等同起来，这是很有见地的看法。但是遗憾的是，他并没有具体地解释二者为什么是等同的。在此，笔者完全赞成阿利森的基本观点，但是还需要对他的基本观点做出更加详细、深入的解释。

三、先验图型何以能够作为内在的形而上学判断的第三者

为了论证先验图型就是联结纯粹自然科学判断的主谓词的第三者，笔者想先结合一个例子来具体说明之，以此作为进一步论证的基础。这个例子就是"一切发生的事情都有其原因"。②选择这个例子有三方面的原因。第一，这是康德自己经常使用的一个例子。第二，该例子也被公认为属于"纯粹自然科学"中的先天综合判断。③第三，正如叔本华所说的那样："因为因果律是悟性（按：知性）真正的形式，不过也是悟性惟一的形式，而其余的十一个范畴都只是些死胡同。"④当然，仅仅分析一个例子显然是不够的，笔者还将结合康德在《纯批》中的相关论述做进一步的分析，从

---

① 对此可以参看，Allison H E, *Kant's Transcendental Idealism*. New Haven：Yale University Press, 2004, pp. 210-213.

② 关于这个例子，其实有三种表达，第一种是"一切发生的事情都有其原因"；第二种是"每一个变化都有其原因"；第三种是"一切变化都按照因果规律而发生"这个第二类比。也许这三种表达有区别，但三者作为纯粹自然科学中的先天综合判断是没有什么疑问的。笔者在此以第一种表达为准。关于这一点，斯蒂文·M. 拜恩（Steven M. Bayne）给予了详细的说明。对此可以参看，Bayne S M, *Kant on Causation: On the Fivefold Routes to the Principle of Causation*, Albany: State University of New York Press, 2004, pp. 35-38.

③ 关于这一点可以参看，郑昕：《康德学述》，北京：商务印书馆，1984 年，第 72 页。

④ 〔德〕叔本华：《作为意志和表象的世界》，石冲白译，北京：商务印书馆，2007 年，第 608 页。

而证成"先验图型作为联结现象和范畴的第三者，同时也是联结纯粹自然科学判断的主谓词的第三者"这一观点。

（一）案例分析

康德在《纯批》中曾多次指出"一切发生的事情都有其原因"是一个先天综合判断。基于本书探究的主题和意图，那么，我们不禁要问：是什么将该判断的主谓联结起来的呢？下面，我们就依据《纯批》中的相关文本依据来探讨该问题。

1.《纯批》"导言"中的初步提示

我们在本书的"导论"中已经指出：在《纯批》的"导言"的"IV. 分析判断与综合判断的区别"这一节中，康德不仅明确提出了先天综合判断的第三者问题（虽然没有使用"第三者"这个概念），而且对该问题还做了一定的提示。康德在此提出第三者问题，并把经验判断作为参照系，指出了解答第三者问题的困难。在此，康德还明确地告诉我们，经验是联结所有经验判断（更准确地说是经验性判断）的主谓词的第三者。但是，经验却不可能充当联结先天综合判断的主谓词的第三者。

在"导言"接下来的内容中，康德试图通过分析"一切发生的事情都有其原因"这个例子来阐明：先天综合判断的第三者不可能是经验，也不可能是经验性的东西，而应该是它成为"未知之物=X"的东西。他给读者提供的最重要的提示是："上述因果原理不仅仅是以更大的普遍性、而且也以表达出来的必然性，因而完全是先天地并从单纯的概念出发，把后面这些表象加在前面那个表象上。"①

贝尔纳·布尔乔亚对这个例子的解读是："在某个事件 A（有着特定的时间、空间内容）之上，增加了某个内容完全不同的事件 B，因果性将 A 与 B 联系在一起，A 作为原因，B 作为结果。"②不难看出，此处的因果性显然是指因果关系范畴，所以布尔乔亚的解读似乎是把因果性概念当成第三者了。

不过，与布尔乔亚的理解不同，笔者对这个提示的理解是：这里的"单纯概念"是指因果范畴，因此所谓先天地从单纯概念出发也就是从因果范畴出发，在此因果范畴是"一切发生的事情都有其原因"的谓词。因此，在这个例子中，也就是从因果范畴这个谓词出发，去规定"一切发生的事

---

① 〔德〕康德：《纯粹理性批判》，邓晓芒译，杨祖陶校，北京：人民出版社，2004 年，第 10—11 页。

② 〔法〕贝尔纳·布尔乔亚：《德国古典哲学》，邓刚译，北京：人民出版社，2013 年，第 68 页。

情"这个主词。但是，根据已有的知识，我们可以做出这样一个猜测：能够将因果范畴与"一切发生的事情"（作为现象）联结起来的只能是因果范畴的图型。所以，此处的论述可以看成是康德对我们的一个提示。

当然，就这个例子而言，能够将"一切发生的事情"（主词）和"原因"（谓词）联结起来的第三者到底是什么，康德并没有明确地指出来。他在此只是给出了一个提示，即"出自单纯概念"，而要想对这个问题有一个更加明确的认识，就需要结合康德在"先验要素论"和"先验方法论"中的相关论述和说明，这样才能获得对此问题的解答。

2. "先验要素论"中的相关阐释

虽然《纯批》的"导论"对联结"一切发生的事情都有其原因"这个先天综合判断的第三者做了初步的提示，但具体的解答是在"先验要素论"中的"先验分析论"中展开的。在对一般先验演绎的原则作出说明的时候，康德提到了一个困难：思维的主观条件怎么会具有客观有效性呢？对此，康德同样以原因概念为例做出了说明："我以原因概念为例，它意味着一种特殊的综合方式，这时在某物 A 之上按照一条规则设定了某个完全不同的 B。……因为这个概念（按：原因概念）绝对要求某物 A 具有这种性质，即有另一物 B 从它里面必然地并按照一条绝对普遍的规则产生出来。……结果应该不只是附加在原因上的，而是通过原因建立起来、并从中产生出来的。规则的这种严格普遍性也根本不是经验性规则的属性，后者通过归纳只能得到比较的普遍性，即广泛的适用性。"①

显然，康德在此是对休谟问题②做出的一个回应，这一点无须赘述。需要注意的是，在上述引文中，康德多次提到了"规则"一词。此处的规则是一条具有绝对或严格普遍性的规则，因而不同于经验性的规则，因为后者只有相对或比较的普遍性。不难看出，这里的规则其实就是指因果范畴。只有按照因果范畴这条具有绝对或严格普遍性的规则才能把某物 A 与另一物 B 联结起来。但是，这并不意味着因果范畴就是第三者，而只是意

---

① 〔德〕康德：《纯粹理性批判》，邓晓芒译，杨祖陶校，北京：人民出版社，2004 年，第 82—84 页。

② 关于"休谟问题"，国内外有大量的研究。根据陈晓平先生的归纳，"休谟问题"分为两个方面：一方面是归纳的合理性问题；另一方面是因果联结的问题。[对此可以参看陈晓平在《贝叶斯方法与科学合理性——对休谟问题的思考》（人民出版社，2010 年）第 1—9 页的内容。另外，有研究者也持类似的看法，对此可以参看，张志林：《因果观念与休谟问题》（中国人民大学出版社，2010 年）第 271—275 页的内容。] 当然，"休谟问题"并不是本书考察的重点，在此，笔者不再赘述。

味着因果范畴在"一切发生的事情都有其原因"这个判断中是作为谓词出现的。不过,这段论述似乎是在进一步提示:因果范畴的图型很可能就是联结"一切发生的事情都有其原因"这个先天综合判断的主谓词的第三者。

为了说明这一点的合理性,我们把目光首先转向《纯批》的"原理分析论"中的"纯粹知性概念的图型法",然后再具体阐释"原理分析论"中"经验的类比"这条原理的"第二类比"。

非常明确的一点是,先验图型是联结现象与范畴的第三者。由此可知,因果范畴的图型同样也是联结现象与因果范畴的第三者。康德对因果范畴的图型的界定是:"原因和一般事物的因果性的图型是那种实在之物,只要愿意设定它就总是有另外的东西接踵而来。所以这个图型就在于杂多之物的相继状态,只要这相继状态服从某种规则。"①因果范畴的图型不过是杂多之物相继出现的状态,它将因果范畴作为条件和保证。因此,因果范畴的图型联结的不过是杂多之物(有赖于因果范畴的规定)和因果范畴。在"一切发生的事情都有其原因"这个先天综合判断中,"一切发生的事情"作为判断的主词其实可以转换为"一切杂多之物",而原因作为谓词就是因果范畴,因此因果范畴的图型便充当了该判断的第三者。

于是,康德关于纯粹知性概念的图型法的结论也就变得明朗起来了。"纯粹知性概念的图型法就是给这些概念带来与客体的关系、因而带来意义的真实的和惟一的条件,因此,范畴最终就并没有其他运用、而只有经验性运用,因为它仅仅用于通过某种先天必然的统一(由于使一切意识必然结合在一个本源的统觉之中)的诸根据而使诸现象服从于综合的普遍规则,并借此使它们顺理成章地彻底联结于一个经验之中。"②一方面,先验图型是将范畴带入客体之中唯一而真实的条件,并由此而使得范畴具有了意义。另一方面,先验图型将范畴带入客体之中,从而也使得客体被范畴所必然地规定,并由此而使杂乱无序的杂多之物变成了有序、有规律可循的现象之物。同时,先验图型也限定了范畴的运用,即范畴只能有经验性的运用,或只能运用于可能经验的对象或现象之上,而不能做超验的运用。

在"原理分析论中",康德将第二类比的原则概括为:一切变化都按照因果联结的规律而发生。康德对这个原则的证明集中表现在下面这段话中:

---

① 〔德〕康德:《纯粹理性批判》,邓晓芒译,杨祖陶校,北京:人民出版社,2004年,第143页。

② 〔德〕康德:《纯粹理性批判》,邓晓芒译,杨祖陶校,北京:人民出版社,2004年,第143—144页。

我知觉到诸现象一个紧跟着一个，即在一个时间里有物的一种状态，其反面曾经存在于前一个状态里。所以真正说来我是在该时间里连结两个知觉。现在，连结（按：指所有发生的事情与原因的连结）并不单纯是感官和直观的工作，而在此也是想像力的综合能力的产物，想像力在时间关系上规定着内感官。但它可以用两种不同的方式联结前述两个状态，使得这一状态或者那一状态在时间上先行发生；因为时间自在地本身并不能被知觉，而在客体方面也不能在与时间的关系中仿佛经验性地规定何者在先、何者在后。因而我只是意识到，我的想像力把一个置于前面，把另一个置于后面，而不是在客体中一个状态先行于另一个状态；换言之，通过单纯的知觉，相互继起的诸现象之客观关系仍然还是未定的。为了使这种关系被视为确定的，两种状态之间的这一关系必须这样来设想，即通过它，两种状态中何者必须置于前面、何者必须置于后面而不是相反，这被规定为必然的。但是，带有综合统一的必然性的这个概念只能是一个纯粹知性概念，它并不处于知觉之中，而在此它就是因果关系的概念，在这种关系中，原因在时间中把结果规定为接续而来的东西，而不是规定为某种单是在想像中有可能先行（或者任何地方都不可能知觉到）的东西。所以甚至经验、也就是关于现象的经验性的知识，也只有通过我们把现象的接续、因而把一切变化从属于因果律之下，才是可能的；因此现象本身作为经验的对象，也只有按照同一个因果律才是可能的。①

为了证明这个原则，康德一开始就表达了以下三层意思：第一，我们能够知觉到两种状态或现象（作为现象）在时间中的相继，这意味着我们是在时间中联结两个彼此相异的知觉，而这种联结靠的是感官和直观。在这点上，康德的观点与休谟的观点没什么差别。第二，不过，联结上述两个知觉除了需要感官和直观之外，还需要想象力：它的作用在于告诉我们哪一个知觉在前，哪一个在后，但是不能告诉我们哪个必然在前，哪个必然在后。第三，要想将两个知觉必然地联结起来还需要另外的东西，而这个另外的东西就是因果范畴。后面两点使得康德与休谟的分歧变得越来

---

① 〔德〕康德：《纯粹理性批判》，邓晓芒译，杨祖陶校，北京：人民出版社，2004 年，第 176—177 页。

明显，尤其是最后一点是决定性的，它是康德对休谟问题的最终回答。

上述分析也意味着：使"一切发生的事情都有其原因"得以可能，同时需要内感官（时间）、想象力和统觉这三项共同发挥各自的作用。内感官的作用是告诉我们在时间中一个现象紧跟着另一个现象发生；想象力的作用是告诉我们这些发生的想象有一个在前，有一个在后；而统觉的作用是告诉我们这些发生的现象哪个必然在前（其作为原因），哪个必然在后（其作为结果）。因此，正是通过内感官（其形式是时间）、想象力（其形式是先验图型）和统觉（其形式是范畴）这三项发挥各自的作用，从而使"一切发生的事情都有其原因"这个先天综合判断得以可能。

因果关系范畴之所以能够赋予"一切发生的事情都有其原因"以客观有效性，是因为在因果范畴中已经蕴含了不可逆性、普遍必然性、客观性等特性。赫费针对康德在此处对因果关系的概念的分析总结出了因果关系的三个层次："为了避免误解，我们必须区分三个层次：（1）因果规律的关系的必然性（人们今天说是严格普遍的顺序）涉及的是事件发生顺序的指向性、即不可逆性。（2）我们的宇宙是由我们已知的而不是其他因果规律决定的，这一点在《批判》中至少没有被断定是必然的。因果规律的内容与其说是作为必然的、作为事实有效的，不如说是作为模态更有效。但是，对于任何一种事情发生的顺序来说，就其应是客观的来说，一条规律必然被看作是一种不可逆的顺序，看作是一条严格普遍的自然规律。（3）最后，存在着寻求一般因果规律的先验的必然性，因为否则的话，人们就不把事件发生的顺序看作是客观的。"① 赫费对因果关系概念的层次上的划分可以简化为关系的必然性、模态的必然性和先验的必然性这三个层次。这进一步说明了只有因果关系范畴才能赋予"一切发生的事情都有其原因"这个先天综合判断以普遍必然性。

这是一个前提性的原则，即没有因果范畴，就不会有"一切发生的事情"与"原因"的必然联结。不过，我们在此还需要做进一步的分析，因为虽然因果范畴赋予"一切发生的事情都有其原因"这个判断以普遍必然性，但并不意味着它就是该判断的第三者。这里仍然需要对因果范畴的图型进行分析和说明。

让我们回到前面已经引证过的关于因果范畴的图型的界定。"原因和一般事物的因果性的图型是那种实在之物，只要愿意设定它就总是有另外

① 〔德〕奥特弗里德·赫费：《康德的〈纯粹理性批判〉——现代哲学的基石》，郭大为译，北京：人民出版社，2008年，第193页。

的东西接踵而来。所以这个图型就在于杂多之物的相继状态,只要这相继状态服从某种规则。"①

根据这段陈述,有三个说法特别值得重视:①那种实在之物;②杂多之物的相继状态;③规则。第一,这里的"实在之物"是特殊的,因为"只要愿意设定它就总是有另外的东西接踵而来"。第二,这里的"杂多之物的相继状态"意味着某个事物的发生在前(原因),另一个事物的发生在后(结果)。第三,作为一种相继状态,这种图型总是服从因果范畴。因此,综合以上三点,因果范畴的图型一方面与"一切发生的事情"这个主词(它也同时是主词概念所指涉的对象)相关,另一方面又与因果范畴这个谓词相关。换言之,它一方面与现象同质,另一方面又与范畴同质。所以,它能够充当联结"一切发生的事情都其原因"这个先天综合判断的第三者。关于这一点,先讲到这里,笔者将在后面给出一个更加详尽的解读。

此外,需要注意的是,虽然由内感官、想象力和统觉这三项构成的一个条件整体使得"一切发生的事情都有其原因"这个先天综合判断得以可能,但这并不意味着这个条件整体就是联结该判断的主谓词的第三者。内感官(时间)在这个判断中只是告诉我们一个现象紧跟着一个现象发生,而想象力也只能够告诉我们一个现象在前,另一个现象在后,但是,二者都不能把两个前后发生的现象必然地联结起来;赋予先天综合判断以必然性的是范畴。这里只能这样来理解:这三者共同发生作用,使得先天综合判断得以可能,但是并不代表这三者构成条件整体就是第三者。另外,就这个例子而言,内感官能告诉我们"一切发生的事情",想象力可以告诉我们在这些发生的事情中哪个在先哪个在后,因果范畴告诉我们哪个必然在先哪个必然在后。但是,充当把"一切发生的事情"和"原因"联结起来的中介的只有因果范畴的图型,所以说,因果范畴的图型就是"一切发生的事情都有其原因"这个先天综合判断的第三者。

3. "先验方法论"中的相关阐释

在"先验方法论"的一处文本中,康德给出一个更加明确的说明:"一个综合原理永远也不可能只是从概念中就直接确定的;例如这个命题:'一切发生的事情都有自己的原因',因为我必须环视一个第三者,即在一个经验中的时间规定的条件,而不可能直截了当地单从概念中就认识到这样一条原理。"②

---

① 〔德〕康德:《纯粹理性批判》,邓晓芒译,杨祖陶校,北京:人民出版社,2004年,第143页。
② 〔德〕康德:《纯粹理性批判》,邓晓芒译,杨祖陶校,北京:人民出版社,2004年,第565—566页。

上述引文中明确提到了第三者就是指"在一个经验中的时间规定的条件"。针对这里提到的第三者到底是指什么，学术界存在着不同的看法。杨祖陶、邓晓芒两位教授认为："'凡发生的事都有原因'这个哲学命题则不是公理，因为'发生的事'和'原因'这两个概念必须要有经验中的时间作为媒介才能结合起来。"[①]另一位研究者郭立田教授也指出："'发生的事情'与'原因'这两个概念就不能直接联结起来，而必须有一个第三者，这就是一个经验中的'时间规定的条件'。[这就是经验性的时间规定的先天条件，即先验统觉。]"[②]

"经验中的时间"到底是什么？杨祖陶、邓晓芒两位先生并没有给出进一步的说明。如果此处的"经验中的时间"是指先验图型，笔者当然是赞同的。如果另有所指，笔者自然就不能同意了。另外，把先验统觉当成第三者显然是不成立的，因为先验统觉是范畴的先验演绎所达到的最高的点，也是一种本原的综合统一的能力，这与笔者在前面给出的多处文本是不符合的。

这里的关键也许在于如何理解"一个经验中的时间规定的条件"，根据康德对先验图型的作用的界定，"范畴在现象上的应用借助于先验的时间规定而成为可能，后者作为知性概念的图型对于现象被归摄到范畴之下起了中介作用"[③]。先验图型作为先验的时间规定，构成了经验中的时间规定的条件，因为没有这个先验的时间规定就不可能有任何经验性的直观，也就不会产生任何先天综合判断。通过以上的引证和文本分析，可以肯定的是，它不可能指经验中的时间，而只能被理解为先验图型才是最为合理的。

总之，根据《纯批》"导论"的初步提示，以及对"先验要素论"和"先验方法论"相关文本的引述和进一步阐释，我们现在可以初步确认：因果范畴的图型就是联结"一切发生的事情都有其原因"这个先天综合判断的主谓词的第三者。

（二）先验图型作为联结内在的形而上学判断的主谓词的第三者

以上只是就"一切发生的事情都有其原因"这个例子来阐述内在的形而上学（即纯粹自然科学）判断的第三者问题。推而广之，我们需要进一步追问：这是不是意味着先验图型就是联结内在的形而上学判断的主谓词

---

① 杨祖陶、邓晓芒：《康德〈纯粹理性批判〉指要》，北京：人民出版社，2001年，第390页。
② 郭立田：《康德〈纯粹理性批判〉文本解读》，哈尔滨：黑龙江大学出版社，2010年，第358—359页。
③ 〔德〕康德：《纯粹理性批判》，邓晓芒译，杨祖陶校，北京：人民出版社，2004年，第139页。

的第三者呢? 对此问题, 我们完全可以做出肯定的回答。而且, 对上述案例的分析, 为我们探究联结内在的形而上学判断的主谓词的第三者问题提供了一条不可忽视的重要线索。依据这条线索, 我们完全可以做这样一个猜测或推断: 先验图型很可能也是联结内在的形而上学判断的主谓词的第三者。对此, 笔者想通过更精细的文本分析和阐释来确认这一点。

前面已经指明了一点:《纯批》的"原理分析论"中的"纯粹知性的一切综合原理的系统展示"就是内在的形而上学判断中的先天综合命题。现在的问题是: 既然它们作为先天综合判断, 其主词和谓词分别是什么? [①]

1. 内在的形而上学判断的主词是作为实体的物质概念

在此首先需要申明的一点是, 在《纯批》和《导论》以及《基础》中, 内在的形而上学(即纯粹自然科学)判断的主词大致有以下几种说法: 一般经验的对象、可能经验的对象、自然界、现象、一般物、物质等。虽然如此, 从义理上来说, 这些说法之间并没有实质上的差异, 都可以作为纯粹自然科学判断的主词。不过, 笔者根据本章第一节对"纯粹自然科学"概念的解析和其判断的类型的划分, 因而更倾向于认为, 与纯粹自然科学的类型划分相应, 一般自然形而上学判断的主词是一般物的概念, 而有形自然的形而上学判断的主词则是物质概念。前者是一个总体上的说法, 后者更加具体, 前者通过后者体现出来。关于这一点, 笔者可以将提供几处重要的文本作为依据来说明之。

第一处是在《纯批》的"导言""V. 在理性的一切理论科学中都包含有先天综合判断作为原则"中。康德在那里讲到了自然科学(尤其是它的纯粹部分)都包含着先天综合判断。他举了两个例子或者说两个物理学定理:①在物质世界的一切变化中, 物质的量保持不变;②在运动的一切传递中, 作用和反作用必然永远相等。他分析道:"显然, 在这两个命题上, 不仅仅存在着必然性, 因而其起源是先天的, 而且它们也是综合命题。因为在物质概念中我并没有想到持久不变, 而只想到物质通过对空间的充满而在空间中在场。所以为了先天地对物质概念再想出某种我在它里面不曾想到的东西, 我实际上超出了物质概念。"[②]很明显, 康德列举的两个定理, 特别是他对这两个定理的分析其实是向我们表明了物质概念就是纯粹自然科学中先天综合判断的主词。虽然在第二个定理中提到

---

① 由于内在的形而上学(即纯粹自然科学)判断的谓词是纯粹知性概念(范畴), 对此, 康德有一些明确的交代, 所以在此就只需要讨论它的主词。

② 〔德〕康德:《纯粹理性批判》, 邓晓芒译, 杨祖陶校, 北京: 人民出版社, 2004 年, 第 14 页。

了运动，但是运动的主体其实就是物质，即物质的运动。也正如邓晓芒教授所指出的那样："当我们想到一个物质的概念的时候，我们实际上是把实体的概念作为它里面的骨架，在经验中实体就体现为物质，而实体的概念本身就是一个在时间中持存不变的概念，那么它是一切变化都保持不变。"①

作为经验性的物质概念，它以实体概念为基础，或者说物质概念就体现着实体概念。对于康德而言，实体是"如果我们去掉了持存性的感性规定，它就不过是意味着一个可以被思考为主词（而不是关于某种别的东西的谓词）的某物"②。在此意义上，我们完全可以说实体是纯粹自然科学判断的主词。因此，在同样的意义上，我们也可以说纯粹自然科学判断的主词就是作为实体的物质概念。

第二处是在《纯批》的"先验方法论"中，针对哲学知识是按照概念做推论性的判断这种特征，康德指出："把现象的这种经验性的内容先天地表象出来的惟一概念是一般物的概念，而对这物的先天综合知识所能够提出来的，只不过是对知觉有可能后天给予我们的东西进行综合的单纯规则……"③紧接着，康德继续讲道："针对根本不可能先天提供其直观的一般物的那些综合命题都是先验的。"④"先验方法论"的另一段话进一步印证了一般物的概念就是纯粹自然科学判断的主词概念。"在先验知识那里，只要它仅仅与知性概念发生关系，那么这个准绳就是可能的经验。因为证明并不表明被给予的概念（如关于发生的事的概念）直接就会导致另一个概念（一个原因的概念）；因为这样一类的过渡将是一个根本不可辩护的跳跃；而是表明，经验本身、因而经验的客体没有这样一个连结就会是不可能的。所以证明必须同时指出综合地和先天地达到某种有关物的知识的可能性，而这些知识本来并不包含在这些物的概念中。"⑤

前面我们已经确认了一点：康德所谓的先验综合判断其实就是先天综合判断，我们还确认了《纯批》的"原理分析论"中讲到的那四条综合原理就是有关自然的先天综合判断。但是，我们却不太容易从这四条综合原理中看出它们的主词来，尤其是后面两条原理的主词，根据康德的表述，

① 邓晓芒：《康德〈纯粹理性批判〉句读》（上卷），北京：人民出版社，2018年，第230页。

② 〔德〕康德：《纯粹理性批判》，邓晓芒译，杨祖陶校，北京：人民出版社，2004年，第145页。

③ 〔德〕康德：《纯粹理性批判》，邓晓芒译，杨祖陶校，北京：人民出版社，2004年，第557—558页。

④ 〔德〕康德：《纯粹理性批判》，邓晓芒译，杨祖陶校，北京：人民出版社，2004年，第558页。

⑤ 〔德〕康德：《纯粹理性批判》，邓晓芒译，杨祖陶校，北京：人民出版社，2004年，第598页。

更不容易看出来。不过，根据康德给出的一些提示和以上的分析，这四条综合原理作为纯粹自然科学判断，其主词都可以用一般物的概念来表达。海德格尔有一本非常重要的著作——《物的追问——康德关于先验原理的学说》，从该书的标题就可以看出，他认为康德关于先验原理的学说其实就是对于物的追问。在该书中，海德格尔曾这样总结道："我们将把康德对于我们可通达的物之本质的问题总结为两句话：1. 物是自然物；2. 物是可能的经验之对象。"①

由于我们已经确认了"纯粹知性的一切综合原理"都是先验综合判断，而且通过上述引证，我们发现这些原理其实就是关于一般物的综合判断，而一般物又是指把现象的经验性内容先天地表象起来的唯一概念，所以，这些先验原理的主词就是一般物的概念。

这个一般物的概念所指的其实就是物质概念，因为诚如康德所言，这些原理"无非是经验可能性的先天原则"②，而且它们作为调节性的原理需要一定的例证才能有意义。这个例证就是康德在《基础》中提供出来的。因此，第三处文本的依据就是这部著作中讲到的："一种分离出来的形体自然形而上学就通过提供例证（具体的情况）而为一般形而上学作出了卓越的和不可缺少的贡献，它使后者（真正说来就是先验哲学）的概念和学理成为实在的，也就是说，把意义和内涵赋予了一个纯然的思想形式。"③这些例证就是这部著作后面提到的"物质是空间中的运动物""物质就是运动物，这就它充实一个空间而言的"等。这样，纯粹自然科学的两个组成部分即一般自然的形而上学和形体自然的形而上学之间的关系就通过物质概念及关于该概念的判断而被打通了。

另外，康德在《遗著》中还进一步谈道："根据其主观的形式的诸先天原理从自然科学的形而上学基础向物理学的过渡，其作为一个诸经验概念和诸法则的体系是（包含）一条经验的可能性原则；它[作为]一门特殊的自然科学，是物质的诸活力的基本体系的一个纲领，这门特殊的自然科学总是在不断地进步、观察和合计的过程中，但从不完成。如此，这是对于自然的一种科学研究，它的运动学说中的诸先天原理，部分是数学的，部分是力学的，这些原理是直观的公理、知觉的预测、经验的类比、一般

---

① 〔德〕马丁·海德格尔：《物的追问——康德关于先验原理的学说》，赵卫国译，上海：上海译文出版社，2010年，第117页。
② 〔德〕康德：《纯粹理性批判》，邓晓芒译，杨祖陶校，北京：人民出版社，2004年，第215页。
③ 〔德〕康德：《康德著作全集》（第4卷），李秋零主编，北京：中国人民大学出版社，2005年，第486页。

经验性思维（协同性）的公设。"①可见，关于物质的诸活力的基本体系的一个纲领是一门特殊的自然科学（有形自然的形而上学），这是《基础》要建立的一门科学，即有形自然的形而上学。而这门特殊的自然科学的主观形式的先天原理在一般自然的形而上学中已经被陈述出来了。这是第四处文本依据。

通过对《纯批》的"一切纯粹知性原理的体系"这一章的解读，我们会发现，康德对其中的四条综合原理的阐释或证明很少谈及它们的主谓词，对它们的第三者也谈得比较少。在笔者看来，之所以如此是因为它们作为最一般的先天原理的意义还没有确定，只有当它们通过关于物质概念的有形自然的形而上学判断获得了自己的例证时才获得了自己的确定意义。可见，物质概念既充当了一般自然形而上学判断的主词又充当了有形自然的形而上学判断的主词。包括我们上面分析的"一切发生的事情都有其原因"中的"一切发生的事情"（作为该判断的主词）都可以归结为物质概念。

在此，我们可以对上述关于纯粹自然科学判断的主词的阐释做一个带有总结性的推论：①一般物是表象现象的经验性内容的唯一概念；②一般物是可能经验之对象，这是就它作为现象而言的；③一般物就是自然物，在这个意义上它与自然②是等同的；④先验原理是关于一般物的先验综合判断；⑤先验原理的例证是关于物质概念的先天综合判断；⑥一般物被表现为物质概念；⑦先验原理的主词是物质概念。

由①②③④推出⑤，⑤+⑥推出⑦。因此，通过上述分析，我们得出了如下结论：内在的形而上学判断的主词其实就是物质概念。接下来的问题是：它们的谓词和第三者是什么？

2. 纯粹知性概念作为内在的形而上学判断的谓词

在将主词标识为"物质"概念之后，根据在本书第一章所阐释的"哥白尼式革命"的方法论原则，即"不是谓词依照主词，而是主词依照谓词"的原则，我们可以进一步探究出纯粹自然科学判断的谓词。

根据康德在《基础》中的论述，有关"物质"概念的先天综合判断属于特殊的有形自然的形而上学判断，而这种判断不过是一般自然的形而上学判断在物质概念上的应用，而且这种应用又是根据范畴表的指引而做出

---

① Kant I, *opus postumum*, Förster E (ed.), Förster E, Rosen M (trans.), Cambridge: Cambridge University Press, 1993, pp. 101-102.

② 这里有必要指出的是，《纯批》中所说的自然（其作为现象的总和）是特指无机自然界，这种自然受机械规律的支配。因此，其不同于康德在《判批》中所说的有机自然界，这是一个有生命的自然界，机械规律无法解释这个自然界，这个自然界遵循的是合目的性原则。

的。因此，从这里基本可以看出，范畴（或纯粹知性概念）就是纯粹自然科学判断的谓词。

如果说康德在《基础》中的说法还不够明确的话，那么他在《纯批》中的说法则更为明确。在那里，康德曾指出："知性是一种思维的能力。思维就是凭借概念的认识。而概念作为可能判断的谓词，是与关于一个尚未规定的对象的某个表象相关的。"①显然，作为知性的机能的纯粹知性概念就是可能判断的谓词。他还以"物体"概念为例说明了这一点。在"凡金属都是物体"这个判断中，"物体"概念显然是该判断的谓词，但是需要注意的是，"物体"说到底就是一个实体，或者说它要以"实体"概念为基础，因此这也就意味着"实体"这个纯粹知性概念就是这个判断的谓词。不过，康德在此指出了"物体"概念作为可能判断的谓词，同时也指出了概念乃是有关对象的间接的知识。

在"纯粹知性概念的先验演绎"一节中，康德也指出："纯粹知性概念从一开始就有这种不可回避的需要，即不仅为它们自己，而且也为空间寻求先验的演绎，因为既然它们谈论对象不是凭借直观和感性的谓词，而是凭借纯粹思维的先天谓词，它们就无需感性的一切条件而普遍地与对象发生关系，而又由于它们不是基于经验之上，也不能在先天直观中出示任何先于一切经验而把它们的综合建立于其上的客体，因而就不仅因其使用的客观有效性和限制而引起了疑虑。"②在此，康德区分了两种谓词：凭借直观和感性的谓词与纯粹思维的先天谓词。前者应该指时空作为谓词，后者当然是指纯粹知性概念作为谓词；前者与纯粹数学判断相对应，后者与纯粹自然科学判断相对应。这进一步证明了纯粹知性概念就是纯粹自然科学判断的谓词。

后来，康德也谈道："范畴是关于一个一般对象的概念，通过这些概念，对象的直观就在判断的逻辑机能的某个方面被看作确定了的。所以，定言判断的机能就是主词对谓词的关系的机能，例如'一切物体都是可分的'。……但通过实体范畴，当我把一个物体的概念归入该范畴下时，就确定了：该物体的经验性的直观在经验中必须永远只被看作主词，而决不被看作只是谓词；在所有其他范畴那里也是如此。"③可见，范畴作为谓

① 〔德〕康德：《纯粹理性批判》，邓晓芒译，杨祖陶校，北京：人民出版社，2004年，第63—64页。
② 〔德〕康德：《纯粹理性批判》，邓晓芒译，杨祖陶校，北京：人民出版社，2004年，第81页。
③ 〔德〕康德：《纯粹理性批判》，邓晓芒译，杨祖陶校，北京：人民出版社，2004年，第86—87页。

词是非常明显的，它赋予主词（在此是经验性的直观）以确定性。在此，实体充当了判断的谓词，而主词则是对物体的经验性的直观。

也许有人会进行质疑：康德以"物体"概念为例来说明范畴是纯粹自然科学判断的谓词，似乎只是说明了范畴可以充当经验性判断的谓词，而并不一定就说明了范畴也是先天综合判断的谓词。这个质疑其实很好反驳，因为之前已经论证了先天综合判断的主词就是"物质"概念，这是一个经验性的概念，而整个范畴的先验演绎要说明的正是范畴运用于现象上的客观实在性和普遍有效性。所以，这并不真正构成对范畴作为纯粹自然科学判断的谓词这个观点的否定和挑战。

总之，在康德讨论纯粹自然科学判断的语境中，纯粹知性概念充当的是纯粹自然科学判断的谓词。当它被运用于主词（物质概念）时，就形成了具有客观实在性和普遍有效性的先天综合判断。

3. 联结纯粹自然科学判断的主谓词的第三者是先验图型

纯粹自然科学判断的第三者不仅是本书的一个重点问题，也是一个难点问题。因此，这是笔者要着重论述的问题。笔者已经在前面做出猜测和推断：先验图型是联结内在的形而上学判断的主谓词的第三者。为了证明这一点，下面再提供几处文本来印证之。

在《纯批》有关范畴的第一版演绎（即A版演绎）中，康德曾经说道："一般可能经验的先天条件同时也就是经验对象的可能性条件。于是我认为：上述那些范畴无非是在一个可能经验中的思维的诸条件，正如空间和时间包含有对同一经验的直观的诸条件一样。所以，范畴也是一些在现象上思维一般客体的基本概念，因而它们先天地拥有客观有效性；正是这一点是我们原来想要知道的。"①在笔者看来，这段话指明了范畴在先验演绎中是处于最高地位的，它充当的是一般可能经验思维的最高形式条件。在具体的纯粹自然科学的先天综合判断中，它充当了判断的谓词。

郑昕先生曾经明确而深刻地指出："康德论知识的步骤：（一）发现范畴，（二）范畴的'演绎'，（三）在想像力里去找出范畴的图式，（四）从范畴里推演出纯自然科学的基本原则。（以范畴论为出发点，以基本原则为终点。）他的知识论可归纳成为一个问题：范畴怎样能成为经验的原则？其答案是：假若范畴能有客观的或感性的应用，假若范畴能够连接现

———
① 〔德〕康德：《纯粹理性批判》，邓晓芒译，杨祖陶校，北京：人民出版社，2004年，第122页。

象，也能够表象现象时，则范畴即是经验的基本原则。"①根据这一归纳，我们认识到范畴在起源上被阐述为最高原则，而对范畴进行演绎则从其在现象中的应用上解释了它作为最高原则的角色。为了使范畴能够应用于现象（先天综合判断的主词概念所指称的对象），必然需要一个第三者，很显然这个第三者就是先验图型。

另外，我们针对《纯批》中的上述引文可以做这样一个类比：既然时间和空间作为先天直观形式包含对同一经验的直观的诸条件，先验图型包含对一个可能经验的思维的诸条件；并且，我们在本书第一章中已经证明了先天直观是联结纯粹数学判断的主谓词的第三者，如果做一个类推，先验图型很可能就是联结纯粹自然科学判断的主谓词的第三者。当然，这还只是一种类比性的猜测。对此，我们必须提供进一步的文本依据。

首先，在《纯批》的"纯粹知性概念的图型法"这一章中，康德的一个说法非常值得重视。他指出"先天的纯粹概念除了范畴中的知性机能之外，还必须先天地包含有感性的（即内感官的）形式条件，这些形式条件中包含有那些范畴只有在它之下才能应用于任何一个对象的普遍性条件"②。从这里的语境看，此处提到的"先天的纯粹概念"不可能是指纯粹知性概念，因为后面明显说到范畴要在它之下才能运用于一个对象上。不仅如此，这个"先天的纯粹概念"还包含着感性的形式条件，这反证了它不可能指纯粹知性概念，而只能指先验图型，因为只有它才同时包含有范畴中的机能和感性的形式条件。从这里也可以看出，在《纯批》"导言"的"IV. 分析判断与综合判断的区别"这一节的末尾提到的"从单纯概念出发，把后面这些表象加到前面那个表象上"中的"单纯概念"就只能指因果范畴，因为因果范畴的先验图型作为一种实在之物是从它出发的。所以，我们需要注意的是康德有时候会在不同的语境中和意义上使用纯粹概念。

康德的下述说法进一步确证了这一点："以这样一种方式，当我们把先天直观的形式条件，把想像力的综合，以及这种综合在先验统觉中的必然统一性，与一般可能的经验知识发生关联，并且说：一般经验可能性的诸条件同时就是经验对象之可能性的诸条件，因而它们在一个先天综合判断中拥有客观有效性——这时，先天综合判断就是可能的。"③这是一切

① 郑昕：《康德学述》，北京：商务印书馆，1984 年，第 117—118 页。
② 〔德〕康德：《纯粹理性批判》，邓晓芒译，杨祖陶校，北京：人民出版社，2004 年，第 139—140 页。
③ 〔德〕康德：《纯粹理性批判》，邓晓芒译，杨祖陶校，北京：人民出版社，2004 年，第 151 页。

综合判断的至上原理。范畴不可能通过自身获得任何对象，它必须借助于一个第三者才能与经验对象发生关系，并获得自身的客观实在性和普遍有效性。这里提到的"一般经验可能性的诸条件"应该是指时间、先验图型和范畴，它们也是"经验对象之可能性的诸条件"。在这些条件中，只有范畴需要凭借一个第三者才能获得其自身的对象，显然这个第三者只能是先验图型。

有必要提及的是，这里的经验不能理解为感性意义上的经验（如各种感觉），而应该将其看成是经验知识或包含着先天形式条件的经验判断。如果将其理解成感性意义上的经验就说不通了，因为范畴是纯粹自然科学判断的先天条件，而不是感性经验的先天条件。李泽厚先生在比较了《纯批》的第一版和第二版的"导言"对"经验"的不同理解之后，指出："首先'经验'一开头就有两种不同的含义。初版首句中的'经验'指知性作用于感性的构成物，即相当于第二版首句中的知识。第二版首句中的'经验'指的主要是感性印象、感性材料。同时要注意的是，'经验'（Erfahrung）不同于'经验的'（empirisch），前者乃知性作用于后者（感性经验的材料）的结果。"①的确如此，在《纯批》的第一版中，康德对范畴所做的演绎中提到的经验也就是指知识（更严格地说是经验判断），他在那里就是要论证经验之可能性的先天根据。

另外，在《纯批》的"先验方法论"部分中的一些说法进一步表明了先验图型就是联结纯粹自然科学判断的主谓词的第三者。在该部分的第一节"纯粹理性在独断运用中的训练"中，康德将纯粹自然科学与纯粹数学进行对比，与后者作为一种直觉性判断不同，前者作为"一个先验的命题就是一种按照单纯概念的综合的理性知识，因而是推论性的，因为借此那些经验性知识的一切综合统一才首次成为可能，却并不是借此就先天地提供出任何直观来"②。显然，在此提到的单纯概念就是指范畴，因为只有借助范畴，经验知识的一切综合统一才成为可能。

在该节的另一个地方，康德也论述道："对于一切存有的东西（一个在空间时间中之物），考虑它是否和在何种范围内是一个定量，考虑必须表象这个定量中的一个存有还是必须表象缺乏，考虑这个（充满空间或时间的）某物在何种程度上是一个最初的基底或是单纯的规定性，在何种范围内拥有一种它的存有与其他某物的作为原因或结果的关系，并且最后，

---

① 李泽厚：《批判哲学的批判——康德述评》，北京：生活·读书·新知三联书店，2007年，第57—58页。

② 〔德〕康德：《纯粹理性批判》，邓晓芒译，杨祖陶校，北京：人民出版社，2004年，第559页。

它在存有方面是处于孤立状态还是与他物处于交互的依赖性中，考虑这存有的可能性、现实性和必然性或是它们的反面：所有这一切属于由概念而来的理性知识，这种知识被称之为哲学性的。"①在此，几乎所有的纯粹知性概念都出场了，它们都是对存有（作为先天综合判断的主词）进行规定的。而要对存有进行规定，就必须通过先验图型这个第三者才能成为可能。

在《纯批》中，还有一处重要的文本依据是在"对纯粹理性在其论争上的运用的训练"这一节中，康德谈道："每一个先验原理都只从一个概念出发，并且按照这个概念来说出对象的可能性的综合条件。所以这个证明根据就只能是一个惟一的证明根据，因为除了这个概念之外再没有任何概念能够借以使对象得到规定的了，所以这个证明也只能包含有按照这个本身也是惟一的概念对一个一般对象的规定。"②笔者对此的理解是：从一个概念出发的意思也就是从谓词概念出发去规定主词，作为谓词的范畴要能够规定主词就必须通过先验图型这个第三者，否则它对主词的规定就是不可能的。

不仅如此，康德在反驳埃贝哈德的一篇长文中也有着明确的说法。在那里，康德重审了《纯批》中的基本思想："《批判》清晰地指出了可能性（按：指将谓词添加到主词上）的这个理由，亦即：必须有纯粹的、被配给主词概念的直观，凭借它，甚至惟有凭借它，才有可能把一个综合谓词先天地与一个概念结合起来。"③

在此，需要注意的是，康德说的是凭借纯粹的直观才能将综合判断的主谓词联结起来，这个纯粹的直观应该不是指时空，而是指先验图型，因为先验图型有与先天直观同质的一面。正如德勒兹所言："真正的先天综合不像经验综合一样是在概念之间，真正的先天综合是从概念向时空规定性去作综合，或者反过来。正因为如此，才可以有从一个概念到另一概念的种种先天综合，这是因为空间和时间编织了一整张规定性的网，它使得一个概念和另一个概念，不论它们多么不同，从有生产规则的那一刻起，就可以进入彼此间的必然关系。因此空间和时间就获得了一种构成性的力量，它将是一切可能经验的构成性力量。"④

① 〔德〕康德：《纯粹理性批判》，邓晓芒译，杨祖陶校，北京：人民出版社，2004年，第560页。
② 〔德〕康德：《纯粹理性批判》，邓晓芒译，杨祖陶校，北京：人民出版社，2004年，第601页。
③ 〔德〕康德：《康德著作全集》（第8卷），李秋零主编，北京：中国人民大学出版社，2010年，第246页。
④ 〔法〕吉尔·德勒兹：《康德的批判哲学》，夏莹、牛子牛译，西安：西北大学出版社，2018年，第131页。

德勒兹的话说得很明确，任何真正的先天综合判断都离不开时空直观，是它们提供了把先天综合判断中的主谓词联结起来的条件，也是它们使得谓词对主词的超出成为可能。换言之，时空直观作为认识之网，使得主词概念与谓词概念之间的联结成为可能。虽然如此，但并不是说时空直观就是内在的形而上学判断的第三者，它只是为先天综合判断成为可能提供了条件，此外还需要德勒兹所说的"生产规则"（即范畴）这个条件。

关于这一点，康德在《论一个据说一切新的纯粹理性批判都由于一个更早的批判而变得多余的发现》这篇长文的后面还有一个比较明确的说明："因为在被给予的概念之外还必须有某种东西作为基底附加，它使得以我的谓词来超越这个概念成为可能，……即承认直观，但对于先天知识来说承认纯直观是知识的不可或缺的条件；这是人们从通过非同一判断对综合判断的解释中不可能指望的一种引导。"①纯粹直观不仅为谓词超出主词提供了条件，而且它也为先天综合判断的形成提供了一种引导，这是纯粹直观在形成先天综合时所具有的重要作用，但并不能由此就推出先天直观就是纯粹自然科学判断的第三者。不过，它的这一引导作用确实也提示了先验图型作为纯粹自然科学判断的第三者的可能性。

我们知道，先验图型其实就是时间化了的范畴和范畴化了的时间，所以康德也把先验图型称为"一种先验的时间规定"，即"图型无非是按照规则的先天时间规定而已，这些规则是按照范畴的秩序而与一切可能对象上的时间序列、时间内容、时间次序及最后，时间总和发生关系的"②。时间作为纯粹直观的形式，它使得作为主词对象的现象成为可能，并为先天综合判断的形成提供了不可或缺的要素之一。所以，德勒兹提醒我们："注意看，在先天综合判断中有种奇妙的东西，那就是它不再在两个异质的概念之间进行综合，它在概念、在某种概念的规定性——三角形或圆——和一整套时空规定性之间进行综合。"③这正是先天综合判断有别于其他判断，尤其是分析判断的独特之处。要在概念、概念的规定性和时空规定性之间进行综合，必然离不开先验图型。所以，后来德勒兹正确地指出："在先天综合判断中，是什么把两个异质概念焊接起来？只有一种操作可以，即成为空间与时间的一种规定性。……正是这种时空规定性使得不相

①〔德〕康德：《康德著作全集》（第 8 卷），李秋零主编，北京：中国人民大学出版社，2010年，第 249 页。

②〔德〕康德：《纯粹理性批判》，邓晓芒译，杨祖陶校，北京：人民出版社，2004 年，第 143 页。

③〔法〕吉尔·德勒兹：《康德的批判哲学》，夏莹、牛子牛译，西安：西北大学出版社，2018年，第 127 页。

包含的概念之间的必然联系成为可能，也就是说，在这一刻你们才有了先天综合判断。"①德勒兹在此所说的时空的规定性其实就是指先验图型。

赫费也曾指出："先验的图型就是纯粹的直观的概念或者纯粹的概念性的直观。"②这说明了先验图型同时具有与纯粹直观和纯粹知性概念同质的两面。因此，先验图型作为先验的时间规定突出的是它与纯粹直观同质的一面，也正是这一面才使得谓词能够超出主词之外，并与主词的联结成为可能。而它与纯粹知性概念同质的一面又使得它与谓词的联结成为可能。所以，"只要先验的时间规定是先天地建立在一个规则之上的，它们与相应的范畴就是同质的，只要它们是时间性的规定，它们就与纯粹直观相一致，并且能够起到直观与纯粹概念之间的必要的中介作用"③。

盖耶尔同样认为："在'先验图型法'已有过论证，这个第三者必须是我们经验的时间性结构，因为'存在着使我们的一切表象都包含在其中的综合，也就是内感官，及其先天形式时间'（A155/B194）。"④盖耶尔的说法是明确的，第三者就是"经验的时间性结构"，而它其实就是先验图型，即康德所说的内感官，及其先天形式时间。

可见，先验图型作为联结纯粹自然科学判断的主谓词的第三者不仅有文本上的依据，也可以通过具体的例子得到说明，还得到了一些哲学家和研究者的说明的支撑。由此，我们可以得出结论：先验图型既是联结现象与范畴的第三者，又是联结纯粹自然科学判断的第三者；前一联结为后一联结提供了基础。

根据之前的论述，最后，我们可以对纯粹自然科学判断的第三者问题的解答模式做一个总结。在纯粹自然科学中，其第三者问题涉及五项：①主词概念；②主词对象；③第三者；④谓词概念；⑤谓词对象。在此，主词概念就是物质概念，它总是指向一定的对象（现象）。谓词概念则是纯粹知性概念，它们作为可能判断的谓词（谓词概念），通过先天直观给它们提供了某种对象，即它们总是间接地指向某个对象（谓词对象）。第三者则是先验图型，在主词概念与谓词概念的关系中，它起到了中介作用；在范畴与现象（对象）的关系中，它同样起到了中介作用。当然，如果我

---

① 〔法〕吉尔·德勒兹：《康德的批判哲学》，夏莹、牛子牛译，西安：西北大学出版社，2018年，第129页。

② 〔德〕奥特弗里德·赫费：《康德：生平、著作与影响》，郑伊倩译，北京：人民出版社，2007年，第99页。

③ 〔德〕奥特弗里德·赫费：《康德：生平、著作与影响》，郑伊倩译，北京：人民出版社，2007年，第100页。

④ 〔美〕保罗·盖耶尔：《康德》，宫睿译，北京：人民出版社，2015年，第104页。

们把①②和④⑤合成一项，也可以把这里的五项简化为三项：主词、谓词和第三者。在"一切发生的事情都有其原因"中，"一切的事情"是主词概念，"原因"是谓词概念；二者都指向一定的对象（主词对象和谓词对象）；第三者是先验图型，它作为联结"一切发生的事情"（现象）和"原因"（范畴）的第三者。

第三节 超验的自然形而上学判断的第三者

从目前的研究情况来看，我们似乎并没有在"超验的自然形而上学"①中找到像纯粹数学和内在的自然形而上学中那样的先天综合判断，也没有找到康德列举的相关例子。但是，康德似乎又指认了在这个领域中也存在着先天综合判断（命题），因为他认为，"在形而上学中，即使我们把它仅仅看作一门至今还只是在尝试、但却由于人类理性的本性而不可缺少的科学，也应该包含先天综合的知识"，尽管这是就形而上学的目的而言的。②就目的而言，形而上学（包括超验的形而上学）中应该包括先天综合判断作为自身的原则，但是这毕竟是就目的而不是就事实而言的。另外，邓晓芒教授也曾指出："在哲学（按：应该指'超验的自然形而上学'）里面也有先天综合判断，只不过所有这些先天综合命题都不成立罢了。从性质说是先天综合命题，但从结果上说是失败的，证明不了的。"③

让笔者感到非常困惑是，如果正如康德所说的那样，在"超验的自然形而上学"中也应该（哪怕还没有）存在着先天综合判断，那么，这个领域中的先天综合判断具体的表达式是什么呢？又有哪些先天综合判断？其第三者又是什么呢？康德对这些问题都缺乏必要的交代和论述。为了推进对超验的自然形而上学判断的第三者问题的认识，本节第一部分将阐明"超验的自然形而上学"在自然形而上学体系内部的定位，以及康德将要建立的科学的形而上学体系中的定位。第二部分将努力寻求"超验的自然形而上学"中的先天综合判断。第三部分将表明以下观点：涉及自然的超验的自然形而上学判断实际上并不存在，因而也不存在所谓的第三者问题；超

---

① 其实，笔者更愿意把这里的"超验的"（transzendent）理解和翻译成"超越的"或者"超自然的"，因为"超越的"可以对应于"内在的"，而"超自然的"对应于"自然的"。但是，"超验的"已经成为学界普遍的理解和译法，因而为了表述方便，我们姑且仍然使用这个译法。

② 〔德〕康德：《纯粹理性批判》，邓晓芒译，杨祖陶校，北京：人民出版社，2004年，第14页。

③ 邓晓芒：《康德〈纯粹理性批判〉句读》（上卷），北京：人民出版社，2018年，第40页。

验的自然形而上学判断只有作为实践哲学中的先天综合判断才是可能的，这是下一章要探讨的主题。

一、康德对"超验的自然形而上学"的定位

笔者在上一章中从"纯粹理性的建筑术"角度已经阐明了康德的"纯粹自然科学"概念，并指出康德的"纯粹自然科学"其实包括一般自然的形而上学和特殊的有形自然的形而上学（理性物理学）两个组成部分，它们都是纯粹哲学。学术界有一些研究者也称康德的"纯粹自然科学"为"经验的形而上学"或"内在的形而上学"①。与此形而上学相对的"超验的形而上学"，也就是这里所说的"超验的自然形而上学"。

不过，在阐明"超验的自然形而上学"概念时必然会涉及康德的形而上学观。为此，下面将分两个步骤来阐明康德的"超验的自然形而上学"概念，这源于康德对"超验的自然形而上学"的双重定位。第一步是阐明"超验的自然形而上学"在自然形而上学体系中的定位；第二步是阐明"超验的自然形而上学"在整个科学的形而上学体系中的定位。

（一）"超验的自然形而上学"在自然形而上学体系中的定位

布鲁斯·昂对康德的形而上学的评价如下："康德的形而上学观与以往的一切的形而上学观是一样的复杂，但幸运的是，在某些方面它既清晰又有说服力。"②他的评价的确中肯地道出了康德的形而上学的某种特性。通过对康德的形而上学体系的阐明，我们将会发现康德对其形而上学体系的建构的确是既清晰又有说服力。先来看看康德对其自然形而上学进行的体系规划。

按照康德的说法，自然形而上学是由先验哲学（本体论）和纯粹理性的自然学两个部分组成的。先验哲学是自然形而上学中研究知性和理性的部分，而纯粹理性的自然学又分为内在的和超验的两个组成部分。其中，内在的部分又分为研究有形自然的合理的物理学和研究思维自然的合理的心理学。超验的部分又分为合理的宇宙学和合理的神学。康德将理性心理学也当作超验的部分来对待。因此，"超验的自然形而上学"是由三个部分构成的，即合理的心理学、合理的宇宙学和合理的神学。③

---

① 有代表性的研究者有帕通、斯特劳森以及布鲁斯·昂。
② 〔美〕布鲁斯·昂：《形而上学》，田园、陈高华等译，北京：中国人民大学出版社，2006年，第203页。
③ 关于这一点，我们在上一章阐明"纯粹自然科学"概念时就已经指明了。这里就不再引述康德的原话作为证据，而只引述其观点。

康德还进一步指出，形而上学的这个组成部分（即超验的部分）甚至是形而上学的主体部分。他在《导论》中指出：

> 形而上学（按：指自然形而上学）除了与任何时候都在经验中找到其应用的自然概念打交道外，还要与永远不能在任何哪怕是仅仅可能的经验中被给予的纯粹理性概念打交道，从而与其客观实在性（它们不是纯然的幻觉）不能通过任何经验来证实的概念打交道，与其真伪不能通过任何经验来证实或揭露的主张打交道。此外，形而上学的这个部分（按：指与纯粹理性的概念打交道的那个部分）恰恰是构成形而上学体系的根本目的的那个部分，其他的一切都只不过是它的手段罢了。这样，这门科学就需要这样一种为了它自身起见的演绎。因此，现在给我们提出的第三个问题（按：指"一般形而上学是如何可能的？"）似乎就涉及形而上学的核心和特点，亦即理性纯然对自身的研究，而且由于理性思考的是它自己的概念，就涉及被认为直接由此产生的对客体的认识，为此不需要经验作中介，也根本不能通过经验来达到。①

在这段话中，康德明确指出了自然形而上学与两类概念打交道：一类是能在经验中找到其应用的自然概念，另一类是不能通过任何经验来证实的概念。前一类概念也可以被称为知性概念，后一类概念也可以被称为理性概念。因此，与上述两类概念相对应的就是自然形而上学的两个组成部分，即内在的形而上学（或经验的形而上学、纯粹自然科学）和超验的形而上学。而且，正是这个超验的部分是构成自然形而上学的根本目的的部分，经验的自然形而上学只是实现这个根本目的的手段而已。可见，康德对自然形而上学的超验的部分十分看重。

不仅如此，还需指出的是，自然形而上学的先验哲学部分其实构成了其纯粹理性的自然学这个部分的前提或基础。《纯批》的"第二版序"也指明了这一点。"这一试验（按：指对象依照知识）按照我们所希望的那样成功了，它在形而上学的第一部分中，也就是在它研究那些先天概念（它们能使经验中与之相适合的相应对象被给予出来）的部分中，向形而上学

---

① 〔德〕康德：《康德著作全集》（第 4 卷），李秋零主编，北京：中国人民大学出版社，2005
年，第 331 页。

许诺了一门科学的可靠道路。……但是从我们先天认识能力的这一演绎中，在形而上学的第一部分（按：先验哲学中研究知性的部分和理性物理学），却得出了一个意外的、对形而上学的第二部分（按：先验哲学中研究理性的部分以及纯粹理性的自然学中的超验部分和理性心理学）所研讨的整个目的看上去极为不利的结果，这就是：我们永远不能借这种能力超出可能经验的界限，但这却恰好是这门科学的最根本的事务。"①

上述引文包含两层意思：一是自然形而上学的第一部分研究的是先天概念（这些先天概念就是范畴，其是由知性自己提供的），但是这部分已经向形而上学许诺了一门科学的可靠道路；换言之，在这个部分，康德已经在初步构建科学的形而上学体系了。二是自然形而上学的第一部分对先天概念的考察是将先天概念的运用限制在自然界（可能经验的领域）之内，而不超出自然界，因此，这样做表面上看起来是对自然形而上学的第二部分极为不利的，但事实上却是为自然形而上学能够成为科学提供了前提或可能性，因为虽然范畴不能做超自然（经验）的运用，但是这正凸显了自然形而上学的第二部分对第一部分的调节性作用，更凸显了这个第二部分对自然形而上学的重要意义。用康德自己的话说就是："限制知识，以便为信仰留地盘。"

以上只是在自然形而上学体系的内部探讨"超验的自然形而上学"的定位，如果我们仅仅在自然形而上学体系内部考察"超验的自然形而上学"，我们对它的认识还不够完整。因此，我们需要从更广阔的视野中考察它，即必须把它纳入到康德在未来要建立的科学的形而上学体系中。

（二）"超验的自然形而上学"在整个科学的形而上学体系中的定位

康德在《纯批》的"先验方法论"这个部分的"纯粹理性的建筑术"这一章规划了未来能够作为科学出现的形而上学体系。在此，他在指出了一切哲学要么是纯粹哲学，要么是经验性的哲学之后写道："于是，纯粹理性的哲学要么是在一切纯粹先天知识方面检查理性的能力的一种入门（预习），即批判，要么其次，它就是纯粹理性的（科学的）系统，是出自纯粹理性并系统关联起来的全部（真实的和虚假的）哲学知识，也就是形而上学；虽然形而上学这个名字也可以给予包括批判在内的全部纯粹哲学，以便既包括对于永远能够被先天认识的一切东西的研究，又包括对构成这

<hr/>

① 〔德〕康德：《纯粹理性批判》，邓晓芒译，杨祖陶校，北京：人民出版社，2004 年，第16—17 页。

一类纯粹哲学知识系统的东西的描述，却与一切经验性的以及数学的理性运用区别开来。"①

可见，这里提到的形而上学应该既包括检查、考查理性能力的批判，同时又包括不同于经验科学和数学的纯粹哲学知识的系统。这种意义上的形而上学可以看成是广义的形而上学。这种广义上的形而上学由纯粹理性批判、自然形而上学和道德形而上学三个部分组成，这是在康德那里最广义的形而上学概念。

但是，康德对形而上学的划分并不止于此。他还进一步指出："形而上学分成纯粹理性的思辨的运用的形而上学和实践的运用的形而上学，所以它要么是自然的形而上学，要么是道德的形而上学。前者包含出自单纯概念（因而排除了数学）的、有关万物之理论知识的一切纯粹理性原则；后者包含先天地规定所为所不为并使之成为必然的那些原则。"②换言之，康德在此根据理性的思辨运用和实践运用这个标准把以上提到的那种形而上学进一步划分为自然的形而上学和道德的形而上学两个组成部分。正如康德进一步指出的那样："形而上学的那个抢先独占了这一名称的思辨的部分，也就是我们称之为自然形而上学的、并且从先天概念来考虑一切所是的东西（而不是所应是的东西）的形而上学"③。基于此，我们也可以说，道德的形而上学就是从先天概念考虑一切应是的东西的形而上学。

如此看来，康德在此根据理性的运用将形而上学划分为自然形而上学和道德形而上学，而此种意义上的形而上学可以看成是中义的。在接下来的论述中，康德从"纯粹理性的建筑术"的角度着重阐释了自然形而上学，它也被康德当成了狭义的形而上学。

总之，从康德对他所要建立的科学的形而上学的体系的规划来看，形而上学有广义、中义和狭义之分。广义的形而上学是指对理性能力进行批判的批判哲学和出自纯粹理性并系统地关联起来的哲学知识（自然形而上学和道德形而上学），其包括三个组成部分。中义的形而上学由自然形而上学和道德形而上学两个部分构成。最后，狭义的形而上学特指自然形而上学。在这个自然形而上学中又有两个部分，即内在的形而上学和"超验的自然形而上学"。

---

① 〔德〕康德：《纯粹理性批判》，邓晓芒译，杨祖陶校，北京：人民出版社，2004年，第635页。

② 〔德〕康德：《纯粹理性批判》，邓晓芒译，杨祖陶校，北京：人民出版社，2004年，第635页。

③ 〔德〕康德：《纯粹理性批判》，邓晓芒译，杨祖陶校，北京：人民出版社，2004年，第637页。

那么，"超验的自然形而上学"这个自然形而上学的第二个部分在整个科学的形而上学体系中的定位如何呢？可以说，这个部分的地位非常特殊，因为这个部分对建立科学的形而上学的意义是双重的，即既有积极的意义，也有消极的意义。

"超验的自然形而上学"研究的对象是灵魂、世界和上帝这几个理性的概念（即理念）。康德认为，关于它们不可能形成像纯粹数学和纯粹自然科学中那样的先天综合判断，因为这些理念没有与之相应的经验概念被给予。这似乎是在告诉我们"超验的自然形而上学"的意义是消极的。

虽然如此，这个部分仍然具有积极意义，那就是在自然形而上学的这个部分中对灵魂、世界和上帝的运用是调节性的（regulativ），而不是构成性的（konstitutiv）。"因此我主张：先验理念永远也不具有这样一种构成性的运用，仿佛由于这种运用某些对象的概念就会被给予出来，而在我们这样理解先验理念的情况下，它们就只是一些玄想的（辩证的）概念了。但与此相反，它们有一种极好的、必要而不可或缺的调节性运用，就是使知性对准某个目标，由于对这目标的展望，一切知性规则的路线都汇集于一点，尽管这个点只是个理念（focus imaginarius），即一个诸知性概念并不现实地从它出发的点，因为它完全处于可能经验的边界之外，然而却用来使这些知性概念除最大的扩展之外还获得最大统一性。"①可见，对先验理念的运用尽管是调节性的，但是这种调节性的运用对知性认识来说却具有积极的意义，那就是可以使知性概念获得最大的扩展，也能使其获得最大的统一性。这也就是康德把"超验的自然形而上学"仍然放在他要建立的科学的形而上学体系中的原因。

黄裕生先生也指出："在这里，形而上学实际上被分为两部分：一部分是构成形而上学最终目的的超越（Transzendenz）部分，这部分要对上帝、自由、不朽这类超越性事物做出思考和理解；另一部分是构成形而上学之准备性知识的超验（Transzendental）部分，它将为确实可靠地思考超越性事物提供准备与前提。超越经验界限是形而上学的根本事务，它是人的理性之本性所在。"②我们在本章的第一节讨论了形而上学之准备性知识的超越部分，即我们所说的内在的形而上学中的第三者问题。但是，构

---

① 〔德〕康德：《纯粹理性批判》，邓晓芒译，杨祖陶校，北京：人民出版社，2004 年，第 506—507 页。

② 黄裕生：《摆渡在有一无之间的哲学——第一哲学问题研究》，北京：清华大学出版社，2019 年，第 179 页。

成形而上学最终目的的超越的部分，即我们所说的超验的形而上学中的第三者问题却还不明朗。

　　既然"超验的自然形而上学"在康德规划的科学的形而上学体系中的意义或地位如此重要，那么，在这个部分中就应该存在先天综合判断（哪怕其中只存在一个），有无先天综合判断是这个部分能否成为科学的关键。因此，在指明了"超验的自然形而上学"在康德的科学的形而上学体系规划中的定位之后，我们必须去寻求这个部分中的先天综合判断，并进一步探究其中的第三者。

二、"超验的自然形而上学"判断的第三者之寻求

　　根据我们对"超验的自然形而上学"之定位的阐明，我们会倾向于认为在"超验的自然形而上学"中很可能并不存在先天综合判断（这是从结果上而言的）。因为《纯批》的"先验辩证论"部分就是对理性心理学、理性宇宙学和理性神学逐一进行批判，以表明在传统形而上学的这三个领域中不可能形成先天综合判断。但是，如果我们仅仅停留在这种认识上，可能会使问题简单化了。为了对"超验的自然形而上学"判断的第三者问题有一个更加深入的认识，我们有必要先考察一下"超验的自然形而上学"中是否真的没有先天综合判断。如果有，其中的先天综合判断的第三者是什么；如果没有，康德为什么要将这一部分保留在他要建立的科学的形而上学体系中。

　　国内外学术界已经有研究者做过寻求"超验的自然形而上学"中的先天综合判断这项工作了。下面，让我们先看看前人的寻求工作。在此，首先让我们以我国著名的康德研究专家郑昕先生为代表，看看他的寻求工作。然后，我们再看看康德本人是如何论述"超验的自然形而上学"中的先天综合判断的。

　　（一）郑昕先生的基本观点

　　学术界大多认为"超验的自然形而上学"中的理念和原理对于知性认识具有调节作用，这种看法在学术界基本上达成了共识。但是，却少有研究者深入探究了"超验的自然形而上学"中的先天综合判断[①]，更少有研究者研究了这个领域中的先天综合判断的第三者。郑昕先生是这些研究者中少有的论述和探讨了"超验的自然形而上学"中的先天综合判断中的一位。

---

① 国外有一些学者，如斯特劳森、阿利森、盖耶尔等或多或少地研究过"超验的自然形而上学"中的先天综合判断，不过这里只引用郑昕先生的观点作为例证。

郑昕先生首先认为，"超验的自然形而上学"判断（命题）是先天综合判断。"玄学上命题，像灵魂心灵不灭，意志自由，上帝存在，宇宙的起源等等，第一、主词心灵，意志，上帝，宇宙，均不蕴含不灭的，自由的，存在的，有始的诸宾词，故其为命题，是综合的。第二、心灵，意志，上帝，宇宙等主词，都是'纯理性概念'。诸宾词对其'纯理性概念'之肯定，都是出乎理性的要求。这类命题，我们既不能由经验去证实，也不能由经验去推翻；故为先天的。玄学与科学，虽同为先天综合命题，而科学是实际的存在，玄学尚未实际存在，故康德未肯将二者相提并论。对科学的说明，建立，'合法化'，是知识论积极的工作；根据知识论去批评玄学，是知识论消极的工作。"①

由此可见，在郑昕先生看来，"超验的自然形而上学"中不仅存在先天综合判断，而且这类先天综合判断还不同于科学中的先天综合判断；其不同之处在于后者的先天综合判断实际存在着，并能通过经验被证实，而前者的先天综合判断还尚未获得客观的确定性，即其既不能被经验证实，也不能被经验推翻。②

按照郑昕先生的观点，如果心灵不灭、意志自由、上帝存在、宇宙的起源等都是"超验的自然形而上学"中的先天综合判断，笔者认为这些命题不是在旧形而上学（以唯理论为代表）的意义上，而是在康德的意义上说的。因为，他曾经这样说："玄学有两种：一种是理性派（广义的）或实在论（广义的），所代表者，一种是由康德所启发，经过菲希特、谢林之努力，到黑格尔始完成者。康德所启发之新玄学，建立在他的知识论上，其基础已由《纯理性批导》之先验分析篇之'纯我''纯思'奠定之。"③

从郑昕先生的以上论述中还可以看出，在他看来，康德的"超验的自然形而上学"（郑昕先生称为"新玄学"）不同于以往的形而上学就在于前者是建立在康德自己的知识论这个基础之上的，而后者缺乏这个基础。换言之，"超验的自然形而上学"之所以不同于以唯理论为代表的旧形而上学，是因为它以新的知识论为基础。更准确地说，"超验的自然形而上学"以纯粹数学和纯粹自然科学为前提或基础。

---

① 郑昕：《康德学述》，北京：商务印书馆，1984 年，第 74 页。
② 笔者一直没有找到康德自己说这些命题就是"超验的自然形而上学"中的先天综合判断的表述。笔者不知道郑昕先生在提出这个观点时的文本依据何在。他不但没有提供文本依据，也没有对上述先天综合判断做进一步的分析，而只是简单地分析了它们的先天综合性。因此，笔者感到非常困惑。笔者甚至怀疑：这些命题难道真的是超验的自然科学中的先天综合判断吗？当然，如果这些命题真的是，或许也只能从调节性的意义上来理解它们。
③ 郑昕：《康德学述》，北京：商务印书馆，1984 年，第 15 页。

按照郑昕先生进一步的看法，康德的知识论是奠定在"纯我""纯思"这个基础之上的。他对这个"纯我"和"纯思"非常看重。他认为："此'纯我''纯思'，其入，则湛然清明，其出，则处理万机：用它的空间，时间，范畴的工具，使经验或自然获得理论上的（或'形上的'）根据，'经验的对象才可能'。然'纯我'或'纯思'可以处理经验的对象，却不能处理非经验的对象（'先验的对象'）。"①这个"纯我""纯思"其实也就是康德所谓的先验统觉。关于这一点，康德在《纯批》第二版对范畴所做的演绎——"纯粹知性概念的演绎"——这一章中做了详细说明。

郑昕先生的观点很有见地，但是我们不能仅仅根据郑昕先生的观点就妄下论断，而是也必须看看康德本人是如何论述"超验的自然形而上学"中的先天综合判断的。

（二）康德本人的观点

据笔者所知，关于"'超验的自然形而上学'中有没有先天综合判断？"这个问题，康德给出了明确的回答。在他看来，同一性、差异性和连续性这三个原则（既是逻辑的又是先验的）都是"超验的自然形而上学"中的先天综合判断。他指出："在这些原则（按：指上述三项原则）中值得注意的、并且也是我们所惟一关注的东西是：它们看起来是先验的，而且尽管它们所包含的只是理性的经验性运用所遵守的理念，这种运用遵循它们只能是仿佛渐近地、也就是近似地，而不是有朝一日达到这些理念，然而这些原则作为先天综合命题（按：着重号为笔者所加）仍然具有客观的、但却是不确定的有效性，并被用做可能经验的规则，也被成功地作为启发性的原理运用于现实地对经验进行加工，但我们却不能对它们实行一种先验的演绎，这对于理念而言就像前面所表明的一样，是任何时候都不可能的。"②很显然，康德在此的确指认了同一性、差异性和连续性这三条原则就是先天综合判断。

不仅如此，康德还指明了这些原则（先天综合命题）像先验理念一样，只能有一种调节性运用，而不能有构成性运用。"纯粹理性的诸原则就连在经验性的概念上也不可能是构成性的，因为不可能给这些原则提供任何相应的感性图型，所以它们也不可能具有任何具体对象。"③

---

① 郑昕：《康德学述》，北京：商务印书馆，1984年，第15页。

② 〔德〕康德：《纯粹理性批判》，邓晓芒译，杨祖陶校，北京：人民出版社，2004年，第519—520页。

③ 〔德〕康德：《纯粹理性批判》，邓晓芒译，杨祖陶校，北京：人民出版社，2004年，第520页。

　　接下来的问题是：这些原则的调节性运用具有一种什么样的含义？康德以统一性原则为例指出，虽然该原则缺乏感性图型，但是它却有一个图型的"类似物"（Analogen），"虽然对于一切知性概念的通盘的系统统一性来说并不能在直观中找到任何图型，但毕竟能够和必须有这样一个图型的类似物被给予出来，这个类似物就是知性知识以一条原则来划分和结合的极大值的理念"[①]。

　　有研究者针对这里提到的理性概念的图型，做了如下三个方面的分析：第一，理性的图型是根据一种与知性图型的作用相类比的考虑得出的。第二，理性的图型乃是理念，具体说来，是"极点的理念"。第三，这种理性的图型归属于理性的范导原理之下，是这一原理的图型。[②]

　　上述分析是非常有道理的，但是，我们却不能只看到极大值理念的一个方面，即只看到它的形式方面（作为感性图型的类似物），还应该看到它作为对象的方面。换言之，极大值的理念也是灵魂、世界和上帝这些理念以及关于知性认识的诸原理的对象。康德在《纯批》的"先验辩证论附录"的第二节"人类理性的自然辩证论的终极意图"中力图对纯粹理性的诸理念进行一个先验演绎，从而说明这些理念的不确定的客观有效性。他指出："一个先天的概念（按：在此特指纯粹理性的诸理念），我们若不对它实行一种先验的演绎，就决不能有把握地使用它。"[③]要对纯粹理性的诸理念进行演绎，就需要极大值的理念这个类似于感性图型的东西。康德进一步指出："某物是作为一个绝对的对象而被给予我的理性，还是仅仅作为理念中的对象而被给予我的理性，这是一个巨大的区别。在前一种情况下我们概念的目标是规定对象；在后一种情况下它实际上只是一个图型。"[④]很明显，这里的图型是指极大值的理念，它是作为纯粹理性的诸理念的对象出现的。可见，极大值的理念具有两面，其既是纯粹理性诸理念和诸原理的图型，同时又是纯粹理性诸理念的对象。

　　极大值的理念作为感性图型的一种"类似物"从而使得理性的统一性、多样性和连续性原则运用于它的对象成为可能。当然不是直接的运用，而是间接的运用。但是，这些原则的对象不是经验对象，而是知性知识。换

---

① 〔德〕康德：《纯粹理性批判》，邓晓芒译，杨祖陶校，北京：人民出版社，2004年，第520页。
② 陈嘉明：《建构与范导——康德哲学的方法论》，上海：上海人民出版社，2013年，第161—162页。
③ 〔德〕康德：《纯粹理性批判》，邓晓芒译，杨祖陶校，北京：人民出版社，2004年，第523页。
④ 〔德〕康德：《纯粹理性批判》，邓晓芒译，杨祖陶校，北京：人民出版社，2004年，第524页。

言之，以上诸原则的调节性运用就在于当知性运用范畴于经验对象上时，其对范畴的经验性运用起到了调节的作用，让知性在扩展自己的知识的时候不出现僭越，从而能够达到知性认识的最大统一性、多样性和连续性。通过这种方式，以上诸原则就与经验对象产生了一种间接性的关系。这样，以上诸原则作为一种先天综合判断也就"似乎"或"好像"具有了一种客观有效性。

康德曾经指出："我把一切不是从客体的性状、而是从理性对这个客体的知识的某种可能完善性的兴趣中取得的主观原理称之为理性的准则。所以就有一些思辨理性的准则，它们只是基于理性的思辨兴趣之上，尽管看起来似乎这些准则是些客观的原则。"①换言之，统一性、多样性和连续性这些原理其实只是一些主观的准则，因为它们并不是基于客体本身的性状，而是基于理性自身的兴趣，因而它们只是主观的。但由于它们又通过"类似"于感性图型的理念对知性的经验性使用进行调节，从而使知性认识能够达到最大的统一性以及最丰富的多样性和连续性，因此也就与经验对象发生了间接的关系，所以就具有了"似乎"意义上的客观性，即这些主观的准则被当成了客观的原则。但实际上，它们并没有构成性的先天综合判断所具有的那种客观有效性或实在性。

可见，"超验的自然形而上学"中的先天综合判断也具有一定的客观有效性，但是这些先天综合判断只是"似乎"具有客观有效性，而不是现实地或真实地具有客观有效性。这就不同于纯粹数学和纯粹自然科学中的先天综合判断了。但是，它们毕竟还是先天综合判断。因此，在笔者看来，在康德的理论哲学中，先天综合判断的类型就应该有三种：纯粹数学判断、纯粹自然科学判断和超验的自然形而上学判断。

虽然超验的自然形而上学判断作为先天综合判断不同于纯粹数学和纯粹自然科学的先天综合判断，后两者是构成性意义上的先天综合判断，而前者是调节性意义上的先天综合判断，但是，我们仍然有必要探究这种调节性意义上的先天综合判断的第三者。

三、超验的自然形而上学判断在实践哲学中

根据康德的体系规划，作为形而上学之根本目的的部分的超验的部分，即"超验的自然形而上学"部分，对形而上学成为科学尤为重要，而如果在其中找不到一个先天综合判断的话，那么，它的重要性仍然是十分

---

① 〔德〕康德：《纯粹理性批判》，邓晓芒译，杨祖陶校，北京：人民出版社，2004年，第521页。

可疑的。在此，"超验的自然形而上学"应该包含两个部分：一是作为理论哲学的"超验的自然形而上学"；二是作为实践哲学的"超验的自然形而上学"。康德对形而上学的这个部分的规划是将其理念纳入实践哲学，尤其是他的道德形而上学之中，这在《纯批》的"先验辩证论"部分做了初步的提示，在后来的《奠基》、《基础》和《道德形而上学》中得到了更明确的表述。总之，在康德对他所设想的科学的形而上学所做的规划中，作为理论哲学的形而上学，只能在内在的形而上学中找到先天综合判断，而不能在其超验的部分中找到，即不能在"超验的自然形而上学"中找到；而作为实践哲学的形而上学，则可以找到其中的先天综合判断，这是本书第四章将要探讨的话题。

（一）一个异常难解的问题

康德对纯粹数学判断以及纯粹自然科学判断的第三者有着或明或暗的提示或说明，因此我们也就可以遵循他的指认以及通过这两个领域中具体的先天综合判断的例子来说明它们的第三者是什么。但是，在"超验的自然形而上学"中，康德对这个领域中的先天综合判断的第三者不仅缺乏指认，甚至连找到一个可靠的先天综合判断作为例子来分析都很困难。因此，对这个领域中的先天综合判断的第三者问题的探究就成为一个异常难解的问题。

通过前面两章的研究，我们已经阐明了纯粹数学和纯粹自然科学判断的第三者。但是，超验的自然形而上学判断的第三者是什么呢？这个问题可能是比纯粹数学和纯粹自然科学判断的第三者问题更难、更复杂的问题。原因在于，首先摆在我们面前的问题是：这三条原则既然作为先天综合判断，那么他们的逻辑表达式是什么？我们在探究纯粹数学判断和纯粹自然科学判断的第三者的时候，至少还是能够找到其中的一些先天综合判断的表达式的。因此，在那里我们就可以根据康德的说明以及给出的表达式探究出它们的第三者分别是什么。可是，在"超验的自然形而上学"判断中，虽然康德在此指明了这三条原则是先天综合判断，但是我们一直都没有找到这三条原则的逻辑表达式。

其次，就笔者所知道的而言，康德对"超验的自然形而上学"中的先天综合判断的第三者甚至只字未提。因此，摆在我们面前的另一个问题就是：超验的自然形而上学判断存在第三者问题吗？

按理来说，只要是综合判断，不管是先天的还是后天的都需要一个第三者把判断的主谓词联结起来。但是，超验的自然形而上学判断的第三者到底何在呢？

尽管郑昕先生指出了像"心灵不灭""意志自由""上帝存在""宇宙的起源"等命题就是"超验的自然形而上学"中的先天综合判断，但是，就笔者所读到的康德著作而言，毕竟没有找到康德对这些命题直接而明确的断言：它们就是"超验的自然形而上学"中的先天综合判断。在此，我们对超验的自然形而上学判断的第三者做一个猜测。

（二）对超验的自然形而上学判断的第三者的一种猜测

要解答超验的自然形而上学判断的第三者问题首先要做的是在其中能找到（哪怕是一个）先天综合判断，也就是说找到康德指明的先天综合判断的逻辑表达式（判断形式）。由此，我们才能根据康德的提示并结合具体的先天综合判断的实例探明其第三者问题。

但是，非常遗憾的是，就目前笔者所知道的而言，康德似乎并没有给出超验的自然形而上学判断的任何逻辑表达式。因此，笔者怀疑：是否存在着没有经验对象的先天综合判断？按照我们前面对纯粹数学和纯粹自然科学的判断的分析，它们都属于规定性的判断，因此，它们都有与之对应的经验对象。正是通过这些对象，它们才获得了客观实在性。而"超验的自然形而上学"中的先天综合判断是调节性的，其不具有上述两种规定性判断的客观实在性。所以，它的经验对象是否存在恐怕还是一个悬而未决的问题。

在"超验的自然形而上学"中，康德不仅明言灵魂、世界和上帝这些理念没有任何经验对象与之相应，因此它们也就不具有严格意义上的客观实在性。他同样指出"超验的自然形而上学"中的先天综合命题也是如此，即它们"似乎"或"好像"具有一种客观有效性或实在性。所以，这种不具有确定的客观有效性的先天综合判断到底有没有第三者，或者说需不需要第三者，这是一个不太好确定的问题。问题本身的性质的复杂性给我们的研究带来了巨大的困难。因此，研究超验的自然形而上学判断的第三者就成为一个重大的难题，而且是一个最终无法解决的难题。

关于超验的自然形而上学判断的第三者问题，虽然缺乏相关的论述，但是我们还是可以依据康德已有的论述以及本书第一章和第二章的研究成果做一个大致的猜测：超验的自然形而上学判断的第三者很可能是极大值的理念（其作为图型的类似物）。

之所以做这样的猜测，是因为我们在第一章和第二章分别提到了纯粹数学判断的第三者是先天直观，纯粹自然科学判断的第三者是先验图型。以此类推，超验的自然形而上学判断的第三者就有可能是极大值的理念。

更何况康德在《纯批》的"先验辩证论"中还有这样的描述："理性的理念（按：指极大值的理念）就是一个感性图型的类似物，但却带有这种区别，即知性概念在理性图型上的应用并不同样是关于对象本身的一种知识（如同将范畴应用于其感性图型上时那样），而只是一切知性运用的系统统一的一条规则或原则。"①所以，笔者的猜测是有一定的道理和文本依据的。但是，这毕竟只是猜测，还不是证明。因此，超验的自然形而上学判断的第三者问题也就作为一个重大的难题被遗留了下来，这也成为本书的不足之处。

（三）先天综合判断之类型的初步划分

讲到这里，我们有必要对先天综合判断（知识）的类型做一个大致而初步的划分，从而使研究由探究作为理论命题的先天综合判断的第三者向探究作为实践命题的先天综合判断的第三者过渡和转变。为什么在此只做一个初步的划分，原因在于本章和下一章分别讨论的是自然形而上学（属于理论哲学）和实践哲学中先天综合判断的第三者问题，而本书的第五章将探讨鉴赏判断的第三者问题，因为康德认为鉴赏判断同样是一个先天综合判断。因此，在第四章探讨完实践哲学中先天综合判断的第三者问题后还需要根据康德的相关论述进一步完善这一划分。在那里，先天综合判断将会被划分为理论的、实践的和感性的（审美的）三种类型。

首先，康德在《判批》的"导言"中对哲学进行了划分："如果我们就哲学凭借概念而包含有事物的理性认识的诸原则（而不单是像逻辑学那样不对客体作区别而包含有一般思维形式的诸原则）而言，把哲学像通常那样划分为理论哲学和实践哲学，那么我们做得完全对。"②因此，按照康德的上述划分，先天综合判断理所当然地就可以被划分为理论哲学的先天综合判断和实践哲学的先天综合判断。

在更广泛的意义上，康德也把理论哲学的先天综合判断归属到理论知识，而将实践哲学的先天综合判断归属到实践知识。"我在这里满足于把理论知识解释为一种我用来认识'这是什么'的知识，而把实践知识解释为一种我用来设想'这应当是什么'的知识。"③

其次，康德再次进行了划分，"一种理论的知识，如果它指向一个我们在任何经验中都不可能达到的对象或关于一个对象的那些概念，那么它

---

① 〔德〕康德：《纯粹理性批判》，邓晓芒译，杨祖陶校，北京：人民出版社，2004年，第521页。
② 〔德〕康德：《判断力批判》，邓晓芒译，杨祖陶校，北京：人民出版社，2002年，第5页。
③ 〔德〕康德：《纯粹理性批判》，邓晓芒译，杨祖陶校，北京：人民出版社，2004年，第499页。

就是思辨的。它是与自然知识相对立的，后者仅仅只是指向在一个可能经验中所能给予的那些对象或它们的谓词"①。可见，康德进一步把理论的知识划分为思辨的和自然的知识。思辨的知识是在可能经验中找不到任何对象的知识，而自然的知识的对象都可以在可能经验中找到。换言之，只有自然的知识才能在可能经验中有相应的对象。因此，理论知识有三种：纯粹数学知识、纯粹自然科学知识和超验的自然形而上学知识。前两者是能在可能的经验中找到自身的对象的理论知识，因此，前两者合起来叫作自然的知识；唯独后者是不能在任何可能经验中找到其对象的理论知识，叫作思辨的知识。

再次，在上述划分的基础之上，我们也可以根据判断的不同性质将理论的先天综合判断分为两类，即规定性和调节性的先天综合判断。规定性的先天综合判断包括纯粹数学的判断和纯粹自然科学的判断。纯粹数学的判断是出自概念构造的先天综合判断；纯粹自然科学的判断是出自概念的先天综合判断，也被称为先验的综合判断。前者又叫数学的知识，后者又叫哲学的知识。或者说，前者叫作直觉性的知识，后者叫作推论性的知识。"这两种类型的理性知识的本质区别就在于这一形式，而不是基于它们的质料或对象的区别之上的。"②可见，纯粹数学的判断与纯粹自然科学的判断的本质区别是在形式方面，即在于考察方式的区别。超验的形而上学判断属于调节性的先天综合判断。这种划分跟刚才那种划分其实是平行的。不过，前者划分的标准在对象那一面，后者的划分的标准在判断（形式）这一面。

最后，就实践知识而言，并不是所有的实践的知识（作为规则）都属于康德的道德形而上学。"一切技术上实践的规则（亦即艺术和一般熟练技巧的规则，或者也有作为对人和人的意志施加影响的熟练技巧的明智的规则），就其原则是基于概念的而言，也必须只被算作对理论哲学的补充。"③因此，狭义的实践知识或实践哲学只能是道德实践意义上的。

总之，在康德那里，就先天综合判断所在的领域而言，有两种类型的先天综合，即作为理论命题的先天综合判断和作为实践命题的先天综合判断。前一种判断的表达式带有事实判断的性质，或者叫"所是"命题；后一种判断带有价值规范的性质，或者叫"应是"命题。按照康德的说法，

---

① 〔德〕康德：《纯粹理性批判》，邓晓芒译，杨祖陶校，北京：人民出版社，2004年，第501页。
② 〔德〕康德：《纯粹理性批判》，邓晓芒译，杨祖陶校，北京：人民出版社，2004年，第553页。
③ 〔德〕康德：《判断力批判》，邓晓芒译，杨祖陶校，北京：人民出版社，2002年，第6页。

自然形而上学是从先天概念来考虑一切所是的东西，而道德形而上学则是从先天概念来考虑一切应是的东西。因此，后一类判断通常以"命令"的形式出现。于是，我们下一章将考察伦理形而上学中定言命令这个实践的先天综合判断的第三者问题以及伦理神学中至善命题的第三者问题。

第四章 实践哲学中先天综合判断的第三者

近年来，康德的实践哲学越来越受到研究者的重视，这一趋势的出现与西方学界在 20 世纪 60 年代以来所大力推动的实践哲学的复兴思潮紧密相关（尤其以安斯康姆在 1958 年发表的《现代道德哲学》一文为标志）。在这种背景之下，学者们不仅在宏观层面对康德哲学的整体有了深入的理解，而且对康德的一些重要的著作的阐释也更加深入和细致，赫费甚至把《纯批》当成有关自然科学时代的实践哲学的著作来看待。他曾警示性地提示："如果谁只把《批判》当作数学理论或数学化的自然科学理论来读，甚或还包括将其当作普通认识论来读，那么他就背离了这样一个关键点：康德不是在其道德理论中才开始按照实践的意图，更准确地说是道德的意图进行哲学思考的，而是在他的知识理论中就已经开始了。"[①]赫费的意思很明显，实践的意图或曰道德的意图不仅在康德的道德理论中，而且早在他的知识理论中就已经出现了，因此仅仅把《纯批》当作一部有关知识理论的著作来对待，这是完全违背康德的真正意图的。因此，实践哲学不仅是康德哲学的重要组成部分，而且相较于理论哲学而言，它在康德的批判哲学中具有更加重要的地位和作用。

康德认为，实践理性优于或高于理论理性，因而对先天综合判断的可能性问题的探讨，不仅仅是知识论的课题，而且也是实践哲学的课题，所以康德必然会把先天综合判断的可能性问题带到他的实践哲学尤其是他的伦理形而上学当中加以探讨。基于这样的理由，探讨康德实践哲学中先天综合判断的第三者问题自然就构成了本书所探讨之主题的重要的组成部分。于是，如果就实践理性高于理论理性的原则而言，探讨实践哲学中的第三者问题因而也就具有了比探讨理论哲学中的第三者问题更加重要、更具实质性的意义。

另外，如果我们赞同赫费对康德哲学所做的实践哲学解读，那么不仅

---

① 〔德〕奥特弗里德·赫费：《康德的〈纯粹理性批判〉——现代哲学的基石》，郭大为译，北京：人民出版社，2008 年，第 11 页。

康德的伦理形而上学（Metaphysik der Sitten）①，而且它的伦理神学（宗教哲学），甚至其政治哲学（法哲学）、历史哲学等都可以纳入其实践哲学的范畴当中。由于康德所规划的科学的形而上学体系中的伦理形而上学部分也包含着先天综合判断，因此我们自然也需要探讨这个部分中的第三者问题。不过，本章不打算全面研究实践哲学中的第三者问题，而只研究其中最有代表性的一个先天综合命题——定言命令——的第三者问题以及伦理神学中的至善命题的第三者问题，这是因为这两个命题恰好是康德实践哲学的两个非常重要的领域（伦理形而上学和伦理神学）中的先天综合判断。

不过，当我们在探讨实践哲学中的第三者问题时，德国当代著名学者沃尔夫冈·凯尔斯汀（Wolfgang Kersting）的一个重要提示值得注意，他曾指出：对理论意义上的先天综合判断的客观实在性之基础的演绎也许并不适用于实践哲学，因为"道德法则着眼于意志的规定和对象的生成，而不关注对象的认识"。②所以，如果凯尔斯汀的说法成立的话，那么在探讨实践哲学中先天综合判断的第三者问题时就不能照搬理论哲学中的探究方式。

康德在《奠基》的第二章中明确地宣称定言命令是一个先天综合的实践命题（ein synthtisch-praktischer Satz a priori）。在那里，他还以脚注的形式对定言命令的先天综合实践性做出了较为具体但又十分晦涩的说明，但恰恰是这个说明涉及定言命令的第三者问题。不仅如此，在康德的伦理神学（宗教哲学）中，由于他也明确指认了在其中包含着实践的先天综合判断，因此自然也就需要探查其中的第三者问题。③所以，本章第一节专门讨论定言命令（属于伦理形而上学中的先天综合判断）的第三者问题。第二节则专门探讨伦理神学中至善命题的第三者问题。为了便于读者把握本章的要旨，这里姑且先给出笔者的基本观点，然后再具体给出相关论证。

---

①　笔者赞同将 Sitten 翻译为"伦理"，而把 Moral 翻译为"道德"的主张。具体的理由参见，邓安庆在《启蒙伦理与现代社会的公序良俗——德国古典哲学的道德事业之重审》（人民出版社，2014 年）第 101—108 页的内容。但是，就目前国内翻译界对康德著作的翻译而言，Sitten 一般被翻译为"道德"，Sittenlichkeit 则被相应地翻译为"德性"。基于这一状况，笔者在引用已出版的中文文献时仍然保留"道德"的译法，但在正文中的具体表述用的是"伦理"，如伦理形而上学。

②　〔德〕沃尔夫冈·凯尔斯汀：《良好的自由秩序——康德的法哲学与国家哲学》，汤沛丰译，北京：商务印书馆，2020 年，第 278 页。

③　康德在《伦理形而上学》中曾指出过法权命题（法权的普遍原则）也是先天综合命题。根据这一论述，我们自然也应该探察其中的第三者问题。但是，考虑到法权命题类似于定言命令，所以对其第三者问题就不单独列一节来论述了。

在笔者看来，伦理形而上学中定言命令的第三者是"自律的意志"；而伦理神学中至善命题的第三者是"有权威的道德立法者的理念"（或曰上帝的理念）。

第一节　伦理形而上学中定言命令的第三者

探究定言命令的第三者问题十分重要，因为它直接涉及定言命令本身是如何可能的这个非常关键的问题，并因此也最终涉及康德要建构的科学的形而上学体系能否成立的问题，这对康德哲学而言具有根本性意义。著名学者卢雪崑教授在谈及定言命令之第三者的地位和作用时就曾指出："我们见到，在《基础》（按：即《奠基》）第三章提出一个'第三者'理念作为解开'定言律令如何可能'之钥匙，借此消除那个看似无可逃避的循环，并为《实践理性批判》写下伏笔。"[①] 显然，在她看来，康德提出定言命令的"第三者"概念（理念）既是解答定言命令如何可能的关键或钥匙（Schlüssel），又可以让康德摆脱自由与道德法则之间表面上的循环，还为《实践理性批判》的撰写埋下了伏笔。由此可见，定言命令的第三者概念在整个伦理形而上学的基础和建构中都具有非常重要乃至根本性的地位和作用。

虽然卢雪崑教授对定言命令的第三者概念之三个方面的重要作用的强调值得我们特别重视，但是根据我们所探讨的主题，需要我们关注的重点自然是第三者概念的第一个方面的作用，即作为解答"定言命令如何可能"问题的关键。

其实，严格说来，不是在《奠基》的第三章，而是在《奠基》的第二章"从通俗的道德哲学过渡到道德形而上学"中，康德就已经提出了定言命令是一个先天综合的实践命题，并在那里对定言命令的第三者做出了一定的提示和论述，尽管在那里他没有明确使用"第三者"这个概念来表达他的思想。在那里，康德以一个脚注来说明定言命令的先天综合的实践性，并初步提出了定言命令的第三者问题。不过，康德在那里强调的重点主要是指明定言命令是一个先天综合的实践命题，并指出这是相对于假言命令的先天分析性而言的，对定言命令的第三者到底是什么却没有给予过多的说明，因而成为研究的一个难点所在。虽然如此，我们还是可以根据康德的论述和一些提示性说明先阐明假言命令与定言命令之间的区分，然后再

---

① 卢雪崑：《康德的自由学说》，北京：中国人民大学出版社，2016年，第67页。

阐明定言命令的先天综合实践性，最后在此基础上水到渠成地引出定言命令的第三者问题并加以探讨。

一、定言命令与假言命令的区分

康德认为，所有的实践命令，要么是假言的（hypothtisch），要么是定言的（kategorisch）。他在假言命令和定言命令之间做了这样一个对比："前者把某个可能行动的实践必然性，表现为达成人们所想要的（或至少有可能这样愿望的）其他某物的手段。定言命令则把某个行动自身独立地就表象为客观—必要的，与其他目的毫无关系。"[①]这里的意思是说：假言命令是只要我们自己知道了想要什么（目的）同时也就知道了自己通过什么行动（手段）来实现自己的目的，因此假言命令的目的与手段之间是分析地联结起来的，即具有实践的必然性。换言之，在假言命令中，目的和手段的联结在实践上具有一种分析的关系，因而具有实践的必然性，而定言命令的目的和行动之间的联结显然不具备这样的特性。归结起来，定言命令与假言命令之间的一个根本差别是：前者是一个先天综合的实践命题，而后者则是一个后天分析的实践命题。[②]

康德还把这两种命令与善的概念结合起来讨论，因为这涉及一个绝对善良意志的可能性是否成立的问题。他指出："现在，如果这行动唯有作为实现他物的手段才是善的，那么这命令就是假言的；如果这行动被表象为自在地就是善的，从而在一个本身就符合理性的意志中，作为其原则，乃是必然［必要］的，那么这个命令就是定言的。"[③]因此，所谓善的行动有两种：一种是这种行动是实现他物的手段，该行动也可以称为相对的善；另一种是这行动本身就是善的，即自在的就是善的，该行动也可以被称为绝对的善。通过把两类命令与两类善的概念结合起来讨论，康德得出的另一个重要结论是：假言命令是有条件的，而定言命令则是无条件的，这是两种实践命题的第二个重要差别。

约翰·罗尔斯（John Rawls）认为，定言命令与假言命令有两点差别："第一个差别是，康德把假言命令视为分析的而不是综合的，它依经验的而不是纯粹的实践理性而成立。……第二个差别是，特殊的假言命令是有条

---

① 〔德〕康德：《道德形而上学奠基》，杨云飞译，北京：人民出版社，2013年，第42页。
② 在《纯粹理性批判》中，康德以先天和后天、分析和综合两重区分为依据，将判断划分为四类，即先天分析判断、先天综合判断、后天分析判断和后天综合判断。他似乎认为，后天分析判断是不存在的。但是，通过上面的分析发现，假言命令实际上就是一个后天分析命题。
③ 〔德〕康德：《道德形而上学奠基》，杨云飞译，北京：人民出版社，2013年，第43页。

件的：它们依我们特殊的需要和偏好而决定是否适用于我们。"①可见，罗尔斯对定言命令与假言命令之差别的归纳与康德自己的说法是完全一致的。这表明，虽然假言命令和定言命令都是实践的命题②，但是前者并不具有先天综合性，只有定言命令才是真正的先天综合命题。既然如此，假言命令自然也就不可能存在第三者问题，只有定言命令才存在第三者问题。

二、定言命令之先天综合的实践性

康德在《奠基》第二章中曾指出："在定言命令或德性法则（Gesetze der Sittlichkeit）方面，这种（洞察其可能性的）困难的理由也是巨大的。它是一个先天综合实践命题，由于在理论知识中看出这种类型命题的可能性就困难重重，所以可以很容易地推断出，在实践知识中的困难也不会更小。"③可见，康德已经明确地意识到，定言命令作为一个先天综合的实践命题虽然是无可置疑的，但是探讨并证成其可能性的困难却是巨大的。归结起来，这里的困难主要在于到底应该如何理解定言命令是一个先天综合的实践命题，即如何理解它的先天综合的实践性以及它作为先天综合命题是如何可能的。因此，只有弄清了定言命令在什么意义上是一个先天综合的实践命题之后，才可以对它的可能性问题（尤其是第三者问题）加以测度。

康德在一个脚注（前文已提及）中对定言命令作为一个实践的先天综合命题给出了这样一个说明。他指出：

　　我不以来自任何一种爱好的条件为前提，而是先天地、从而必然地（虽然只是客观地，即在某个对所有主观动因都有完全的强制力的理性理念之下），把意志与行为（die Tat）联结起来。所以这是一个实践命题，这个命题不是把行动的意愿，从另一个已被预设的意愿中分析地引导出来（因为我们没有如此完善的意

---

① 〔美〕约翰·罗尔斯：《道德哲学史讲义》，顾肃、刘雪梅译，北京：中国社会科学出版社，2012 年，第 218—219 页。

② 严格说来，假言命令还算不上是实践的命题，因为如果按照康德在《判批》"导言"中的划分标准，假言命令也许只能算是理论的命题的一种补充。

③ 〔德〕康德：《道德形而上学奠基》，杨云飞译，北京：人民出版社，2013 年，第 51 页。根据笔者之前关于 Sitten 的翻译的主张，在此，Sittlichkeit 就应该相应地翻译成"伦理性"。但是，该译本在此将 Sittlichkeit 翻译成"德性"。由此引发的一个问题是：应该如何翻译 Tugend？因为在《伦理形而上学》中，Tugend 往往被翻译成"德性"。鉴于此，笔者以为还是应该将 Sittlichkeit 翻译成"伦理性"更为合理与妥当，因为这样既可以保持翻译上的一致性，又可以避免一些不必要的争论，因而 Gesetze der Sittlichkeit 也就应该相应地翻译成"伦理性法则"。

志），而是把这意愿与一个理性存在者的意志的概念，作为在它之中没有包含的东西，直接地联结起来。①

这个脚注对我们理解定言命令是如何可能的非常重要，因为它不仅说明了定言命令为什么是一个先天综合的实践命题，而且还同时给出了定言命令的主谓词，并且初步提示了定言命令的第三者是什么。但是不可否认的是，此处也是最容易让研究者们给出不同的理解甚至会产生巨大的分歧的地方。

譬如，罗尔斯就对这段话的意思做了这样的解读："在不预设以自然欲望所要求的任何特殊目的的前提下，定言命令程序把一个行为与一个理性而合理的人应该做的事情联系在一起。这里我们就有了一个特殊的命题，在其中，应该做的事情不是从其他已预设的特殊目的中分析地推导出的，如在假言命令的案例中那样。另一方面，这个行为也不是从理性而合理的人的概念分析地推导出的，仍如在假言命令的案例中那样。而是说，一个人在某个特殊情况下应该做的事情是直接从定言命令程序得出的，而不必借助于特殊自然欲望的目的这个中介。"②

总体而言，罗尔斯的解读有三个不可忽视的特点：第一个特点是他的解读立足于与假言命令的对比来阐述定言命令的先天综合的实践性；第二个特点是指出了必须凭借一个中介才能从定言命令的主词中推导出谓词来；第三个特点是他力图从一种道德建构主义的立场进行解读，因而提出了一个非常重要的概念—定言命令程序。根据他的论述，他所谓的"定言命令程序"大致包含以下四个步骤："（1）为了产生 Y，除非 Z，我想在情境 C 下做 X。（这里 X 是一个行为，Y 是一个目的，一种事态。）（2）为了产生 Y，除非 Z，每个人都要在情境 C 下做 X。（3）为了产生 Y，除非 Z，每个人总是在情境 C 下做 X，好像是依据一条自然律（好像这样一个规律是通过自然本能植于我们身上的）（Ⅱ：37［422—423］）……（4）我们要把步骤（3）中的'好像'自然律与现有的自然律（如我们理解它们的那样）相结合，然后，一当这种重新结合起来的自然律有足够的时间产生出来，就尽我们所能地思索自然秩序会是什么样的。"③总之，罗尔斯的解读不仅指

① 〔德〕康德：《道德形而上学奠基》，杨云飞译，北京：人民出版社，2013 年，第 51 页。
② 〔美〕约翰·罗尔斯：《道德哲学史讲义》，顾肃、刘雪梅译，北京：中国社会科学出版社，2012 年，第 220 页。
③ 〔美〕约翰·罗尔斯：《道德哲学史讲义》，顾肃、刘雪梅译，北京：中国社会科学出版社，2012 年，第 146—149 页。

明了定言命令的先天综合性，而且基于一种建构主义的视角从"定言命令程序"概念对上述脚注所作的解读为我们理解定言命令提供了一个具体的、可操作的程序。基于此，这种解读因而就可以被看成是他对康德的思想加以发挥的一个重要实例。

虽然罗尔斯的解读具有启发性和可操作性，这是他的解读的优点，但是不可否认的是他的解读仍然忽视了一些重要的细节，特别是这个脚注的第一个括号中的细节，这主要体现在，他对脚注中提到的"某个对所有主观动因都有完全的强制力的理性理念"几乎没有涉及，不知道这是有意不提还是无意忽略。而在笔者看来，这个概念对于解答定言命令的第三者问题非常关键。

与罗尔斯一样，莎莉·塞吉威克也是在区分假言命令与定言命令的前提下对这个脚注进行解读的。不过，她的解读不像罗尔斯那样基于建构主义的视角。她的解读集中于定言命令的先天综合性。在她看来，定言命令之所以是先天的是因为它来自理性，而不是来自经验；定言命令的综合性在于"目的或设定的目标和达到该目的的诸方式之间的关系并不是如在假言命令中那样是某种分析的关系"[①]。

从塞吉威克的解读中可以看到，她虽然已经意识到了在定言命令中目的和实现目的的方式之间的关系不是分析地而是综合地联结的，但是她的解读也跟罗尔斯一样，同样忽视了一些重要的细节，尤其是对于"某个对所有主观动因都有完全的强制力的理性理念"这个关键的概念的忽视。但是，康德的这个提示恰恰是我们解答定言命令之第三者问题的关键。

蒂默曼与罗尔斯和塞吉威克的做法有所不同，他的解读是通过对作为理论命题的先天综合判断和作为实践命题的先天综合判断之间的"结构性的类比"进行的。他指出："因此，与理论领域中的诸综合原则有一种结构性的类比。……类似地，定言命令要求一些新的东西，一个实践的目的并没有预先包含在该意志中。道德法则的综合特征依赖于人类意志的特殊本性。"[②]

总体来说，蒂默曼对这个脚注的解读是比较简单的。他既没有像罗尔斯那样从建构主义的角度来解读，也没有像塞吉威克那样指明了定言命令的综合性体现在目的与实现该目的的方式之间的联结。但是，他的解读有

① Sedgwick S, *Kant's Groundwork of the Metaphysics of Morals: An Introduction*, Cambridge: Cambridge University Press, 2008, p. 106.
② Timmermann J, *Kant's Groundwork of the Metaphysics of Morals: A Commentary*, Cambridge: Cambridge University Press, 2007, p. 72.

几个地方值得关注（虽然不一定都成立）。第一，他指明了定言命令的先天综合性与理论命题的先天综合判断之间的先天综合性存在着一种结构上"类比的关系"，这预示着我们在解答定言命令之第三者问题时也许可以参考对理论哲学中先天综合判断的第三者问题的解答，这与凯尔斯汀的看法形成了鲜明的对照。第二，他还提到了定言命令要求一些新的东西，并解释了这个新的东西就是那个不包含在意志中的实践的目的，由此而把这种道德法则的综合性归结为人类意识的本性。第三，他认为道德法则的综合性依赖于人类意志的特殊本性，这一点跟定言命令的第三者密切相关。可以说，他的解读不仅已经涉及定言命令的先天综合的实践性特征，而且涉及了定言命令的主谓词及其联结二者的第三者，这无疑对我们解答定言命令的第三者问题具有重要的启示。

　　与上述研究者的解读类似，著名学者盖耶尔的解读也重在阐发定言命令的先天综合的实践性。他指出："然而，康德同时告诫我们这样一个事实，即定言命令是先天综合的，并且正因为如此，一种由定言命令规定的行动与先天意志的某种联结就并不意味着人类自动地做定言命令规定的事情。"①

　　与以上研究者的解读有所不同，盖耶尔的解读突出的不是意志与目的的联结，而是侧重于谈先天意志与行动的联结。这个差别虽然很细微，但是直接影响着人们对定言命令的主谓词及其第三者的理解。不过，他的解读的缺陷也许在于，他很有可能混淆了两种不同的联结：先天意志与行动的联结和目的意愿与行动意愿之间的联结。只有第二种联结才真正地体现了定言命令的先天综合性，这正如塞吉威克已经指明的那样。

　　综合上述，通过简要介绍一些研究者们对这个脚注的解读，我们不难发现，每个研究者的解读都有自己的特点或侧重点，这在一定程度上反映了这个脚注本身的复杂性以及具有的较大的解释空间，也体现了研究者们的不同关注点和解读的不同策略。

　　尽管如此，在笔者看来，他们的共同缺陷在于都不同程度地忽视了一些重要的细节，比如，上述研究者都没有提到"对所有主观动因都有完全的强制力的理性理念"到底指什么。鉴于上述研究者的解读存在着的一些缺陷或问题，笔者也试图给出一个解读。在笔者看来，这个脚注的整体意图是阐释定言命令的先天综合的实践性，这是这个脚注想要表达的基本思想，在这点上，以上所有的研究者的看法都是一致的。但是，与上述研究

---

① Guyer P, *Kant's Groundwork for the Metaphysics of Morals: A Reader's Guide*, London: Continuum, 2007, p. 80.

者不同的是，在笔者看来，这个脚注主要讲了以下三层意思。

第一，定言命令涉及的是意志与行动的联结，因而它是一个实践的命题，而非理论的判断，因而这一点表明了定言命令的实践性。

第二，定言命令之所以是先天的，是因为意志与行动的联结是"在某个对所有主观动因都有完全的强制力的理性理念之下"完成的，而并不是像塞吉威克所说的那样来自理性。意志与行动的联结不是以任何一种爱好为前提，而是以"对所有主观动因都有完全的强制力的理性理念"为前提，即在该理念之下才能完成意志与行动的联结。

这个脚注的第一句话是讲以上两层意思，其中前半句是说定言命令是一个先天的命题，后半句是讲它是一个实践的命题。而这个脚注的后一句讲的就是定言命令的综合性，这就涉及第三层意思。

第三，定言命令之所以不是分析的，而是综合的，其原因在于我们不可能从该意志的一个被预设的意愿（目的意愿）中分析出行动意愿，原因在于这里的意志不是一个完善的（vollkommen）意志。换言之，只有在一个完善的意志中才能从目的意愿中分析地引出行动的意愿。因此，在定言命令中，在此意志（此意志特指有限的理性存在者的意志，而不是指完善的意志，关于这一点我们将在本节的第五目详细阐明）中，被预设的意愿与行动的意愿之间的关系不是分析的，而是综合的。为此，必然需要一个东西把这两种意愿（或两种认识）联结起来。

总之，这个非常重要的脚注不仅涉及定言命令的先天综合的实践性和它的主谓词，而且也给出了一些有关定言命令的第三者的提示，因此成为解答定言命令的第三者问题不可忽视的重要文本依据之一。不过，我们上述关于这个脚注的阐述也遗留了一些问题。

三、遗留的问题

通过这个脚注，康德对定言命令的先天综合的实践性做了一个总体上的说明。但是，他给出的说明仍然存在着一些有待进一步澄清之处，其中一些重要的问题也仍然没有得到解决。归结起来，这里还遗留了以下三个不太清楚却又非常重要的问题：第一，脚注中提到的"对所有主观动因都有完全的强制力的理性理念"是指什么？它是不是定言命令的第三者？第二，在定言命令中，把已被预设的意愿（目的意愿）与行动意愿先天综合联结起来的东西是什么？或者说第三者到底是什么？第三，定言命令的主谓词又分别是什么？可以说，到目前为止，这些问题的答案仍然是不太清楚的。不过，对这些问题的理解和澄清往往又牵涉对"定言命令是如何可能的"这个问题的解答，因而是异常重要的。同时，这些问题与定言命令的第三者问题也是紧密相关的，应该引起我们的高度重视。

定言命令的第三者问题是近几年来国内外学术界探讨得比较多的一个问题，之所以如此是因为这个问题直接涉及对《奠基》的第三章中提到的一个主要问题——"一种定言命令如何可能？"——的解答，因而成为《奠基》中一个关键的问题。不过，该问题同时又是一个异常难解的问题，因为康德对定言命令的第三者问题并没有给出明确的说明或给出一个确切的答案，反而是在关键之处往往欲言又止；他也没有像对理论哲学中的第三者问题所做的阐明那样，有一个相对比较明确的说法，而只是给出了一些提示甚至避而不答。因此，人们有理由根据他给出的关于第三者的诸多提示做出很多的猜测。

正是基于上述原因，国内外学术界对定言命令的第三者问题的解答呈现出众说纷纭的状况。不过，总体而言，关于此问题的解答或研究大致上形成了两种有代表性的思路，即先天型（或纯粹型）思路和混合型思路。笔者认为，混合型思路是行不通的，要解答定言命令的第三者问题只能坚持先天型思路。但是，在先天型思路的内部却又存在着不同的看法，可以说是各持己见。根据康德给出的提示以及学术界取得的研究成果，笔者倾向于认为"自律的意志"（Willen der Autonomie）就是定言命令的第三者。接下来笔者首先对学术界解答定言命令的第三者问题的两种思路做出简要述评，然后着重讨论为何"自律的意志"才是定言命令的第三者。

四、两种研究思路

（一）先天型思路

这种研究思路的基本观点是认为定言命令的第三者完全是先天的或纯粹的，即某种不带有任何感性的和经验的因素在其中的东西。国际上，著名的康德研究专家帕通、阿利森、塞吉威克、蒂默曼等[①]研究者基本上

---

① 就笔者有限的阅读经验而言，令笔者感到惊奇的是，除了上述提到的这几个康德专家之外，盖耶尔、熊耐克、克齐尔（Kircher）等著名康德专家虽然都对康德关于定言命令的演绎进行了分析或重构，但是他们对定言命令的第三者竟然只字未提，至少是没有明确地把它作为一个重要的问题来看待。笔者以为，如果缺乏第三者这个环节的话，对定言命令式的演绎要想取得成功几乎是不可能的。另外，这些学者在对康德关于定言命令的演绎进行分析或重构时都涉及自由与道德法则的关系问题。笔者同样认为，要阐明自由与道德法则的关系问题，缺乏第三者这个环节同样是不可能的。当然，定言命令的演绎以及自由与法则之间的关系问题都是非常复杂、非常棘手的问题。对此，笔者无意对这两个难题做出全面的论述，而只着意于对定言命令的第三者问题做出探讨。

坚持这种研究思路，国内也有一些研究者支持这种思路。

帕通认为，定言命令的第三者就是自由的理念（Idee of freedom），他指出：“正如在所有先天综合命题中，我们将需要某个‘第三者’去建立主词和不包含在主词概念中的谓词之间的一个必然的联系。我们将发现，这个‘第三者’就是自由的理念。”①同时，他还提到：“康德有时候似乎说‘第三者’不是自由而是理智世界（intelligible world）的成员。然而，总体而言，这两个概念交相联结地如此紧密以至于他并没有有意识地在它们之间做出明确区分。”②可见，帕通的看法很明确：定言命令的第三者是自由的理念或者说理智世界的成员。他同时也认为康德并没有对自由的理念和理智世界的成员做出有意识的、明确的区分，这缘于二者联结得非常紧密。换言之，帕通似乎认为，无论说定言命令的第三者是自由的理念还是理智世界的成员都是可以的，而且都可以在康德那里得到支持。帕通的观点呈现出一个基本的特征，即不管是自由的理念还是理智世界的成员，二者都是完全先天的东西，这无疑体现出帕通是从先天的角度来理解定言命令的第三者的。

阿利森的看法与帕通的看法有所不同，他认为第三者就是“理智世界的理念”，他指出：“正如康德指明的，事实上，这个论证的思路（按：指定言命令演绎的思路）是被作为一个示例来说明理智世界的理念应当作为一个中介或‘第三者’去建立概念性的不同要素的综合。理智世界的理念不仅把拥有理性与服从道德法则联结起来，而且把拥有理性与拥有一个意志联结起来以及最终与自由联结起来。更进一步，在完成这些目标时，它使得完成道德法则的演绎成为可能。”③阿利森的解释在谈定言命令的演绎时的确明确地提出了第三者，不过他似乎更多的是在谈理性与道德法则、理性与意志（自由）的联结问题。而且，他所谓的第三者似乎并没有聚焦在作为联结定言命令之主谓词的第三者上。因此，这显示出他的解释中存在着的一个特点，即将定言命令的第三者概念泛化了。不过，我们似乎可以做出这样的推断，即当他把“理智世界的理念”作为建立概念性的不同要素的综合时，他也许同样会同意把它当作定言命令的第三者。这样，他对定言命令的第三者问题的解答同样遵循的是先天型思路。

---

① Paton H J, *The Categorical Imperative: A Study in Kant's Moral Philosophy*, Chicago: Chicago University Press, 1948, p. 128.

② Paton H J, *The Categorical Imperative: A Study in Kant's Moral Philosophy*, Chicago: Chicago University Press, 1948, p. 213.

③ Allison H E, *Kant's Theory of Freedom*, Cambridge: Cambridge University Press, 1990, p. 224.

不同于以上两位研究者，塞吉威克的解读直接而明确地涉及对"两种认识"的理解，这与定言命令的主谓词密切相关。在此基础上，她根据康德的一个重要提示——第三者包含两种认识——而把第三者理解成第三种认识，并由此进一步指出："康德表明，这个第三种认识是'自由的积极概念'，作为自律的自由的理念。"①显然，塞吉威克的理解跟帕通的理解非常接近，她同样遵循的是先天型思路。

蒂默曼不同于塞吉威克把第三者理解为第三种认识，而是认为第三者其实就是一种表象，他指出："尽管康德经常使用 Erkenntnis 这个中性名词，并且由于一个综合判断的两种认识（Erkenntnisse）一定要通过一个'第三者'来联结，但是康德并没有说出一个'第三种认识'，正如阿伯特、贝克、艾灵顿、格里格、茨威西和丹尼斯所指出的那样。这个必需的'第三者'事实上就是第三种表象。"②他还进一步指出："在IV 447.18—19③中，康德选择了第三者这个词——关于它可能是什么——包含着一种暗示。就自然的原因而言，'第三者'与感官世界无关。它毋宁是另一种原因力的理念：一个拥有自身的法则并处于一个至上的理智世界中的纯粹意志（IV 454.12—14）。"④可见，蒂默曼明确地把第三者当成第三种表象，并把它限定为一种原因力的理念，而他把这个"原因力的理念"同时又理解成"一个纯粹意志"。因此，从蒂默曼的论述中可以看出，无论他把第三者当成是第三种表象还是一种"原因力的理念"或"一个纯粹意志"，这个第三者都是与感官世界无关的，因而同样遵循着先天型思路。

台湾著名学者卢雪崑教授也认为，定言命令的第三者是"一个有理性者的意志"。⑤她对此的进一步解释是："这个有理性者必须把自己视为属于知性界（Verstandeswelt）的睿智者（Intelligenz），也就是说，这个第三者是作为睿智者的我们的意志，亦即真正的自我。"⑥换言之，卢雪崑教授是将那种排除了感性因素的或属于理智世界的睿智者的意志看作定言命令的第三者，这同样是一个先天的东西。

① Sedgwick S, *Kant's Groundwork of the Metaphysics of Morals: An Introduction*, Cambridge: Cambridge University Press,2008, p. 195.
② Timmermann J, *Kant's Groundwork of the Metaphysics of Morals: A Commentary*, Cambridge: Cambridge University Press, 2007, p. 126.
③ 表示出自《康德全集》（第4卷）第447页第18—19行，下同。
④ Timmermann J, *Kant's Groundwork of the Metaphysics of Morals: A Commentary*, Cambridge: Cambridge University Press, 2007, p. 126.
⑤ 卢雪崑：《康德的自由学说》，北京：中国人民大学出版社，2016年，第67页。
⑥ 卢雪崑：《康德的自由学说》，北京：中国人民大学出版社，2016年，第67页。

　　总之，上述先天型思路排除了第三者具有任何的感性的、经验的因素，完全从纯粹先天的角度来研究定言命令的第三者问题，这是这种思路的一个总体特征。上述坚持先天型思路的学者们在有关第三者的一些问题上还存在着一些共识，如他们都没有把定言命令的第三者与理论哲学中的先验图型这个第三者进行类比，又如，尽管他们对第三者的看法或表述有所不同，但是都倾向于认为第三者一定是某种先天的东西。但是，在另外一些关键的问题上却又如此不同。比如，定言命令的第三者到底是什么？第三者包含的"两种认识"到底指什么？"两种认识"是否恰好对应于定言命令的主谓词？可以说，学者们对这些关键性问题的认识要么看法不一致，要么还缺乏足够的关注，因而也未曾看到详尽的探讨。但是，这些问题却又与笔者关注的定言命令的第三者问题密切相关。

　　不过，在上述先天型思路之外，学界还存在着另一条解题思路，即混合型思路。

（二）混合型思路

　　混合型思路是将"同一个意志"作为定言命令的第三者。更具体地说，这种思路把定言命令的第三者即"同一个意志"与理论哲学中联结范畴和现象的第三者即先验图型进行类比，认为既受感性欲望刺激又属于理智世界的"同一个意志"才是定言命令的第三者。持这类观点的代表在国内主要有邓晓芒、胡好等。

　　邓晓芒教授在《康德〈道德形而上学奠基〉句读》中对《奠基》进行了细致的、逐章逐句的解读。该书在解读到康德明确提到"定言命令的第三者是什么"的地方时指出："第三者在这里搞得神神秘秘的，我们不知道这个第三者到底是什么，他后面也没有直接针对这个问题加以回答，我们只能够根据他的前后论述来加以揣摩。其实，根据他后面的论述，这个第三者就是指人的意志作为知性世界的一种主体，积极的自由的概念所提供的就是这样一个东西。"[①]

　　"人的意志作为知性世界的一种主体"到底是什么意思？是不是就是指知性世界的成员呢？这似乎是一个不太好理解的概念，邓晓芒教授在此并没有对这个概念做出更详细的说明。从字面意思看，邓晓芒教授所谓的"人的意志作为知性世界的一种主体"的大概意思应该是指人的意志作为知性世界的成员，而且是这个世界的主体。问题是：这里的"人的意志"是完全先天的，还是同样受到感性欲望的影响？这一点似乎不那么明确。因

此，笔者以为"人的意志作为知性世界的一种主体"的说法是比较模糊的
一种说法。

好在在此之前，他已经将定言命令的第三者与《纯批》中提到的"先
验图型"这个第三者做了一个类比。"必须要有一个第三者，这个第三者，
既可以在准则里面发现，又可以在法则里面发现，所以能够成为双方的中
介。这有点像《纯粹理性批判》里面讲的图型，图型法也是找一个第三者
来解决知性范畴如何能够运用于经验材料的问题，就是找一个既在感性里
面有它的成分，但是它本身又是知性的东西，那就是时间的先验规定。"①
从这里的论述可以看出，邓晓芒教授似乎把第三者理解成了联结准则和法
则的中介，这明显不同于联结定言命令之主谓词的第三者，除非准则是定
言命令的主词，而法则是定言命令的谓词。另外，在《纯批》中，作为先
验图型的第三者联结的现象和范畴分别对应的是纯粹自然科学判断的主谓
词，因而可以说并不对应于准则和法则。

因此，笔者认为他将定言命令的第三者与先验图型进行类比也许是不
可行的，这恐怕也是一个值得商榷的问题。关于这一点，我们在本节第五
部分中给予说明。

他在后面进一步指出："所以这样一种介于两界之间起作用的人的意
志它可以作为第三者，第三者就是这种本质上是知性世界的人的意志。"②
通过这句话，邓晓芒教授似乎表达了他对第三者的基本看法，即第三者本
质上是知性世界的人的意志。其实，这种本质上是知性世界的人的意志就
是一种二重化的意志。换言之，人的意志从本质上看是属于知性世界的，
因为人是一种理性存在者，理性构成了他的本质。但是，这种本质上属于
知性世界的意志却又受到了感性欲望的刺激或影响，使得它不一定必然地
按照道德法则的要求去行动。

按照笔者的理解，人的意志受到理性的规定但同时又受到感性欲望或
爱好的刺激，所以它总是处于被命令状态之中，即总是被强制要按照定言
命令的要求去行动。当人的意志按照定言命令的要求去规范行动的时候，
它其实是暂时摆脱了感性欲望或爱好的影响，或者说此时就是完全按照理
性对它的规定（伦理性法则）去行动。这时候，人的意志的目的意愿和行
动意愿也就先天必然地联结起来了。虽然如此，人的意志作为"同一个意
志"毕竟同时受到感性欲望和理性的命令的双重制约，即使它能够按照理

① 邓晓芒：《康德〈道德形而上学奠基〉句读》（下），北京：人民出版社，2012年，第684页。
② 邓晓芒：《康德〈道德形而上学奠基〉句读》（下），北京：人民出版社，2012年，第686页。

性所给出的伦理性法则行事，但是它仍然无法完全摆脱感性欲望的刺激，因此始终具有双重性，这也决定了人的意志始终是有限的理性存在者的意志。所以，说到底，这个第三者还是一个本质上属于知性世界但同时又受到感性欲望刺激的混合体。

国内另外一位学者胡好也指出："学界关于第三者的意见分歧很大，知性世界、纯粹意志的理念、积极自由、两重世界成员身份的理念（idea）……"[①]所以，针对学界关于"第三者是什么"的问题存在着众说纷纭的状况，他试图提出自己关于第三者的看法来结束这种状况。为了论证他的观点的合理性，他首先引用了康德在《奠基》和《实践理性批判》中的文本依据。然后，他根据这些文本依据总结出了关于第三者的五个重要的判据。[②]通过对这五个判据进行分析，逐一排除了知性世界、积极自由、纯粹意志的理念等作为第三者的可能性之后，他得出的结论是：只有"同一个意志"才是定言命令的第三者，他指出："这个作为第三者的'同一个意志'就是不完善意志，即纯粹意志与受感性欲望刺激的意志的结合体。"[③]显然，他所谓的"同一个意志"说到底其实就是具有双重特性的人的意志，这一点跟邓晓芒教授的看法完全一致。

总结起来，混合型思路的一个基本特征是认为定言命令的第三者有两面，即感性和理性这两面，与此相应，定言命令的主词是感性的，而其谓词是理性的。不过，在笔者看来，定言命令的第三者只具有理性这一面，或者说只具有完全属于理智世界的成员的意志这一面。换言之，定言命令之第三者的理性这一面也有自己的对象，那就是知性世界的成员。因此，我们也可以说定言命令的第三者有两面，但不是感性和理性这两面，而是纯粹意志及其对象这两面。所以，解答定言命令的第三者问题就应该坚持先天型而非混合型思路。接下来，笔者在坚持这一基本思路的基础上将阐明上述观点。

五、自律的意志作为定言命令的第三者

以上简述了学界研究定言命令之第三者问题的两种思路。在笔者看来，混合型研究思路是行不通的，要阐明定言命令的第三者必须坚持先天

---

① 胡好：《康德定言命令式的演绎》，《道德与文明》2012 年第 2 期，第 72 页。
② 这五个判据是："（1）第三者能将两种认识包含在自身中；（2）积极自由指示出第三者，它不同于单纯感性世界的本性；（3）我们对第三者先天地有个理念；（4）第三者是'同一个意志'；（5）第三者与自然知识中的综合方式具有类比关系。"（参看，胡好：《康德定言命令式的演绎》，《道德与文明》2012 年第 2 期，第 72 页。）
③ 胡好：《康德定言命令式的演绎》，《道德与文明》2012 年第 2 期，第 73 页。

型思路。在此，笔者将证明，能够作为定言命令之第三者的是"自律的意志"。不过，在阐明这一点之前，笔者需要先对混合型思路的缺陷做出批判。在此基础之上，笔者才能进一步阐明为什么"自律的意志"才能作为定言命令的第三者。

（一）混合型思路的缺陷

前面提到，在国内康德学界，持混合型思路的是邓晓芒和胡好。邓晓芒教授在具体说明第三者是如何将定言命令的主谓词联结起来的时候指出："什么是第三者，我们前面讲第三者就是意志，意志属于知性世界，但是它同时又是'作为属于知性世界的一个起作用的原因'，它能够在感性世界里面表现出它的'作用'。当然它也可以受到感性世界的规定或束缚，你的意志本身是属于知性世界的，但它往往服从了感性世界的法则，……所以这个意志，它属于第三者，它是既有知性世界的本体，同时又能够在感性世界中表现它的作用，它在两者之中都有自己的成分。当然它的根基还是在自己的知性世界中，所以它可以作为一个桥梁，沟通两个世界，从而也沟通行动的主观的准则和客观的普遍法则"。①

很明显，邓晓芒教授是将本质上属于知性世界，但能够在感性世界中表现出它的作用并且往往受到感性欲望刺激的意志当成了第三者。这种意义上的第三者的作用是作为联结知性世界和感性世界以及行动的主观准则和客观法则的桥梁或中介。由此可见，在邓晓芒教授看来，这个第三者之所以具有联结行动的主观准则与客观法则的作用，是因为在它身上同时能够找到感性世界对它的刺激以及它在本质上又属于知性世界。换言之，这个第三者是作为双重世界（知性世界和感性世界）的成员的身份而出现的。

针对邓晓芒教授的上述观点，我们可以提出如下三个疑问：①定言命令的主谓词分别是什么？是知性世界与感性世界吗？或者是主观准则和客观法则吗？②把定言命令的主谓词分别理解成主观准则和客观法则与感性世界和知性世界恰好是不是对应的？③如果分别是知性世界和感性世界，或者是主观准则和客观法则，它们如何和定言命令的表达统一起来？尤其是如何与康德在那个脚注中对定言命令的先天综合的实践性所做的说明统一起来？其实，不难看出，上述疑问主要涉及对定言命令的主谓词的理解，而对这个问题的理解往往也是解答定言命令之第三者问题的基础和关键所

---

① 邓晓芒：《康德〈道德形而上学奠基〉句读》（下），北京：人民出版社，2012年，第749页。

在，因为如果不能确定好定言命令的主谓词我们也就无法对其第三者做出准确的判断，甚至会出现这样一种情况：研究者们在不同的意义上谈论第三者。

胡好不仅对定言命令的第三者做了详细的考察，而且将其纳入到了他对定言命令的演绎的重构过程之中。他认为定言命令的第三者是"同一个意志"，他提出这个观点的文本依据是《奠基》的第三章第一节和第三节中的两段话：

> 但是，这样的综合命题之所以可能，仅仅是因为这两种认识都通过与一个第三者的联结而相互结合起来，它们都可以在这个第三者中被发现。自由的积极概念就造就了这个第三者，这个第三者不能像在自然原因中那样是感性世界的本性（在感性世界的概念中，作为原因的某物与作为结果的某种别的东西相关联，其概念是同时出现的）。至于自由给我们指示的、我们先天地对它有一个理念的这个第三者是什么，在这里还不能立刻指明；也不能使人了解自由概念从纯粹实践理性出发的演绎，以及一种定言命令式的可能性，这还需要作一些准备。[①]

> 这个定言的应当表现出一个先天综合命题，之所以如此，乃是因为在我被感性欲望所刺激的意志之外，还加上了同一个意志的理念，但这同一个意志却是属于知性世界的、纯粹的、对于自身来说实践的。在理性看来，它包含着前一个意志的最高条件；这大约就像是给感性的直观加上本身只不过意味着一般而言的法则形式的知性概念，并且因此使对自然的一切知识所依据的先天综合命题成为可能。[②]

他根据第一段话提出了三个判据：第三者能将两种认识包含在自身中，积极的自由概念指示出一个第三者，我们对第三者先天地有一个理念。毋庸置疑，这几个判据显然都可以从上述两段引文中得出，不过到底应该如何理解这些判据则是另一个值得探究的问题。

回到胡好提出的五个判据。笔者认为，五个判据中的前三个判据是可

---

① 〔德〕康德：《康德著作全集》（第 4 卷），李秋零主编，北京：中国人民大学出版社，2005年，第 455 页。

② 〔德〕康德：《康德著作全集》（第 4 卷），李秋零主编，北京：中国人民大学出版社，2005年，第 462 页。

靠的，但是后两个判据却不一定可靠。下面，笔者就针对他提出的那五个判据给出相应的评论。

　　针对第一个判据，笔者以为：不能把"两种认识"模糊或简单地等同于定言命令的主谓词，而是应该把这"两种认识"精确地归结为目标意愿和行动意愿。而且，作为定言命令之主词的是那个不那么完善的绝对善良的意志（ein nicht durchaus guter Wille），从其中其实只能分析出一种主观认识，那就是意愿其准则能够成为普遍法则这样一种主观认识，也就是康德所谓的"主观上必然的"（subjektiv notwendig）认识。换言之，在所有的理性存在者（无论是有限的还是无限的），哪怕是最普通的理性存在者身上都可以分析出这样一种认识来，因为在所有理性存在者身上都包含着"意愿其准则能够成为普遍法则"这种意向，即主观上必然的是认识。正如康德所言："没有任何人，哪怕是最坏的恶棍，只要他平时习惯于运用理性，不会在有人把胸怀正直、坚持遵守善的原则、富有同情和与人为善（为此还结合了对利益和安逸的巨大牺牲）的榜样放在他面前时，不希望自己也能有如此意向的。"①

　　这里的意思是说，即使是最坏的恶棍，都意愿善的准则能够成为普遍的法则。这是我们通过分析定言命令的主词可以得到的认识。但是，我们在这个主词身上却分析不出另一个行动意愿，即分析不出按照法则去行动的客观认识，因为这种客观认识只能在高于人这种有限的理性存在者身上（如上帝）才能分析出来。换言之，意愿善的准则成为法则的主观认识是可以从任何意义上的理性存在者身上分析出来的，但按照法则去行动的意愿却只能从完满的、善良的理性存在者身上分析出来，而不可能从不那么完满的、有限的理性存在者身上分析出来。

　　关于第二和第三个判据，即自由的积极概念造就了这个第三者和我们先天地对第三者有一个理念，康德有着明确的指认。对此，笔者没有什么疑问。可是，混合型思路并不看重这个判据。但是，笔者认为，这两个判据很可能非常有助于我们解答定言命令的第三者问题，因此成为理解该问题的两个重要的判据。②

　　胡好根据第二段引文提出了第四和第五个判据：第三者是"同一个意志"（ebendesselben）和第三者与自然知识中的综合方式具有类比关系。

① 〔德〕康德：《道德形而上学奠基》，杨云飞译，北京：人民出版社，2013年，第101页。
② 第二和第三这两个判据作为重要的提示都关涉对定言命令的可能的解答。我们将在本部分阐述"自律的意志是定言命令的第三者"的时候将其吸纳进来。

笔者以为，这两个判据都只是他根据以上引文中的论述所做的推测和发挥，并不能作为理解定言命令之第三者的判据。针对混合型思路把第三者当成是"同一个意志"，笔者认为这个判据本身是不成立的。理由有以下三个方面。

第一，按照混合型思路的理解，"同一个意志"是既属于知性世界，但同时又受到感性欲望刺激的意志，这其实就是把"同一个意志"等同于不那么完美的善良意志，或者说，等同于有限的理性存在者的意志。按照我们上面对不那么完美的善良意志的分析，它既然是作为定言命令的主词出场的，因此，"把同一个意志当作定言命令的第三者，存在着一个严重的逻辑上的问题，即第三者和定言命令之主词的重叠问题"①。

第二，如果把"同一个意志"当成第三者，那么需要回答：当这个第三者在属于知性世界的同时又受到感性欲望的刺激时，那么能从其中分析出"两种认识"（目标意愿和行动意愿）吗？笔者认为，从"同一个意志"中只能分析出目标意愿，而不能同时分析出其行动意愿，因为行动意愿与它的联结并不是分析地而是综合地联结的，因而在这个第三者中就只包含着一种认识（目标意愿），而不是两种。所以，"同一个意志"就不可能是第三者。关于这一点，我们将在本节的下一部分中对"两种认识"进行详细阐明时会看得更清楚。

第三，对"同一个意志"完全可以做出另一种完全不同的理解。按照以上第二段文本，此处提到的是"在我被感性欲望刺激的意志之外，还加上了同一个意志的理念（Idee ebendesselben）"。针对这一表述，我们可以做出这样的理解：在我被感性欲望刺激的意志之外所加上的"同一个意志"不应该是属于知性世界但又受到感性欲望刺激的意志，而应该是仅仅属于知性世界的、纯粹的意志，这才更加合理，于是把此处的 ebendesselben 理解为仅仅属于知性世界的成员的意志不是更加合理吗？这样来理解刚好把有限的理性存在者的意志当成了定言命令的主词，也更有助于定言命令之第三者问题的解决。

针对混合型思路把"同一个意志"类比为自然的先天综合判断中的先验图型，笔者认为也是不成立的。理由有以下两个方面。

第一，在解答有关自然的先天综合判断的第三者问题时，我们已经确认了其中的主词是现象，谓词是范畴，第三者是先验图型。正是因为先验

---

① 舒远招：《完美神圣的理性存在者的意志：定言命令之第三者——〈道德形而上学的奠基〉中一个重要问题的解答》，《山东科技大学学报（社会科学版）》2012 年第 5 期，第 9 页。

图型是一个混合体，一方面与现象同质，另一方面与范畴同质，所以它才能充当第三者。但是，在定言命令中，情况已经完全不同了。定言命令的第三者当然也应该与主词和谓词同质，但是定言命令的主谓词与有关自然的先天综合判断的主谓词是完全不一样的，这一点必须引起我们的高度注意。关于这一点，笔者在解答"定言命令的主谓词是什么"这个问题时会给予详细说明。

第二，把理论哲学中的先验图型类比为实践哲学中的"同一个意志"，有简单类比之嫌，从而使得对定言命令的第三者问题的理解出现方向性错误。正是在这种简单类比思维的影响下，人们很容易把属于知性世界的成员并受到感性欲望刺激的意志当成了定言命令的第三者，而不去仔细探究定言命令的主谓词分别是什么，当然更不会去怀疑和反思"同一个意志"作为定言命令之第三者的合理性。这样做无疑是把一个异常难解的问题简单处理掉了。

就国外学术界的情况而言，有两种看法：第一种是将"同一个意志"与先验图型做类比，如格里·班汉姆（Gary Banham）。虽然没有像胡好那样直接、明确地将"同一个意志"类比为先验图型，但是他毕竟明确地指出了"实践理性在实践认识中执行的功能就像想象力在理论认识中执行的功能一样"[①]。这就从一定的程度上反映出他还是把这里的"同一个意志"与理论认识中的先验图型做了一个类比。第二种是认为"同一个意志"是完全纯粹的、先天的，如蒂默曼就认为，这里的"同一个意志"就是指"作为纯粹的和通过自身实践的我的意志"。[②]此外，阿利森也认为，这里的"同一个意志"是指"自我立法的意志"。[③]

由此可见，国内外学术界对这里提到的"同一个意志"的看法是有很大争议的。因此，我们决不能简单地把"同一个意志"与先验图型做简单的类比，认为它是一个混合体，并据此进一步将"同一个意志"当成定言命令的第三者。对此，我们恐怕还需要对涉及定言命令的第三者问题以及相关的其他问题做一些说明和阐释，即首先要阐明定言命令的主谓词，这样才能阐明定言命令的第三者。

---

① Banham G, *Kant's Practical Philosophy: From Critique to Doctrine*, New York: Palgrave Macmillan, 2003, p. 82.

② Timmermann J, *Kant's Groundwork of the Metaphysics of Morals: A Commentary*, Cambridge: Cambridge University Press, 2007, p. 142.

③ Allison H E, *Kant's Groundwork for the Metaphysics of Morals: A Commentary*, Oxford: Oxford University Press, 2011, p. 339.

（二）自律的意志作为定言命令的第三者之依据

要阐明"定言命令的第三者是什么？"这个难题，必须要找到其主词和谓词。这就涉及对两个基本要素——绝对善良的意志和两种认识——的理解和阐释。因此，在具体阐明自律的意志作为定言命令的第三者之前还有必要对这两个基本要素做出清晰的说明。

1. 两个基本要素

1）有限的理性存在者的意志——定言命令的主词

定言命令的标准表达式是——"你要这样做，要使你的主观准则同时能够成为普遍的立法原则"。这是康德在《奠基》的第一章"从普通的道德理性知识过渡到哲学的道德理性知识"的基础之上，在第二章进一步过渡到道德形而上学时提出的。正是在道德形而上学的框架之内，他提出了定言命令的标准表达式，并给出了定言命令的其他几个表达式。①在康德看来，定言命令是一个先天综合的实践命题。但是，我们从上述标准表达式中却不太容易看出其主谓词分别是什么。

我们不妨以这个标准表达式的一个变形——"善良意志公式"——为标准来察看，因为在这个公式中，我们更容易看出定言命令的主谓词。这个公式是在《奠基》的第三章第一节才提出来的，它被康德表述为："一个绝对善良的意志就是一个其准则总是能把自身视做普遍法则而包括在自身内的意志，因为通过对绝对善良意志概念的剖析，不可能找到准则的那种属性。"②

在这个表达式中我们比较容易看出，定言命令的主词其实就是"绝对善良的意志"，在其中其准则总是能把自身视作（betrachtet）法则，但是从中又不能分析出准则的那种属性，即不能分析出行动意愿。我们只要在善良意志公式与定言命令的标准表达式之间做一个比较，自然不难发现：在善良意志公式中也涉及准则与法则的关系问题，这一点跟定言命令的标准表达式其实是一致的。因此，这里的关键问题是要弄清楚：在善良意志

---

① 定言命令的主要公式有三个，即普遍法则公式、人性公式和自律公式，但是关于它的变形却有多个。国外很多学者如帕通、罗尔斯、阿利森、盖耶尔、博格（Thomas Pogge）等，对定言命令的三个公式之间的关系做过详细探讨。对定言命令探讨得最详细的是帕通。对此可以参看，Paton H J, *The Categorical Imperative: A Study in Kant's Moral Philosophy*, Chicago: Chicago University Press, 1948. 在这部著作中，帕通不仅对定言命令的公式进行了编号，而且还系统地探讨了诸公式之间的关系，甚至论述了定言命令的第三者等一系列问题。关于定言命令有哪些形式及其诸形式之间的关系不是本书探讨的话题，因为本书主要是阐明联结定言命令的主谓词的第三者是什么。为了阐明这个问题，我们在论述中可能会涉及定言命令的不同形式。

② 〔德〕康德：《道德形而上学奠基》，杨云飞译，北京：人民出版社，2013 年，第 90 页。

公式中作为主词出现的"绝对善良的意志"到底是指什么？它是不是就是"一个完美善良的意志"（ein vollkommen guter Wille）？

关于此处提到的"绝对善良的意志"应该如何理解，国际上一些知名的康德专家，如熊耐克、阿利森、塞吉威克、蒂默曼等大多持类似的观点，即他们都没有将此处的绝对善良的意志等同于"一个完美善良的意志"。

熊耐克针对这里提到的"绝对善良的意志"断言："人们不得不坚信这里的'绝对善良的意志'不涉及一个完美的理性存在者的意志；因为如果人们分析后者就能看出，它遵循的是'它的准则总是能被视为自身包含着普遍的法则'。"①可见，熊耐克在此并不认为"绝对善良的意志"就是康德在《奠基》中经常提到的完美的、神圣的、无条件的善良意志。应该说，熊耐克的理解是非常清晰和有见地的，因为从义理上看，如果这里所说的绝对善良的意志就是指一个完美的理性存在者的意志，它就不可能充当定言命令的主词，因为一个完美的绝对善良的意志的准则和法则是先天地联结在一起的。对于这样的意志而言，不存在向它颁布一个命题的问题，因为它会自动地使自己的准则符合法则。

尤其值得注意的是，熊耐克还进一步指出，存在着两种不同的绝对善良的意志："因为康德其实是利用'绝对善良意志的概念'自身去涉及一个完善的理性（'神圣的'）的意志（比较，GMS，439，29-34②。然而，他也提到一个不完善的意志作为'绝对善良的意志'：此意志是绝对善的，即它不能是恶的，因此它的准则，如果变成一条普遍法则，决不与自身相冲突（GMS，437，6）。在这段话的语境中，康德显然不是在谈完善的理性（神圣的）存在者。他提到的作为'绝对善良的'意志仅仅就是它的准则能被普遍化而言的（比较，GMS，426，10；437，24；437，32；444，28）。"③

阿利森持类似于熊耐克的看法，但他更明确地认为此处的"绝对善良

---

① Schönecker D, "How is a categorical imperative possible? Kant's deduction of the categorical imperative", In Horn C, Schönecker D (eds.), *Groundwork for the Metaphysics of Morals.* Berlin: De Gruyter, 2006, p. 307.

② 需要读者注意的是，此处表示作者所引文献出自《道德形而上学奠基》（国际学术界通常简写为 GMS），该书在《康德全集》的第 4 卷，后面的页码表示出自这一卷的页码和每一页的行数。不过，在康德学界，不同的作者对康德文献的表示有些微差别。有的学者只标识了页码，而没标识每一页的行数，有的又给出了。即使是给出了行数的作者，在标识时也有些微差别。下同。

③ Schönecker D, "How is a categorical imperative possible? Kant's deduction of the categorical imperative", In Horn C, Schönecker D (eds.), *Groundwork for the Metaphysics of Morals.* Berlin: De Gruyter, 2006, p. 307.

的意志"是指有限的理性存在者的意志。他宣称："首先，即使康德之前定义了一个绝对善良的意志不能是恶的（GMS4：437$_{6-7}$），他在此却并不将它与一个神圣的意志相等同，因为他说此意志的原则必定是一个定言命令，并且康德一贯否认一个神圣的意志是服从于诸命令的。因此，似乎是这样，康德通过一个'绝对善良的意志'必定表达了一个有限的理性存在者的意志，它被视为服从定言命令而行动。"[1]

与熊耐克不同的是，阿利森认为"善良意志公式"作为一个先天综合判断表达的是一个描述性判断，而前者却认为它是一个规范性判断。针对熊耐克的断言，阿利森指出："被熊耐克刻画为定言命令（一个绝对善良的意志即是一个其准则总是能被视为普遍法则的意志）的一个陈述这个用语显然是描述性的而非规范性的，尽管他强调了道德法则的描述性本质，但是他无声地忽视了此点。"[2]

塞吉威克的观点类似于熊耐克和阿利森，不过她将此绝对善良的意志解释为纯粹意志，并对这个纯粹意志做了特定的解释，即有能力但不必然出于义务而行动的意志。她指出："如果我们错误地解释了康德的用语——绝对善良的意志，其在以上引文中已提到，这是一个永不犯错或完善的意志，我们很可能认为这个变化是重大的。……但是，根据以下理由，这种解释是不正确的：如果通过'绝对善良的意志'，在（447）[3]，康德仅仅意味着一个完善的意志，那么，我们就无法说明在那儿提醒我们的问题（按：指定言命令何以是向绝对善良的意志颁布的）。……如果康德在（447）提到的绝对善良的意志不是等同于完善的或永不犯错的意志，那么它在何种意义上是'绝对'善的呢？最合情理的回答是：根据康德，这个意志凭借其有能力出于义务而行动而是'绝对善良的'。换言之，在此语境中，康德仅仅通过'绝对善良的意志'表达了纯粹意志。在《奠基》中，他对'绝对善良的意志'这个用语的使用并不是一贯的，有时候他也在这个意义上使用。"[4]

蒂默曼对此做了一个带有总结性的概括："这个句子（指善良意志公

---

[1] Allison H E, *Kant's Groundwork for the Metaphysics of Morals: A Commentary*, Oxford: Oxford University Press, 2011, p. 278.

[2] Allison H E, *Kant's Groundwork for the Metaphysics of Morals: A Commentary*, Oxford: Oxford University Press, 2011, p. 281.

[3] 此处表示所引文献出现在《康德全集》（第4卷）第447页。由于《道德形而上学奠基》被收录于该卷，而且由于学者们都知道该书收录于该卷，所以学界有的学者直接给出了页码。下同。

[4] Sedgwick S, *Kant's Groundwork of the Metaphysics of Morals: An Introduction*, Cambridge: Cambridge University Press, 2008.

式的表达式）简要地概括了第一和第二部分的结论，参见IV 437.6-7 的总结。在IV 477.11-12 中的'绝对善良的意志'（ein schlechterdings guter Wille）就是善良的人的意志。正如熊耐克表明的那样，这是必须要演绎的综合原则。"①

综合以上四位学者的看法不难发现，他们在此关于"绝对善良的意志"的研究有一个共同的地方，即这个"绝对善良的意志"并不能等同于康德在《奠基》的第一和第二章中提到的完美神圣的理性存在者的意志，它仍然是一种有限的理性存在者的意志，即不那么完美的、神圣的意志，尽管用了"绝对善良"这个限定词。因此，定言命令是针对那种不那么完美的（nicht vollkommen）"绝对善良的意志"颁布的，而对那种完善的、永不犯错的"绝对善良的意志"来说却是多余的。因此，"绝对善良的意志"这个概念在《奠基》中其实有两种表达，一种是"一个并不完善的善良意志"，另一种是"一个完美的、善良的意志"。

学术界已有的研究成果向我们表明：在康德那里，虽然存在着完善的绝对善良的意志，但是还存在着一种"并不完善的绝对善良的意志"，定言命令是向这样的意志颁布的，更进一步说，它其实就是定言命令的主词。在康德那里，关于这一点，我们也可以通过康德在《奠基》的第二章中的两处提示看出端倪。

第一处是在阐明了我们必须完全先天地到理性中去寻找所有的德性（Sittenlichkeit）概念，并指出了意志作为一种实践理性就是按照原则去行动的能力之后，康德明确地区分了两种绝对善良的意志。"如果理性免不了要规定意志，则这样一种存在者的行动，作为客观必然的来认识，也是主观必然的，就是说，意志是一种只选择那种理性不依赖于爱好而认为在实践上是必然的、也就是善的东西的能力。但如果理性凭自己单独不足以规定意志，如果意志还受到那些并不总与客观条件相一致的主观条件（某些动机）的支配，简言之，如果意志不是自在地完全合乎理性（这就像在人身上现实发生的那样）：那么被认为客观上必然的那些行动就是主观偶然的了，而按照客观法则对这样一个意志的规定就是强制（Nötigung），就是说，客观法则与一个并非绝对善良的意志的关系可以被表象为对一个理性存在者的意志的规定，虽然是通过理性的根据来规定，但这一意志按照其自然本性而言并不是必然服从这些根据的。"②

---

① Timmermann J, *Kant's Groundwork of the Metaphysics of Morals: A Commentary*, Cambridge: Cambridge University Press, 2007, p. 125.

② 〔德〕康德：《道德形而上学奠基》，杨云飞译，北京：人民出版社，2013 年，第 40—41 页。

　　这里的意思是说，第一种绝对善良的意志是完全并不可避免地受到理性规定的意志，那么该意志的行动意愿作为一种认识就不仅在主观上是必然的，而且在客观上也是必然的。第二种绝对善良的意志是一种仅凭理性不足以规定它，而且它还受到与客观法则不一致的主观条件（主要指感性欲望或爱好）的支配，那么该意志的行动意愿作为一种认识就只是在主观上必然的，而在客观上却并不是必然的，因此法则对它而言就还是一种强制，这是这两种绝对善良的意志的区别所在。

　　第二处是在对定言命令三个主要的表达式做了系统的阐述之后，康德带有总结性地指出："我们现在可以在我们开始出发的地方，即一个无条件的善良意志的概念这里结束了。这个意志是绝对善的，它不可能是恶的，所以它的准则，如果被做成一条普遍法则，绝不可能与自身冲突。所以这样一个原则也就是它的至上法则：总要按照这样一条准则行动，它的普遍性你同时也能够愿意作为法则；这就是一个意志在其下能够永远不与自身相冲突的唯一条件，并且这样一个命令就是定言的。由于意志作为对可能行动的普遍法则的那种有效性，与作为一般自然形式的那种按照普遍规律［法则］的物的存有之普遍联结有类似之处，所以，定言命令也可以这样来表达：你要按照能把自身同时当做对于对象的普遍自然规律的那些准则去行动。所以一个绝对善良的意志的公式就具有这种性状。"①

　　显然，在此提到的"绝对善良的意志"同样并不是指那种完善的、神圣的、永不犯错的绝对善良的意志，而只能是指那种并不那么完善的、有可能会犯错的绝对善良的意志。之所以需要向这种并不那么完善的绝对善良的意志颁布定言命令，是因为这种意志虽然由理性来规定它的行动，但是这种意志总是受到感性欲望或爱好的影响或刺激，从而使它并不必然地按照能够成为法则的准则去行动。

　　按照刘易斯·贝克（Lewis Beck）的看法，这种不那么完善的绝对善良的意志"是出于对法则的敬重而行动的意志，而非出于对某种结果的欲求而行动的意志"。②不仅如此，他还进一步认为，正是康德对善良意志的考察，导致了《奠基》的第二章产生了定言命令公式。贝克的看法并不是说定言命令的根据在不那么完美的绝对善良的意志中，他更倾向于认为定言命令是向那种不那么完美的绝对善良的意志颁布的。

　　笔者赞同贝克的看法，并进一步认为不那么完美的绝对善良的意志就

① 〔德〕康德：《道德形而上学奠基》，杨云飞译，北京：人民出版社，2013 年，第 75 页。
② 〔美〕刘易斯·贝克：《〈实践理性批判〉通释》，黄涛译，上海：华东师范大学出版社，2011年，第 61 页。

是定言命令的主词，因为从以上两段引文中我们完全可以看出，康德也把这种并不完美的绝对善良的意志理解成理性存在者的意志或理性化的意志。例如，"意志被设想为一种自己按照某些法则的表象规定自身去行动的能力。而这样一种能力只能在理性存在者那里找到"①。换言之，只有在理性存在者身上才能找到意志，而在其他存在者那里是不可能找到任何意志的。这同时意味着，在任何有理性的存在者的意志那里理性都与其须臾不可分离，理性构成了该意志的内在的规定性，但理性同时又并不必然地规定意志，原因就在于该意志总是受到来自感性爱好和欲望的影响或刺激。所以，该意志尽管由理性对其作出规定，并使得它总是意愿其主观准则能够成为客观法则，也正因为这一点它才可以被称为绝对善良的意志。它虽然是绝对善良的，但是并不必然接受理性的规定，原因在于它总是受到感性欲望或爱好的刺激，因此该意志就总是处于被命令状态，从而成为定言命令的主词。

此外，如果我们进一步追溯这种意志在《奠基》中的起源，其实也不难发现它就是康德在《奠基》的第一章开头提到的"善良意志"。善良意志之所以是绝对的有两个原因：第一，是它自在地就是善的，这是因为就它的意愿而言就是善的这一点来说的。正是在这个意义上，我们才可以说这是一个"自在的本身就应受到高度评价而没有其他意图的善良意志的概念"。②第二，以第一个原因为根据，善良意志构成了配享幸福的必不可少的条件，即"这种意志虽然不可能是唯一的、完整的善，但它却必定是最高的善（das höchste Gut），并且是其他一切东西的条件，甚至是对幸福的所有要求的条件"③。总之，正是因为善良意志自在地是善的，并构成了能够配享幸福的不可缺少的条件，所以它是绝对的善；但又由于他毕竟是属人的意志，所以它又不可能像属神的意志那样自动地遵循道德法则，因此它又不是完善的。一句话，《奠基》开头强调的善良意志就是不那么完善的绝对善良的意志，它就是定言命令的主词，或者说定言命令就是向这样的意志所颁发的。

2）两种认识

通过对"绝对善良的意志"的概念的阐明，我们已经确定了定言命令的主词。但是还有另外一个重要的要素需要我们去探明，那就是"两种认识"。康德在指出了"善良意志公式"作为先天综合命题之后，马上又指

---

① 〔德〕康德：《道德形而上学奠基》，杨云飞译，北京：人民出版社，2013 年，第 61 页。
② 〔德〕康德：《道德形而上学奠基》，杨云飞译，北京：人民出版社，2013 年，第 16 页。
③ 〔德〕康德：《道德形而上学奠基》，杨云飞译，北京：人民出版社，2013 年，第 16 页。

出了这个命题的综合性，"但这种综合命题只有这样才是可能的：两个认识相互之间，通过与某个在其中双方都能被发现的第三者的联系而结合起来"①。在此，定言命令的第三者概念正式被提了出来，与这个第三者概念同时出现的还有另外一个重要的要素即"两个认识"也被他提出来了。②

根据上述引文，我们一般会认为这里提到的"两种认识"很可能就是指定言命令的主词和谓词。但是，我们的认识不能仅仅停留在这个层面上，我们必须要追问："两种认识"到底具体指什么？这是解答定言命令之第三者问题的关键。

有研究者认为，这里的"两种认识"指的是绝对善良意志与准则的合法则性。③与这种看法不同，另外有研究者认为，这"两种认识"就是指行为必须符合理性要求（法则）的客观认识和在行动时自觉选择符合法则的准则这种主观上必然的认识，更进一步说，这两种认识其实指的就是两种意愿（Wollen），即目的意愿和行动意愿。④换言之，康德是把"两种认识"作为两种意愿来理解的。⑤

笔者完全能赞同将"两种认识"当成两种意愿来看待，也完全赞同目的意愿（因为它完全可以从不那么完美的绝对善良的意志中分析出来）和行动意愿分别对应着定言命令的主谓词。不仅如此，笔者还将提供进一步的文本依据来支持上述看法。

---

① 〔德〕康德：《道德形而上学奠基》，杨云飞译，北京：人民出版社，2013年，第90页。

② 帕通、阿利森和盖耶尔对《奠基》做了详细的解读或研究，而蒂默曼和塞吉威克等研究者对《奠基》做了逐段逐句的解读，但是，他们对这里提到的"两种认识"并没有展开论述，或语焉不详，有的甚至只字未提。总之，学术界对"两种认识"的看法是不太明朗的。笔者认为，上述研究者很可能忽视了或者没有意识到弄清"两种认识"对解答"一种定言命令如何可能？"这个问题的重要性。不过，塞吉威克提到了两种认识，甚至还提到了第三种认识（第三者）。虽然她指明了第三种认识是"积极的自由概念"，但是遗憾的是她并没有指明另外"两种认识"具体指什么。

③ 胡好：《定言命令式的演绎》，《道德与文明》2012年第2期，第72页。

④ 要了解详细的分析，请参看舒远招教授在《山东科技大学学报（社会科学版）》（2012年第5期）中《完美神圣的理性存在者的意志：定言命令之第三者——〈道德形而上学的奠基〉中一个重要问题的解答》第12—14页的内容。这里不再详述他的论证过程。

⑤ 支持该观点的文本依据如下："因此，一个完美善良的意志同样要服从（善的）客观法则，但并不因此就能够被表象为被强制去做合乎法则的行为，因为就其主观性状而言，它本身只能被善的表象所规定。因此，对于属神的意志而言，一般而言，对于一个神圣的意志而言，命令式是并不适用的；这里不是应当（Sollen）的合适位置，因为意愿（Wollen）本身就已经与法则必然一致了。所以，命令式只是表达一般意愿（Wollen）的客观法则与这个或那个理性存在者的意志，譬如与一个属人的意志的主观不完善性之关系的公式。"〔参看舒远招在《山东科技大学学报（社会科学版）》（2012年第5期）中《完美神圣的理性存在者的意志：定言命令之第三者——〈道德形而上学的奠基〉中一个重要问题的解答》第13页的内容。〕

康德除了在《奠基》的第二章的一个脚注中阐明定言命令的先天综合实践性①这个文本之外，在《奠基》第三章的"论依附于德性之各种理念的关切"这一节中，他再次表明了他对"两种认识"的理解："我愿意承认，没有任何利益［关切］驱使我这样做，因为那不会给出任何定言命令；但我还是必须对此抱有某种关切，并弄明白这是怎么发生的；因为这个'应当'真正说来是一种意愿，这意愿对每一个理性存在者都会有效，其条件是只要理性在它那里没有阻碍地是实践的；而那些像我们一样还通过作为另一类动机的感性受到刺激的存在者，在他们那里理性单单为了自己而会去做的事情并不总是会发生，对他们来说，行动的那种必然性就只叫做应当，而主观必然性就区分于客观必然性了。"②

对人这种有限的理性存在者而言，其意志中包含着意愿其准则能够成为法则这种主观必然性的认识，而且这种主观必然性的认识只能表现为一种"应当"，而"应当"真正说来其实就是一种意愿，所以，这种主观必然性的认识就是一种意愿。这种主观必然性的认识作为一种意愿区别于另一种客观必然性的认识的意愿，即行动意愿。换言之，主观必然性和客观必然性的认识的区分其实也就是上面所说的目的意愿和行动意愿的区分。可见，以上文本表明：康德在此仍然是把"两种认识"当作两种意愿来理解的。

总之，"两种认识"指的就是在行动时自觉地选择符合法则的准则的主观必然性的认识和行动必须符合法则的客观必然性的认识，或者换一种说法，即目的意愿和行动意愿，它们分别构成了定言命令的主谓词。

2. 自律的意志何以能够作为定言命令的第三者

阐明"绝对善良的意志"概念以及"两种认识"，为我们探究定言命令的第三者问题奠定了基础。我们完全有理由做出这样一个推断：定言命令的第三者很可能是比不那么完美的、绝对善良的意志更高级的意志，但它同时一定包含着"两种认识"（或者说可以同时从它那里分析出两种认识），即目的意愿和行动意愿，这两个意愿的联结是普遍必然的，或者说是分析的关系。

根据这两个要素（即绝对善良的意志和"两种认识"），笔者以为定言命令的第三者就是"自律的意志"——这个意志是指仅仅属于知性世界，并作为一个理想而存在着的意志，但它又并不等于那种无条件的、永远不犯错误的属神的意志。或者说，该意志介于属神的意志和不那么完善的理

① 在那里，康德提到了行动意愿和已被预设的意愿，后者其实就是指目的意愿。
② ［德］康德：《道德形而上学奠基》，杨云飞译，北京：人民出版社，2013年，第93页。

性存在者的意志（如人类的意志）之间，正是在这个意义上，我们也可以将它称为"自律的意志"。

何谓"自律的意志"？我们可以看看康德在《奠基》中的两处说明。

"除了自律，即那种自身就是自己的法则的意志的属性之外，意志的自由还能是什么呢？……一个自由的意志和一个服从德性法则的意志完全是一回事。"①由此可见，一个"自律的意志"就是一个服从道德法则的意志，其实也就是真正自由的意志。自律作为意志的内在属性是与后者须臾不可分离的，是后者内在的本质。或者说，自律是意志的本质属性。

康德在另一处表达了同样的看法："自由和意志的自己立法两者都是自律，因而是可互换的概念（Wechselbegriffe）。"②自律是意志的内在属性，因此真正的自由意志其实就是自我立法的意志，也就是"自律的意志"。这种"自律的意志"可以排除任何感性欲望的刺激，它总是能够按照定言命令的要求做出自己的行动，或者说完全出于对定言命令的敬重（Achtung）而做出合乎法则的行动，因而它其实也就是完全属于理智世界成员的意志。因此，这种意义上的意志也就区别于作为定言命令之主词的"不那么完善的绝对善的意志"。

笔者之所以做出这样的理解主要基于《奠基》中的多处文本依据。

第一，在《奠基》的第二章中，康德曾明确指出："意志自律是意志的这种性状（Beschaffenheit），通过该性状，同一个意志对于它本身（不依赖于意愿对象的所有性状）就是一个法则。"③意思是说，对一个"不那么完善的绝对善的意志"而言，意志自律总是它的一个法则。这提示了在一个"不那么完善的绝对善的意志"中，自律与它不是分析的关系，而是综合的关系，所以对它而言，意志自律才总是一个法则。同时，这也意味着自律总是这种意志的一种并不必然的属性。

第二，在《奠基》第二章的结尾部分倒数第二自然段中，康德写道："所以，绝对善良的意志，它的原则必须是一个定言命令，它就在一切客体方面不受规定，而只包含一般的意愿的形式，也就是作为自律，即每一个善良意志的准则在使自身成为普遍法则方面的适应性（die Tauglichkeit），它本身就是每一个理性存在者的意志自身所承担起来的唯一法则，不必以任何动机或兴趣作为它的基础。"④笔者以为，这里提到的"绝对善良的意志"（Der schlechterdings gute Wille）同样也是指"不那么完善的绝对善

①〔德〕康德：《道德形而上学奠基》，杨云飞译，北京：人民出版社，2013年，第90页。
②〔德〕康德：《道德形而上学奠基》，杨云飞译，北京：人民出版社，2013年，第95页。
③〔德〕康德：《道德形而上学奠基》，杨云飞译，北京：人民出版社，2013年，第80页。
④〔德〕康德：《道德形而上学奠基》，杨云飞译，北京：人民出版社，2013年，第86页。

的意志”，即定言命令的主词，因为对这种意志而言，定言命令必须是一个原则。不过，就它只包含一般意愿的形式而言，自律就构成了它的形式方面的规定性，但自律在形式方面也不必然与它处于分析关系中，而是仍然处于综合关系中，因为它并不必然按照自律的法则（定言命令）去行动，或者说这种意志并不总是能够做到自律。因此，只有在一个高于它的意志中，才可能找到这种意志与自律之间的分析的联结，而我们可以将这种意志称为“自律的意志”，它要高于那个“不那么完善的绝对善的意志”。

第三，康德在《奠基》第三章的开头指出：“除了自律，即那种自身就是自己的法则的意志的属性之外，意志的自由还能是什么呢？”①这是把意志自由和自律等同起来理解的。对一个“不那么完善的绝对善的意志”而言，尽管自律也是它的一种属性，但并不是必然的属性，在它身上不可能分析出自律。但是，对一个“自律的意志”而言，完全可以从它身上分析出自律来。进而言之，在这个意志身上，既可以分析出目的意愿，也可以分析出行动意愿，因为对这样的意志而言，无论是目的意愿的预设，还是行动意愿的遵循都是自发的，即出自一种纯粹的自发性（reine Spontaneität）而设定自己的行动意愿和遵循自己的行动意愿。

第四，在《奠基》第三章的开头，康德明确地说：“积极的自由概念提供了这个第三者，这第三者不能像在物理原因的情形中那样，是感性世界的自然本性。”②这里的一个关键信息是“积极的自由概念”。所谓“积极的自由概念”其实也就是善良意志的自我立法，因此它提供出来的就是一个“自律的意志”。这个“自律的意志”不可能处于感性世界中，而只可能在理智世界中。

以上多处文本依据已经充分表明，“自律的意志”不仅是而且能够充当定言命令的第三者。在这个“自律的意志”中，我们可以同时找到“两种认识”，即目的意愿和行动意愿，而且二者是分析地联结在一起的。在这个第三者身上同时包含着“两种认识”，即意愿准则成为法则的目的意愿和按照该法则去行动的行动意愿。而只有在“自律的意志”中才能同时找到这样两种认识或两种意愿。

在“不那么完善的绝对善良的意志”中却只能分析出一种认识——目的意愿，却分析不出另一种认识——行动意愿。上述两种认识或两种意愿的确不能在一个有限的理性存在者的意志中同时找到，因为在一个有限的

---

① 〔德〕康德：《道德形而上学奠基》，杨云飞译，北京：人民出版社，2013年，第90页。
② 〔德〕康德：《道德形而上学奠基》，杨云飞译，北京：人民出版社，2013年，第90页。

理性存在者的意志中只能够找到一个目的意愿。对一个有限的理性存在者的意志来说，此目标意愿又分为两种：第一种是感性的目的意愿，在这种意愿的刺激下，它很可能做出违背定言命令的行动，因此目的意愿与行动意愿的联结就不是必然的联结，而是或然的联结；第二种是理性的目的意愿，在这种意愿的刺激下，有限的理性存在者的意志是受到理性规定的，这时它就会做出符合或遵守定言命令的行动。之所以说符合或遵守，是因为当有限的理性存在者的意志受到理性的意愿规定的时候，感性的目标意愿也刺激着它。在这种情况下，它做出的行动也许只是符合定言命令的要求而已，却不是出于对定言命令的敬重而遵守它。因此，无论是在前一种情况下还是在后一种情况下，目的意愿与行动意愿的联结都是或然的。这同时就意味着，在一个有限的理性存在者的意志身上的目的意愿是不纯的。

　　而在属神的意志身上虽然也可以分析出"两种认识"，但是对这种意志而言，定言命令完全是多余的。换言之，属神的意志跟定言命令完全无关。而且，我们也未尝在《奠基》中发现支持属神的意志是定言命令的第三者的任何文本依据。

　　总之，以上分析和论述充分表明：定言命令的第三者就是"自律的意志"，只有它才适合充当定言命令的第三者。在层次上，它是介于属人的意志与属神的意志之间的一种特殊的意志。

3. 一个补充性的论证

　　学界关于定言命令的演绎的研究是康德实践哲学中的一个重点和热点问题，但是很多的演绎都没有突出"自律的意志"这个第三者的地位和作用。在笔者看来，只有借助于"自律的意志"，康德对定言命令的演绎才能获得成功。换言之，要对"一种定言命令如何可能？"这个问题做出解答，必然需要一个第三者将定言命令的主谓词联结起来。当康德在《奠基》第三章的第三节追问"一种定言命令如何可能？"（Wie ist ein categorischer Imperativ möglich?）的时候，我们有必要追问：他是在何种意义上追问这个问题的？更进一步说，我们对这个问题究竟应该作何理解？对此，学术界同样存在着不同的看法。

　　贝克认为，康德在此提出的问题其实是在追问"纯粹实践理性的综合运用是如何可能的"[①]，这其实是一个很复杂的问题，所以就需要对定言命令进行演绎。

---

① 〔美〕刘易斯·贝克：《〈实践理性批判〉通释》，黄涛译，上海：华东师范大学出版社，2011年，第61页。

熊耐克则认为，“一种定言命令如何可能？”这个问题可以分成三个子问题或三个方面："①为什么定言命令是有效的？②自由如何能被理解？并且为什么我们认为自身是自由的？③在道德法则中，纯粹实践理性如何能够产生一个兴趣？"[①]他的理解是将"一种定言命令如何可能？"转化为三个子问题来探讨，其中第一个问题与定言命令的演绎直接相关。熊耐克的解释则显得比较宽泛，但是他已经意识到了需要阐明定言命令的可能性与其有效性，以及自由和纯粹实践理性之间的关系。

阿利森则认为，这里提到的"可能的"并不是指单纯逻辑上可能的，也不是指经验上可能的，更不是指绝对的（无条件的）可能性，而只能理解成实践上的可能性，他指出："如此建构的可能性，可以被命名为'实践的可能性'，它是通过证明被确立起来的，该证明就是定言命令诸条件的联结是通过它的中介而实现的。"[②]阿利森对"可能的"的解释很富有见地，更重要的是他还提到了需要通过一个中介来实现定言命令诸条件的联结，并由此证明定言命令是可能的。虽然阿利森没有指明这个中介是什么，但它一定与定言命令的演绎有着密切的关联。

按照《奠基》第三章的思路，必须预设意志自由，将此作为论证定言命令（主要是指意志自律公式）是如何可能的前提条件，但康德同时又从意志自律推出意志自由。在做了上述工作之后，他这样表述："于是，我们在上面所挑起的这种疑惑就被消除了，即似乎在我们从自由到自律，又从自律到德性法则的推论中包含着一个隐秘的循环，也就是我们是不是把自由的理念仅仅只是为了德性法则才奠定为基础，以便然后再从自由中推论出德性法则，因而对这个法则我们将根本指不出什么根据，而只能把它表明为对某种原则的祈求。"[③]国内外学术界认为康德在阐述自由与定言命令（其作为至上的道德法则）的关系时的确陷入了"隐秘的循环"[④]。而且，有研究者甚至认为康德在《奠基》第三章中对定言命令的演绎是不成功的。[⑤]

---

① Schönecker D, "How is a categorical imperative possible? Kant's deduction of the categorical imperative", In Horn C, Schönecker D (eds.), *Groundwork for the Metaphysics of Morals.* Berlin: De Gruyter, 2006, p. 307.

② Allison H E, *Kant's Groundwork for the Metaphysics of Morals: A Commentary*, Oxford: Oxford University Press, 2011, p. 333.

③ 〔德〕康德：《道德形而上学奠基》，杨云飞译，北京：人民出版社，2013 年，第 99 页。

④ 帕通、熊耐克、盖耶尔等都持这种观点。当然，也有学者，如阿利森，认为这种"循环论证"只是表面的，不是康德自己正面的观点，而只是他有可能遇到的反驳。

⑤ 参看，Paton H J, *The Categorical Imperative: A Study in Kant's Moral Philosophy*, Chicago: Chicago University Press, 1948, p. 244；Allison H E, *Kant's Theory of Freedom*, Cambridge: Cambridge University Press, 1990, pp. 221-229.

不少学者为了阐明自由与道德法则（定言命令）之间的关系，纷纷对定言命令的演绎进行了重构。比如，阿利森借助交互论（reciprocity thesis）①将定言命令的演绎过程重构为以下七个步骤："①现在我宣称，每一个存在者只要仅仅按照自由的理念行动——从一个实践的观点看——仅凭这一点就是真实地自由的。②并且，我坚信对每个拥有一个意志的理性存在者而言，我们必定也借助于自由的理念使他能在此理念下行动。③所有'不可分离地与自由绑定在一起'的法则对每一个拥有理性和意志的存在者都是有效的。④但是，交互论确立的道德法则是'不可分离地与自由绑定在一起'。⑤因此，道德法则对每个拥有理性和意志的存在者都是有效的。⑥由于一般的诸存在者自身拥有理性和意志，道德法则对我们就是有效的。⑦由于我们不必然遵守此道德法则的命令（这些规定是'客观有效的'而不是'主观随意的'），法则对我们而言是一个定言命令的形式，那就是，尽管我们不必然去违背它，但都受到它的合理的限制。"②

熊耐克对定言命令的演绎也进行了重构，他的重构步骤比阿利森的重构步骤更为复杂。他首先将康德在《奠基》第三章的演绎归纳如下："一个自由的意志是遵守道德法则的意志；自由必须被预设为所有理性存在者的意志的一种属性；人类是理性存在者；因此人类的意志作为一种自由的意志就是遵守道德法则的意志，这就是说定言命令是有效的。"③在此基础之上，他进一步提出了自己关于定言命令的演绎。他的重构过程分为两个阶段：第一个阶段被他称为"演绎的预先推断"（presuppositions of the deduction），这一阶段又分为四个步骤；第二个阶段被他称为是"本体的伦理学原则"（the ontoethical principle），这一阶段则分为六个步骤。④

另外，奥诺拉·奥尼尔（Onora O'Neil）虽然没有对定言命令的演绎进行重构，但是她认为要走出自由与道德法则之间的循环关系必须转换出发点，她指出："关键在于去思考我们是如何能够转换我们的出发点的。只有通过做出这种转换，我们才能够离开分析的循环。"⑤同时，她还诉

---

① 简单说来，阿利森所谓的"交互论"强调的是自由与道德法则（定言命令）之间的交互作用关系。

② Allison H E, *Kant's Theory of Freedom*, Cambridge: Cambridge University Press, 1990, pp. 215-216.

③ Schönecker D, "How is a categorical imperative possible? Kant's deduction of the categorical imperative", In Horn C, Schönecker D (eds.), *Groundwork for the Metaphysics of Morals.* Berlin: De Gruyter, 2006, p. 302.

④ 如需了解熊耐克重构的具体步骤，可以参看，Schönecker D, "How is a categorical imperative possible? Kant's deduction of the categorical imperative", In Horn C, Schönecker D (eds.), *Groundwork for the Metaphysics of Morals.* Berlin: De Gruyter, 2006, pp. 308-318. 在此不再一一引述。

⑤ 〔英〕奥诺拉·奥尼尔：《理性的建构：康德实践哲学探究》，林晖、吴树博译，上海：复旦大学出版社，2013年，第71页。

诸康德在《纯批》的"纯粹理性的训练"这一章中对理性的自我批判这种视角，进一步指出："康德的策略是某种倒转。他不是从理性来论证自律，而是从自律来论证理性。……理性不具有超验性的权威；它只能被批判所证明，而批判本身在根本上也仅仅是思想中的自律性实践罢了。自律并没有预设而是构建起了理性的原则及其权威。"①

姑且不论阿利森和熊耐克对定言命令的演绎的重构是否合理，也不论奥尼尔诉诸理性的自我批判，以实现视角转换的处理方式是否真正地摆脱了自由与道德法则之间的循环关系，有一点是他们所忽视了的，那就是在他们的理解中缺少了第三者这个重要的环节，而该环节往往是理解定言命令之可能性问题的关键。在笔者看来，要在自由和道德法则之间摆脱循环，不能缺少第三者这个重要的环节。正如杨云飞所指出的那样："按照康德的说法，从自由到法则的推论还需要一个第三者才能够完成。"②

下面，我们将根据康德在《奠基》第三章的提示对定言命令的演绎也做一个重构。重构的步骤如下：①自由的现实性预设；②不必然服从道德法则的意志的出场（不那么完美的绝对善良的意志作为主词）；③积极的自由造就了一个第三者（也就是自律的意志）；④定言命令成为可能（第三者联结定言命令的主谓词）。

①→②+③。前面提到，自由和意志自律（意志的自己立法）是可以互换的概念，这意味着自由的现实性预设构成了后面三个步骤的根本前提。由这个前提进一步推导出一个不必然服从道德法则的意志，即②。不必然服从道德法则的意志当然不能等同于第三者③，它其实就是一种"不那么完善的绝对善良的意志"，即它其实是作为定言命令的主词出场的，所以定言命令是颁布给上述意志的。第三者之所以能够出场是因为自由的积极概念造就了它，这种造就是建立在自由的现实性预设这个基础之上的；这个第三者所起的作用就是联结定言命令的主谓词，它就是"自律的意志"。

于是，①+②+③→④。由于自由的现实性预设给出了定言命令的主谓词以及第三者，因而通过一个第三者将定言命令的主谓词联结起来，从而也就使得定言命令成为可能。这是《奠基》第三章解答"一种定言命令如何可能？"的一个重要的思路。

① 〔英〕奥诺拉·奥尼尔：《理性的建构：康德实践哲学探究》，林晖、吴树博译，上海：复旦大学出版社，2013年，第73页。
② 杨云飞：《定言命令研究》，武汉大学博士学位论文，2006年，第73页。另外，有必要提一下，国内有研究者对定言命令的演绎进行了重构。该重构已经涉及定言命令的第三者。具体可参看胡好在《道德与文明》（2012年第2期）中《康德定言命令式的演绎》第74页的论述。

　　因此，基于上述对定言命令之演绎的重构以及对"自律的意志"作为定言命令之第三者的理解，我们便可以对康德在《实践理性批判》中的一个重要论断——"自由固然是道德律的 ratio essendi［存在理由］，但道德律却是自由的 ratio cognoscendi［认识理由］"①——做出如下理解：自由作为一种实践的概念（理念）是一种现实性的存在，所以它构成了道德律（定言命令）的存在理由；道德律（定言命令）作为一种先天综合的实践命题是我们认识自由的媒介，换言之，我们可以通过道德律来认识自由，原因就在于联结定言命令的主谓词的第三者是由自由的积极概念提供出来的。这样，我们也就可以理解《奠基》第三章的第一节和第二节的标题——"自由概念是解释意志自律的钥匙"和"自由必须被预设为一切理性存在者的意志的属性"，这两个标题的意思都是在向我们表明自由的现实性乃是定言命令的可能性的先天根据。

　　最后，我们再对"一种定言命令如何可能？"这个问题做一个总结。《奠基》第三章的第四节的标题就是"一种定言命令如何可能？"根据对这一节内容的解读，并综合国内学者对该问题的研究，我们认为，这一节其实是在两种不同的意义上谈论定言命令的可能性。

　　一是在定言命令的主词的意义上陈述定言命令的可能性，这是该节第一自然段要表达的意思。之所以这样说是因为，康德在这里提到，定言命令是对像人的意志那样"不那么完善的理性者的意志"颁布的，而对一个"绝对善良的神圣的理性存在者的意志"而言，定言命令则完全是多余的。但是，需要注意的是，颁布定言命令的主体并不是绝对善良的神圣的意志，而是像人的意志那样的"不那么完善的绝对善良的意志"本身；换言之，是该意志在向自己颁布定言命令。正是在这个意义上，定言命令对于该意志而言是可能的。

　　二是在定言命令之第三者的意义上陈述定言命令的可能性，这是该节第二自然段要表达的意思。换言之，从逻辑学的角度来看，正是由于第三者将定言命令的主谓词联结起来之后，定言命令才是可能的。

　　不过，有必要指出的是，这里提到的第三者有两个方面，一方面是从意志这一面来说的，这时第三者就是指"自律的意志"或完全属于理智世界的意志；另一方面是从该意志的对象这一面来说的，这时第三者就是理智世界的成员。康德曾经指出："定言命令就是可能的，因为自由的理念

---

①〔德〕康德：《实践理性批判》，邓晓芒译，杨祖陶校，北京：人民出版社，2003年，第2页。

使我成为一个理知世界的一员。"①可见，这句话在提示我们，正是"理知世界的一员"使得定言命令成为可能。人们根据这句话很容易把"理知世界的一员"当成第三者。笔者认为，这种观点当然也是成立的，因此我们也可以说，"理知世界的一员"是定言命令的第三者，但这是从对象这一面说的。换言之，"理知世界的一员"是完全属于"理知世界"的意志或"自律的意志"的对象的。但是，对象这一面最终可以归结为意志那一方面，因为正是"自律的意志"使我们能够成为"理知世界的一员"。所以，当我们说定言命令的第三者是"自律的意志"时，这是从意志这一面来说的；而当我们说定言命令的第三者是"理知世界的一员"时，这时我们是从该意志的对象这一面来说的。

总之，在一个有限的理性存在者的意志中是不可能同时找到目的意愿和行动意愿这两种认识的，而且在它身上，目的意愿与行动意愿的联结总是或然的，原因在于它总是受到感性欲望或爱好的刺激。只有在一个"自律的意志"中才能同时找到目的意愿和行动意愿，二者在它身上的联结才是必然的，而目的意愿和行动意愿恰好是定言命令的主谓词。因此，我们最后的结论是："自律的意志"就是充当联结定言命令之主谓词的第三者。

第二节　伦理神学中至善命题的第三者

康德在《纯然理性界限内的宗教》（简称《宗教》）中集中而充分地论述了他的伦理神学思想。在其中他指出，道德不可避免地要导致宗教。在康德那里，宗教虽然以道德为基础，但是却对道德起着非常重要的保障作用。"道德神学直接地涉及'我该做什么'和'我可以希望什么'两个问题，间接地涉及'人是什么'的问题，因此，对于整个康德哲学，即真正的形而上学问题具有体系的意义。"②康德伦理神学不仅是其伦理学的进一步深化，而且正是在体系构建的意义上，伦理神学具有了形而上学的意义，因而也成为其实践哲学的重要组成部分，因此我们完全可以把他的宗教哲学称为伦理（道德）神学（以下全部使用"伦理神学"的表述）。

近年来，关于伦理神学的研究和讨论越来越引起学者们的关注，国内外有关康德伦理神学的研究成果也在逐渐增多，不过却很少看到从第三者问题的视角来审视其伦理神学的成果出现。在这样的趋势和情况之下，根

① 〔德〕康德：《道德形而上学奠基》，杨云飞译，北京：人民出版社，2013 年，第 101 页。
② 邓安庆：《启蒙伦理与现代社会的公序良俗——德国古典哲学的道德事业之重审》，北京：人民出版社，2014 年，第 158—159 页。

据我们所探讨的主题，从第三者问题的视角审视康德的伦理神学不仅是必要的，而且也有着重要的学术意义和思想史价值。但是，从目前的研究状况来看，探讨康德伦理神学中的第三者问题的难度可能并不亚于探讨定言命令的第三者问题的难度，因为康德在《奠基》中至少明确地提出了定言命令的第三者问题，并对其做了一些提示或暗示，而康德在《宗教》中并没有明确论及第三者问题，这无疑给我们的研究增加了难度。不过，有了之前对于定言命令的第三者问题的探讨作为铺垫，同时又由于康德在《宗教》中明确指出了先天综合判断，这无疑为我们探讨其伦理神学中的第三者问题提供了一定的基础和指引。

一、寻求伦理神学中的先天综合判断

伦理神学既然是康德科学的形而上学的重要部分，那么在其中同样应该包含先天综合判断。在康德伦理神学的代表作——《宗教》——中，人们似乎并不难找到其中的先天综合判断，因为康德在这部名著中有着明确的指认，尤其在这本著作的"第一版序言"中，康德曾明确指出："如果'存在着一个上帝，因而在尘世上也存在着一种至善'这个命题（作为信条）仅仅是从道德中产生的话，那么，这个命题就是一个先天综合命题。"①

该命题何以是一个先天综合命题呢？康德给出的解释是"虽然这个命题仅仅是在实践关系中假定的，但是，它却超越了道德所包含的义务概念"②。这句话中至少包含了两层意思：第一，这句话解释了伦理神学何以已经超出了伦理学的范围，原因在于这个命题"超越了道德所包含的义务概念"，即它并不仅仅是在谈伦理学中的义务，更是在谈作为最终目的的"至善"。第二，这句话也提示了"存在着一个上帝，因而在尘世上也存在着一种至善"何以是一个先天综合命题，其原因在于该命题的谓词"至善"超出了义务概念，即"义务"是该命题的主词，而"至善"是该命题的谓词，二者的关系是一种综合的关系。正是在此意义上，我们完全可以将该命题看成是其宗教哲学中的先天综合命题，因为该命题不仅涉及伦理学中的义务概念，而且也超出了义务概念。

另外，按照康德在《纯批》中对人类理性的兴趣所关注的三个问题的划分，伦理学关注的是第二个问题，即"我应该做什么"，而伦理神学关

① 〔德〕康德：《康德著作全集》（第6卷），李秋零主编，北京：中国人民大学出版社，2007年，第7页。
② 〔德〕康德：《康德著作全集》（第6卷），李秋零主编，北京：中国人民大学出版社，2007年，第7页。

注的则是第三个问题，即"我可以希望什么"，虽然如此，在康德的哲学
体系中，伦理神学与伦理形而上学紧密相关，因为后者必然导致前者，而
前者为后者的建构提供了信念上的保障。

　　不仅如此，康德还进一步指出："每一个人都应该使尘世上可能的至
善成为自己的终极目的。这是一个实践的先天综合命题，而且是一个客观
实践的、由纯粹理性提出的先天综合命题。"①其实，后面这个命题跟前
面那个命题并没有本质上的不同，而只是同一个命题的两种不同表达而已，
就好像在伦理学中，定言命令同样有不同的表达式。之所以这样说是因为
这两个命题的谓词都是"至善"，主词都是"义务"，区别只是在于前一
个命题中出现了第三者（上帝，但只是作为一个理念）和"至善"这个谓
词，而后面这个命题则出现了"义务"（"每一个人都应该使尘世上可能
的至善成为自己的终极目的"本身就是一种义务）这个主词和"至善"这
个谓词。在这个意义上，鉴于康德的上述两种表达都涉及"至善"，因此
我们完全可以把此处的两个命题都称为"至善命题"。

　　应该说，关于"至善命题"作为一种实践的先天综合命题，康德的说
法是比较明确的。他指出："存在着一个上帝，因而在尘世上也存在着一
种至善"，这是一个假定的实践的先天综合命题，意思是我们可以对该命
题有所思维，但是可能无法给出切实的证明。他进一步的解释是："虽然
这个命题仅仅是在实践关系中假定的，但是，它却超越了道德所包含的义
务概念（而且义务概念不以任性的任何质料为前提，而是以其纯粹形式的
法则为前提），因而不能以分析的方式从后者引申出来。"②正如我们上
面所指出的，虽然是假定的、无法证明的，但是它却超出了"义务"的概
念，因此它才是一个综合命题。反之，如果没有超出"义务"概念，它就
只能是一个分析命题。

　　因此，根据康德的上述说明可以看出，该命题之所以是先天综合的，
乃是因为这个命题超越了道德所包含的"义务"概念，因而不能以分析的
方式从"义务"概念中引申出来。进一步说，"至善"并不包含在"义务"
的概念中，或者说我们不能从"义务"中分析出"至善"来。③另一种转

---

①　〔德〕康德：《康德著作全集》（第 6 卷），李秋零主编，北京：中国人民大学出版社，2007
　　年，第 8 页。
②　〔德〕康德：《康德著作全集》（第 6 卷），李秋零主编，北京：中国人民大学出版社，2007
　　年，第 7 页。
③　在此，需要说明的是，笔者在行文中，有时说至善是至善命题的谓词，有时又说幸福是至善命
　　题的谓词，这是根据行文语境来确定的，而且这两种表达在意思上是没有区别的，因为只有德
　　福必然地统一起来了，至善才是可能的，并得以实现。

化的表达是，我们不能从道德法则这个实践的先天综合命题中分析地引申出"在尘世上存在着一种至善"这个命题。需要指明的是，这虽然是在谈两个命题之间的综合关系，其实质不过是在谈"义务"与"至善"之间的综合关系。或者说，在"每一个人都应该使尘世上可能的至善成为自己的终极目的"这个实践的先天综合命题中，我们不能直接从遵循道德法则的"义务"中分析出"至善"这个后果（义务的后果）来，因为后者只有通过一个中介（第三者）才能附加到前者之上。

另外，基于"至善"作为纯粹实践理性的最终目的的思想，康德从目的概念的角度进一步提出了"要使尘世上可能的至善成为自己的终极目的"这个命题。可以说，这个命题与上面所提到的那两个命题其实是完全一致的。换言之，这三个命题其实都是可以互换的表达，或者说是同一个至善命题的三种不同表达。只不过，第一个命题中出现了第三者和谓词，而后面两个命题中出现了主词和谓词。

这里出现的是三个命题：①存在着一个上帝，因而在尘世上也存在着一种至善。②每一个人都应该使尘世上可能的至善成为自己的终极目的。③要使尘世上的可能的至善成为你的终极目的。不难看出，第二和第三个命题的表达是完全一致的，因此可以看成是一种表达。所以，这里虽然出现了三个命题，但其实是两种表达。

那么，这同一个至善命题的两种表达之间是什么关系呢？在笔者看来，这两个命题既有区别，又有联系。

就区别而言，这两个命题的形式是不一样的：首先，第一个命题是一个复合命题，其中包含两个子命题（即"上帝存在或存在着一个上帝"和"在尘世上存在着至善或至善存在"）；而第二命题只是一个单一的命题。其次，第一个命题可以被看成是一个实然的命题；第二个命题可以被看成是一个应然的命题。这缘于康德在"三大批判"中已经将"上帝存在"作为一个纯粹实践理性的悬设，并从道德目的论的角度对其进行了证明。正是由于把"上帝存在"作为实然的情况接受下来，所以它才说"存在着一个上帝，因而在尘世上存在着一种至善"。第二个命题的表达形式非常明确地显示出它是一个应然的命题。

从联系上看，我们可以将第二个命题看成是为第一个命题服务的。换言之，第二个命题为证成第一个命题提供前提条件。同时，这两个命题的主词和谓词都可以分别归结为"义务"和"至善"（其实也可以是德性与幸福，没有实质上的区别）。如果从先天综合判断的第三者问题的角度来审视上述两个命题，不难发现，第二个命题会更有利于我们的分析。因此，我们对"至善命题作为一个实践的先天综合判断是如何可能的？"这个问题的解析将集中在第二个命题上。

上述论述总结起来就是：至善命题的综合性就体现在我们不能从义务的概念（德性）这个主词中分析出义务的后果（至善）这个谓词来。而该命题的先天性则体现在义务概念（德性）与义务的后果（至善）的联结是必然的联结，这主要是通过引入上帝这个纯粹先天的概念来实现二者的先天综合的统一。

从以上的引述可以非常明显地看出，康德的确认为在伦理神学中存在着先天综合判断，而且是实践意义上的先天综合判断，这与定言命令是类似的。那么，如何理解这种意义上的先天综合判断呢？要回答这个问题，也许需要对宗教哲学中的先天综合判断做出非常深入细致的考察和研究。换言之，需要对宗教哲学领域中的先天综合判断具有先天综合性做出说明，并同时找到能将判断的主谓词联结起来的第三者。

二、有权威的道德立法者的理念作为第三者

伦理神学中先天综合判断找到之后，接下来要做的事情就是阐明该领域中的先天综合判断的主谓词及其第三者。需要说明的是，我们现在的分析还只是基于康德给出的例子，也许并不能代表全部。但不可否认的是，这里的例子和分析的确具有代表性。

接下来，我们将结合以上提到的两个先天综合判断，来分析和考察宗教哲学中先天综合判断的主谓词及其第三者。

先来看第一个例子："存在着一个上帝，因而在尘世上存在着一种至善。"在这个先天综合判断中，主谓词和第三者是什么呢？这似乎不是一个很好回答的问题，这不像"一切发生的事情都有其原因"这样的先天综合判断那样直观。为了找到上述命题的主谓词和第三者，我们恐怕需要引入康德的原文进行分析和讨论。

康德指出，由于该命题"超越了道德所包含的义务概念（而且义务概念不以任性的任何质料为前提，而是以其纯粹形式的法则为前提），因而不能以分析的方式从后者引申出来"[①]。可以说，康德的这个提示非常重要。通过这个提示，这个命题的主词似乎就应该是尘世中的至善的理念。需要注意的是，这个至善的理念是尘世上的，而不是上帝之国中的，把握这一点很重要。

---

① 〔德〕康德：《康德著作全集》（第 6 卷），李秋零主编，北京：中国人民大学出版社，2007年，第 7 页。

　　按照通常的理解，至善指的是德福统一，这是至善的两个方面。在《纯批》中，康德指出："我把这样一种理智的理念称之为至善的理想，在这种理念中，与最高幸福结合着的道德上的完善的意志是世上一切幸福的原因，只要这幸福与德性（作为配得幸福的）具有精确的比例。"①需要注意的是，在理想的层面，至善中德福两个因素是分析的关系，而不是综合的关系。这从康德的这段话中可以清楚地看出来，在这段话中，他谈的是最高层面的"至善理想"。

　　但是，在尘世中，德性与幸福的统一就不是分析的关系，而是综合的关系。因此，在分析尘世上的至善理念时，我们只能分析出其中的德性，而不能分析出幸福。换言之，在康德那里，至善有两个层面：一个是"理想层面的至善"；另一个是"尘世上的至善"。关于这一点，我们可以引证康德在《实践理性批判》中的一处文本作为支撑。康德指出："由实践的纯粹理性的二律背反的这种解决中得出的是，在实践原理中，在德性意识和对于作为德性的后果并与之比例相当的幸福的期望之间，一种自然的和必然的结合至少是可以设想为可能的（但当然还不因此就是认识和洞见到的）；相反，谋求幸福的原则要产生出德性是不可能的；因此，那至上的善（作为至善的第一个条件）构成德性，反之幸福则构成至善的第二个要素，但却是这样构成的，即它只是前者的那个以道德为条件的、但毕竟是必然的后果。"②这里的意思是说，根据在实践原理中，我们可以从它的主词中分析出德性（即至上的善），但却分析不出幸福。因此，尘世中的至善还只是一种可能的至善，因为它是可以设想为可能的，但不像理想中的至善那样，是一种必然的至善。

　　根据以上的分析和文本引证，上述命题的主谓词就可以确定了：主词就是尘世上至善的理念或至善的理念的德行这一面，谓词是至善的理念的幸福这一面。康德曾指出，在现实生活中，德福不仅不统一，甚至往往是相悖的。一个有德行的人往往并不一定是有福之人；反之亦然。因此，在尘世上，德福统一并不是必然的，要使这种统一成为必然的，就需要一个第三者将二者联结起来，从而形成关于尘世上的至善的理念的先天综合命题。

　　为了确定尘世上的至善的理念是主词，我们可以再引证康德在《实践理性批判》中的两处文本作为依据。这两处都出自"纯粹理性在规定至善概念时的辩证论"这一章。

①〔德〕康德：《纯粹理性批判》，邓晓芒译，杨祖陶校，北京：人民出版社，2004年，第615页。
②〔德〕康德：《实践理性批判》，邓晓芒译，杨祖陶校，北京：人民出版社，2003年，第163页。

　　首先介绍第一处。"在一个概念中必然结合的两个规定必须作为根据和后果而联结在一起，就是说要么这样，即这个统一体被看作分析的（逻辑的联结），要么它就被看作综合的（实在的结合），前者是按照同一律来看的，后者是按照因果律来看的。所以，德行和幸福的联结要么可以这样来理解：努力成为有德性的及有理性地去谋求幸福，这并不是两个不同的行动，而是两个完全同一的行动，因为前一个行动不需要任何别的准则作根据，只需要后一个行动的准则作根据；要么，那种联结就被置于这种关系中，即德行把幸福当做某种与德行意识不同的东西产生出来，就像原因产生出结果那样。"①德福两个规定在尘世上的至善中并不是分析的关系，而是综合的关系。换言之，在尘世上的至善概念中，德福的联结类似于原因与结果那样的联结，它们是综合地联结，而不是分析地联结。所以，在尘世上的至善的概念只能分析出德行，却分析不出幸福，尽管在此概念中包含着德福这两个规定。

　　其次介绍第二处。"但现在，从分析论中表明，德行的准则和自身幸福的准则在它们的至上实践原则方面是完全不同性质的，而且尽管它们都属于一个至善以便使至善成为可能，但它们是远非一致的，在同一个主体中极力相互限制、相互拆台。所以这个问题：至善在实践上如何可能？不论迄今已作了怎样多的联合尝试，还仍然是一个未解决的课题。但使它成为一个难以解决的课题的东西已经在分析论中提出来了，这就是，幸福和德性是至善的两个在种类上完全不同的要素，所以它们的结合不是分析地能看得出来的（例如说那个这样寻求着自己幸福的人在他的这个行为中通过对其概念的单纯分解就会发现自己是有德的，或者一个如此遵循德行的人在一个这样行为的意识中就已经会 ipso facto［根据行为本身］感到自己是幸福的了），而是这两个概念的某种综合。"②很明显的是，在理想的层面的至善，不存在德行与幸福如何可能的问题，因此在此层面的至善中，德行与幸福是分析的关系。只有在现实的层面中的至善才存在如何可能的问题，因此，它的两个要素（德福）完全不同，二者是综合的关系，所以二者先天必然地联结如何可能？这是一个需要解答的问题。所以康德进一步指出："但由于这种结合被认为是先天的，因而是实践上必然的，从而

---

① 〔德〕康德：《实践理性批判》，邓晓芒译，杨祖陶校，北京：人民出版社，2003 年，152 页。
② 〔德〕康德：《实践理性批判》，邓晓芒译，杨祖陶校，北京：人民出版社，2003 年，第 154—155 页。

就被认识到不是由经验推出来的，而至善的可能性也就不是基于任何经验性的原则的，于是这个概念的演绎就必须是先验的。"①对至善做一个先验的演绎就是在回答"至善在实践上如何可能？"这个问题。显然，要使至善得以可能，就必须使得至善中的两个要素（德福）的联结是先天必然地联结。至善的这种可能性不可能基于任何经验性原则，也不可能从经验中推出来，因为，如果是这样，德福的联结就永远是偶然的。因此，必须在一个更高的层面中谈二者的联结，这就必然涉及联结德福的中介，即第三者。

那么，这个第三者是什么呢？

康德的另一个提示给我们提供了指引。康德指出："为使这种至善（按：指尘世上至善的理念）可能，我们必须假定一个更高的、道德的、最圣洁的和全能的存在者，惟有这个存在者才能把至善的两种因素结合起来。"②这个提示非常明确地指出了第三者就是一个更高的、道德的、最圣洁的和全能的存在者，因为只有通过它，尘世上的至善的理念的两种因素（即德福）才能结合起来。换言之，在这个存在者当中，我们既能找到道德这一方面，也能找到幸福这一方面，而且这两方面的结合是先天地结合着的。

康德还把这个更高的、道德的、最圣洁的和全能的存在者称为"一个有权威的道德立法者的理念"，因为在这个立法者的意志中，"（创世的）终极目的也就是那种同时能够并且应该是人的终极目的的东西"③。要理解这一点，可以结合本节第一部分给出的第二个例子。

来看第二个例子。这个例子是每一个人都应该"使尘世上可能的至善成为你的终极目的"④。这个例子相对而言，较为明确地给出了主词和谓词。显然，这里的主词同样是尘世上的至善理念（正由于它是尘世上的理念，所以它是可能的），但是，谓词却不是终极目的，而同样是尘世上至善的理念的幸福这一面，它作为义务的后果而出现。为了理解这一点，我们来看看康德的分析："这是一个实践的先天综合命题，而且是一个客观实践的、由纯粹理性提出的先天综合命题，因为它是一个超出了尘世上的义务概念，并附加上了义务的后果（一种效果）的命题，是一个不包含在

① 〔德〕康德：《实践理性批判》，邓晓芒译，杨祖陶校，北京：人民出版社，2003年，第155页。
② 〔德〕康德：《康德著作全集》（第6卷），李秋零主编，北京：中国人民大学出版社，2007年，第6页。
③ 〔德〕康德：《康德著作全集》（第6卷），李秋零主编，北京：中国人民大学出版社，2007年，第8页。
④ 〔德〕康德：《康德著作全集》（第6卷），李秋零主编，北京：中国人民大学出版社，2007年，第8页。

道德法则之中、因而不能以分析的方式从道德法则中引申出来的命题。"①
一方面，义务概念属于尘世上至善的理念的道德这一面，而义务的后果却
属于尘世上至善的理念的幸福这一面；另一方面，这个先天综合的实践命
题不能直接从道德法则中引申出来，也就是说，它与道德法则的关系也是
一种综合的关系。暂时撇开第二个方面，道德（义务概念）与幸福（义务
的后果）之间的关系是一种综合的关系，因此，需要一个同时先天地包含
道德与幸运于一身的第三者来将二者联结起来，从而产生出这个先天综合
命题。而一个有权威的道德立法者的理念或意志之所以能够充当第三者，
就是因为在它身上，道德与幸福先天地结合在一起。

　　为了理解第三者是一个"有权威的道德立法者的理念"，需要结合康
德其他的文本中的相关论述对"终极目的"这个概念做出更为详细的分析
和阐释。在《判批》中，康德曾经对"终极目的"给出了一个比较明确的
界定："终极目的是这样一种目的，它不需要任何别的东西作为它的可能
性的条件。"②意思是说，所谓终极目的，它是一种无条件的、绝对的目
的，它不再以任何其他目的为条件，因为它就是最终的。这种终极目的存
在于一个有权威的道德立法者的意志中，或者也可以说存在于该意志的理
念中，而且，这个终极目的又只有在一个比尘世上的至善的理念更高的理
念中找到，那就是一个"有权威的道德立法者的理念"。这时，这个"有
权威的道德立法者的理念"就是那个比"尘世上至善的理念"还要更高的、
道德的、最圣洁和全能的存在者，说到底，它就是上帝理念。

　　对此，黑格尔的一个说法极有启发性，也完全可以作为"上帝理念是至
善命题的第三者"的有力依据，他指出："在每一个善的行为里，人都完成
了某种善的事情。但是这只是有限制的；普遍的善、普遍的终极目的作为世
界的终极目的只能通过一个第三者才能达到。而这个统治世界的力量，这个
以世界中之善为其终极目的的力量就是上帝。"③黑格尔在此提到的第三者
显然是指上帝，而上帝在此正好充当了实现普遍的善、普遍的终极目的（即
至善）的力量。不过，这种意义上的上帝并不是基督教意义上的作为客观
存在者的上帝，而只不过是理性存在者心灵中所设定的上帝；这种意义上
的上帝当然是不能证明，而只能被信仰并被终极目的的实现所要求的。

① 〔德〕康德：《康德著作全集》（第6卷），李秋零主编，北京：中国人民大学出版社，2007年，第8页。
② 〔德〕康德：《判断力批判》，邓晓芒译，杨祖陶校，北京：人民出版社，2002年，第290页。
③ 〔德〕黑格尔：《哲学史讲演录》（第四卷），贺麟、王太庆等译，上海：上海人民出版社，2013年，第308页。

此外，我国著名德国古典哲学专家杨祖陶先生的说法也可以作为佐证，他指出："道德纵然不直接导致现世的幸福，可是间接地，通过一个媒介（即上帝），可以想象为无限的追求道德的过程中达到最完满的幸福的报偿，但这种必然联系并不能被认识，只能被思维。"①可见，在道德与幸福的综合的关系中，上帝这个第三者起到了必然联结二者的媒介作用，尽管这种必然联结不是被认识，而是被思维到的。他在另一个地方同样指出："幸福与道德相统一的'至善'又如何能实现呢？康德认为，这就必须假定一个能使自然与自由、幸福与道德达到和谐统一的最高原因即上帝的存在，也就是相信人世的不公平最终要到彼岸世界去由上帝来判决。"②在道德与幸福的必然的、综合的统一中，上帝无疑扮演着重要的角色，这体现为它能对二者的综合统一起到保障和判决的作用，因而成为联结德性（义务）和幸福（至善理想）的第三者。

在此，我们可以将该命题与定言命令做一个对照来理解。在定言命令中，主词是不那么完美的理性存在者的意志或它的目的意愿，谓词是行动的合法则性或行动意愿。目的意愿即意愿准则成为法则的意愿（主词）与行动意愿即按照法则行动的意愿（谓词）在不那么完美的理性存在者的身上不是分析的关系，而是综合的关系，所以需要一个第三者来联结主谓词。对照刚才所说的尘世上至善的理念，它就类似于定言命令中的不那么完美的理性存在者的意志：前者只能分析出道德的一面，而分析不出幸福的一面；后者只能分析出目的意愿，而不能分析出行动意愿。所以，在德福之间，它们作为一种综合关系，同样需要一个第三者将其联结起来。这个第三者就是刚才所说的一个有权威的道德立法者的理念。

这里同样出现的是三项：①尘世上的至善或道德义务（主词）；②幸福或义务的后果即至善理想（谓词）；③一个有权威的道德立法者的理念即上帝理念（第三者）。从主词尘世上至善的理念中可以分析出道德义务概念，但分析不出幸福或义务的后果（至善理想），因此尘世上至善的理念与幸福或义务的后果的联结就是综合的。在第三者中，一个有权威的道德立法者身上同时先天地具有道德或义务概念和幸福或义务的后果，因此，只有祂才能充当该命题的第三者。

值得一提的是，康德在此把基督教里的上帝做了理念化的处理，这使得他不同于自然神论者，这体现了康德伦理神学的革命性之所在。所以，

---

① 杨祖陶：《德国古典哲学逻辑进程》（修订版），武汉：武汉大学出版社，2003 年，第 97 页。
② 杨祖陶：《德国古典哲学逻辑进程》（修订版），武汉：武汉大学出版社，2003 年，第 100 页。

正如笔者在行文中一再强调的那样，至善命题的第三者是一个有权威的道德立法者的理念，即上帝理念，而不是上帝本身。

行文至此，有必要对康德关于判断的分类做一个简明扼要的交代，以便为下一章探讨鉴赏判断的第三者问题做出铺垫。

康德在《判批》中对哲学进行划分，其标准是"就哲学凭借概念而包含有事物的理性认识的诸原则（而不单是像逻辑学那样不对客体作区别而包含有一般思维形式的诸原则）而言，把哲学像通常那样划分为理论哲学和实践哲学"。①按照通常的标准，即按照哲学概念"包含有事物的理性认识的诸原则"这一标准把哲学一般地划分为理论哲学和实践哲学，虽然这是通常的做法，但是康德毕竟认可了这种划分标准。

不过，康德并未完全按照这一标准来划分自己的批判哲学，而是做了部分改进。按照他对批判哲学体系所做的规划，康德不仅以概念所包含的诸原则的标准来划分哲学，而且更加侧重于从人的心灵或内心的全部能力和人的高级认识能力相对应的角度来划分哲学。按照他的划分，人的心灵或内心"能力或机能可以归结为这三种不能再从一个共同根据推导出来的机能：认识能力、愉快和不愉快的情感和欲求能力"②。与此相对的是他对人的高级认识能力的划分，即将其划分为知性、判断力和理性。对于认识能力而言，只有知性是立法的，其领地是自然概念，与之对应的是理论哲学。对人的欲求能力而言，只有理性是先天立法的，其领地是自由概念，与之对应的是实践哲学。在此，判断力没有自己的领地，因而也就既不能归结为理论哲学，又不能归结为实践哲学。

不过，按照康德的说法，判断力作为知性和理性之中介，虽然没有自己的领地（Gebiete），因而既不属于理论哲学，也不属于实践哲学，"但是那不能进入到这一哲学划分中来的，却有可能作为一个主要部分进入到对一般纯粹认识能力的批判中来，就是说，如果它包含有一些自身既不适合于理论的运用又不适合于实践的运用的原则的话"③。这也就是说，虽然判断力批判既不能划归到理论哲学中又不能划归为实践哲学中，但是它毕竟作为认识能力批判的一个主要部分，仍被归入到了对一般纯粹认识能力的批判当中。

---

① 〔德〕康德：《判断力批判》，邓晓芒译，杨祖陶校，北京：人民出版社，2002 年，第 5 页。
② 〔德〕康德：《判断力批判》，邓晓芒译，杨祖陶校，北京：人民出版社，2002 年，第 11 页。
③ 〔德〕康德：《判断力批判》，邓晓芒译，杨祖陶校，北京：人民出版社，2002 年，第 10—11 页。

正是在此意义上，如果缺少对判断力的批判，整个批判哲学将是不完整的。而且，判断力的诸原则虽然在纯粹哲学体系中不构成一个属于自己的特殊的部分，但是"判断力本身应当指示某种概念，通过这概念本来并不是认识事物，而只是充当判断力本身的规则，但也不是充当一条判断力可以使自己的判断与之相适合的客观规则，因为为此又将需要一个另外的判断力，以便能够分辨该判断是否属于这个规则的场合"①。所以，虽然判断力在整个批判哲学中没有自己的领地，其原则也不构成纯哲学体系的特殊的部分，但是它毕竟有自己的原则，尽管不是像知性和理性那样有自己的客观的原则，而只是主观的原则。于是，由于批判哲学必须包含对知性、判断力和理性的考察，因此判断力批判也就构成了整个批判哲学不可或缺的一部分，舍此整个批判哲学就是不完整的，而建立在批判哲学基础之上的整个科学的形而上学大厦也将会面临坍塌的危险。

与批判哲学对高级认识能力的划分一致，判断也可以分为三类，这里笔者依据康德在《判批》的"第一导言"中的一段论述做出说明。在那里，康德曾指出："我们的一切按照高级认识能力的秩序而来的判断就可以划分为理论的、审美的和实践的，而这里的感性的〔审美的 aesthetisch〕判断只被理解为反思判断，唯有它是与作为高级认识能力的判断力的一条原则相联系的，与此相反，感性的感官判断则只是与表象对内部感官就其是情感而言的关系直接打交道。"②

在此，康德虽然侧重于谈审美判断，而且也谈到了感性的感官判断（它与审美判断这个先天判断相对应），但是却对先天判断的分类给出了一个提示：按照人的高级认识能力来划分，可以将先天判断划分为理论的（theoretische）、审美的（aesthetisch）和实践的（praktische）。因此，依据这个文本，我们完全有理由把先天综合判断也划分为理论的、审美的和实践的。在第二章和第三章中，我们探讨了理论的先天综合判断的第三者问题；在本章（即第四章）中，我们又探讨了实践的先天综合判断的第三者问题。因而在接下来的一章中，我们将探讨有关审美的（或鉴赏的）先天综合判断的第三者问题，但不涉及目的论判断。

---

① 〔德〕康德：《判断力批判》，邓晓芒译，杨祖陶校，北京：人民出版社，2002年，第3页。

② 〔德〕康德：《康德三大批判合集》（下），邓晓芒译，杨祖陶校，北京：人民出版社，2009年，第542页。

第五章　鉴赏判断的第三者

在上一章末尾，笔者对先天综合判断的类型划分所做的探讨表明，鉴赏判断（Geschmacksurteil）①既不属于认识判断，也不属于道德判断，因此研究鉴赏判断的美学也就既不属于理论哲学，也不属于实践哲学，而是自成一系。不过，也正如在上一章末尾所探讨的，如果按照康德对其批判哲学所做的体系上的规划，"判断力批判"成为把理论哲学所涉及的自然领域和实践哲学所涉及的自由领域联结起来的桥梁或中介，在此意义上它就仍然归属于先验批判哲学的体系当中，否则整个批判哲学将会是分裂的和不完整的，并面临坍塌的危险。在此意义上，康德的美学毫无疑问应该归属于批判哲学的体系当中，而美学领域中"先天综合判断是如何可能的"的问题自然也就成了批判哲学不可回避的问题。由此，探索美学中的第三者问题也就成了本书的题中应有之义。

与纯粹数学和纯粹自然科学中的先天综合判断一样，鉴赏判断也是先天综合判断。关于这一点，康德在《判批》中对此有着明确的指认。在《判批》的"§36. 鉴赏判断之演绎的课题"这一节中，康德非常明确地指出："鉴赏判断是综合的，这是很容易看出来的，因为它超出了对客体的概念甚至直观之上，并把某种根本连知识都不是的东西、即把愉快（或不愉快）的情感作为谓词加在那个直观上面。但鉴赏判断虽然谓词（即与表象结合着的自己的愉快这一谓词）是经验性的，然而就其向每个人所要求的同意而言却是先天判断，或者想要被看作先天判断，这一点同样也已经在它们的要求的这些表达中包含着了；这样，判断力批判的这一课题就是属于先

---

① 在《判批》有关"美的分析"的部分中，康德似乎并没有严格区分"纯粹审美判断"（reinen ästhetischen Ureteil）和"鉴赏判断"（Geschmacksurteil），他在其行文中往往也将二者交替使用，因此这两个表达基本上是可以互换的。另外，在康德的时代，鉴赏判断是一个一般的表达，是当时欧洲哲学界普遍采用的表达方式。当康德使用"纯粹审美判断"这个表达时，他更多是想突出鉴赏判断的纯粹性。另外，在《判批》的"纯粹审美判断的演绎"这部分内容中，康德采用的也是"纯粹审美判断"这个表达。不过，为了表达简洁起见，本章在行文过程中主要使用"鉴赏判断"这种表达。不过，有必要指明的是，严格说来，纯粹审美判断是不能与鉴赏判断画等号的，因为前者其实还包括关于崇高的判断和目的论判断。另外，本书只研究鉴赏判断的第三者问题，而未尝涉及关于崇高的判断和目的论判断的第三者问题。

验哲学的这个普遍问题之下的：先天综合判断是如何可能的？"①

但是，从判断的性质上看，鉴赏判断既不同于认识判断又不同于道德判断，而是一种具有主观普遍性（前两者具有客观普遍性）的情感判断。于是，这里就自然而然地产生了这样一个问题：鉴赏判断也存在第三者问题吗？如果有的话，它的第三者又是什么呢？为了解答上述疑问，本章第一节对鉴赏判断的第三者问题的合理性做出了说明和辩护。第二节则结合学术界已有的相关成果，着重分析和讨论了主观形式的合目的性概念就是鉴赏判断的第三者。

第一节　鉴赏判断的第三者问题的合理性

在理论哲学和实践哲学中的先天综合判断都存在着第三者问题，对此康德所提供的文本有着明确的提示，笔者在前面几章中就这两个领域中的第三者问题也做出了相关的论述。可是，鉴赏判断既不同于认识判断，又不同于道德判断；而且康德还曾明确地指出鉴赏判断中美的愉快是与其对象由以被给予的表象直接结合在一起的，这似乎是在表示美感与其对象的表象是直接结合着的。既然如此，在鉴赏判断中是否也存在着第三者问题就是一个需要进行辩护的问题，也就是说，需要阐明它何以也会存在着第三者问题,这无疑需要对鉴赏判断的第三者问题的合理性做出必要的说明。

根据笔者的看法，到目前为止，国内外学术界的确很少甚至极少有人提出过鉴赏判断的第三者问题，这也许是因为大多数研究者都认为这根本就不是一个问题，或者根本就不存在所谓的"鉴赏判断的第三者问题"，所以也就没有必要去追问这个问题。非但如此，如果有人把这个问题提出来，那么这也是一个假问题。退一步说，如果一定要去探讨此问题，那也只能是过度解释，甚至是画蛇添足，因为明显缺乏相应的文本依据。

针对上述质疑，笔者认为有必要首先对提出鉴赏判断的第三者问题的合理性做出辩护，因为只有在此基础上我们才能合理地探讨此问题。在笔者看来，鉴赏判断的第三者问题并不是一个"莫须有"的问题，也不是一个假问题，而是一个实实在在的、在逻辑上同样可以得到有力辩护的问题。为了论证鉴赏判断的第三者问题的合理性，我们可以分两步来说明之：首先，依据康德自己的说明展示鉴赏判断的特性，从而为提出鉴赏判断的第三者问题的合理性提供基本的文本依据；其次，针对人们关于鉴赏判断的

① 〔德〕康德：《判断力批判》，邓晓芒译，杨祖陶校，北京：人民出版社，2002年，第130页。

第三者问题可能存在着的质疑进行解疑释惑，从而消除人们的疑惑。

一、鉴赏判断的特性解析

康德在《判批》的"导言""V. 自然的形式的合目的性原则是判断力的一个先验原则"中力图表明：自然的形式的合目的性原则是判断力的一个先验原则，而不是一个形而上学的原则。他在对两种原则（即先验原则和形而上学原则）做出了界定并结合例子给予说明之后指出："然而这两种原则却都并非经验性的，而是先天的原则：因为为了把谓词和这两个原则的判断中主词的经验性概念结合起来，并不需要任何其他的经验，而是能够完全先天地看出那种结合。"①这是在强调先验原则和形而上学原则的先天性，这是因为在这两种原则的判断中的主词与谓词的结合是先天的，而不是经验性的，尽管它们的主词是经验性的概念。那么，自然的形式的合目的性原则的判断（当然包括鉴赏判断）中的主词和谓词的结合当然也是先天的，而且还是综合的。关于后面这一点，通过对鉴赏判断的先天综合性进行分析，我们将得到清晰的阐释。

康德在《判批》的"美的分析论"中所描述的鉴赏判断的四个契机（Moment），分别是无利害的愉快感、无概念的普遍性、无目的的合目的性和无对象的主观必然性。这四个契机往往也被认为是鉴赏判断区别于认识判断和道德判断的最基本同时也是最重要的特性。不过，在《判批》后面的"纯粹审美判断的演绎"这部分内容中，康德则是将鉴赏判断的逻辑特性归结为两种，即先天的普遍有效性和主观的必然性。他这样描述道：鉴赏判断"具有一种双重的并且是逻辑的特性：就是说，一方面有先天的普遍有效性，但却不是依据概念的逻辑普遍性，而是一个单一判断的普遍性；另方面有一种必然性（它永远必须基于先天的根据），但却不依赖于任何先天的论证根据，不可能通过这些根据的表象来强迫这鉴赏判断所要求于每个人的赞同"②。这两种特性尤其突出了康德所追求的鉴赏判断的特性，也突出了康德美学不同于它之前的欧洲哲学界关于鉴赏判断的看法，因为康德尤其要突出鉴赏判断的纯粹性，即先验的、形式的、自由的特性，这些特性非常明显地体现出康德美学的主体主义的特征。

康德为什么要尤其突出这两种特性？这也许是基于鉴赏判断的演绎的需要，或者说，这是由这个演绎的总任务所决定的。鉴赏判断的演绎的

① 〔德〕康德：《判断力批判》，邓晓芒译，杨祖陶校，北京：人民出版社，2002年，第16页。
② 〔德〕康德：《判断力批判》，邓晓芒译，杨祖陶校，北京：人民出版社，2002年，第122页。

总任务被康德界定为："一个判断，仅仅从自己对一个对象的愉快情感出发，不依赖于这对象的概念，而先天地、即无需等待别人同意，就把这愉快评判为在每个另外的主体中都加之于该客体的表象上的，这种判断是如何可能的？"①由此可见，此处的任务是要阐明具有个体单一性的美感何以具有先天的普遍性和主观的必然性，这与《纯批》中对范畴的先验演绎是不同的，因为后者的任务在于范畴运用于现象上是如何可能的，也就是说一种主观的范畴何以具有客观的有效性。尽管存在着这一不同，但是说到底鉴赏判断演绎的总任务就是要试图阐明鉴赏判断作为先天综合判断是如何可能的。

从演绎要解决的问题看，康德将重点放在了鉴赏判断的主观的普遍必然性上，也就是它的先天性上。在此，康德似乎对鉴赏判断的综合性并没有给予太多的关注，这也不同于《纯批》中对范畴所做的演绎，这也许是因为他认为鉴赏判断的综合性是很容易看出来的，所以他才将演绎的重点放在了先天性上。因此，这里对鉴赏判断的特性的解析也主要是对其先天性作出解析。在给出正式的演绎之前，作为正式的演绎的铺垫，康德描述了鉴赏判断的两种基本特性。

鉴赏判断的第一种特性可以概括为先天的普遍性或"好像是客观的"。用康德自己的话来说是："鉴赏判断就愉悦而言是带着要每个人都同意这样的要求来规定自己的对象（规定为美）的，好像这是客观的一样。"②正是这种"好像是客观的"特性使得鉴赏判断不同于认识判断但又类似于认识判断。鉴赏判断虽然有自己的对象（比如，一朵玫瑰花，它显然不同于美的愉快或美的情感），但是该对象却不同于认识判断的对象，即不同于可能经验的对象，而是一个审美对象，因此鉴赏判断便无客观实在性这一特性，而只具有"好像是客观的"这一特性。虽然如此，就鉴赏判断要求每个人都同意而言，它又具有先天的普遍有效性。不过，这种先天的普遍有效性不是认识判断和道德判断意义上的，而是审美判断意义上的，即它只是"好像"具有客观性。既然如此，那么鉴赏判断"就是以先验原理为基础的，不受对象质料限制，不掺杂感官享受的、对单纯形式的欣赏"，因而成为纯粹的审美判断。③仔细分析不难发现，这里的先验原理不是别

① 〔德〕康德：《判断力批判》，邓晓芒译，杨祖陶校，北京：人民出版社，2002 年，第 130 页。另外，在论述鉴赏判断的演绎的方法时，即在"§31. 鉴赏判断的演绎的方法"中，康德也提出了演绎的任务。

② 〔德〕康德：《判断力批判》，邓晓芒译，杨祖陶校，北京：人民出版社，2002 年，第 123 页。

③ 曹俊峰：《康德美学引论》，天津：天津教育出版社，2012 年，第 150 页。

的，其实就是自然的形式的合目的性概念，这可以从《判批》的"导言"部分得到证实，其中康德明确断言"自然的形式的合目的性原则是判断力的一个先验原则"。

鉴赏判断的第二种特性可以概括为主观的有效性或"好像主观性"。对此，康德的说法是："鉴赏判断根本不能通过论证根据来规定，就好像它只是主观的一样。"①这表达出鉴赏判断的第二种特性是主观的有效性，这是一种无须通过论证而具有的有效性。这种主观有效性有两个方面的表现：第一，"不存在任何经验性的论证根据去强迫某人作出这种鉴赏判断"②。因此，这种特性是规范意义上的有效性，而不是强制意义上的有效性。第二，"更不能用一个先天的证明按照确定的规则来规定关于美的判断"③。这意味着这种特性是不能通过任何规则或概念来先天地证明的。这两个方面的表现可以归结为鉴赏判断无须概念即具有主观的有效性。

因此，鉴赏判断的这两种特性体现的正是它的先天性。按照伽达默尔的说法，康德把鉴赏判断的两种特性提出来并加以讨论是有其独特优势的，这主要体现在"康德把美学建立在趣味判断上顺应了审美现象的两个方面，即它的经验的非普遍性和它对普遍性的先天要求"④。

值得注意的是，康德在此提出的鉴赏判断的两大特性其实都涉及先天性，而这里的先天性"是与第一批判的先天性和第二批判的先天性不同形式的先天性。因为对对象及对自然界中的美、艺术美和崇高的审美态度与理论性的态度和实践性的态度是不同的"⑤。同样，按照伽达默尔的看法，康德在审美判断力上所揭示的原则"是关于美的一种先天效用的问题，这种先天效用发生于趣味事物中单纯感性经验的一致性和理性主义的规则普遍性这两者中间"⑥。可见，鉴赏判断的先天性（先天效用），既不是认识判断中的客观必然性，也不是实践判断中的客观有效性，而只是一种"主观的普遍性或有效性"。因此，按照审美判断力批判所要解决的问题，"在审美体验的主观自我感觉中同时包含着一种普遍性的世界感觉和生命感

---

① 〔德〕康德：《判断力批判》，邓晓芒译，杨祖陶校，北京：人民出版社，2002年，第125页。

② 〔德〕康德：《判断力批判》，邓晓芒译，杨祖陶校，北京：人民出版社，2002年，第125页。

③ 〔德〕康德：《判断力批判》，邓晓芒译，杨祖陶校，北京：人民出版社，2002年，第126页。

④ 〔德〕汉斯-格奥尔格·伽达默尔：《诠释学 I：真理与方法》，洪汉鼎译，北京：商务印书馆，2010年，第67页。

⑤ 〔德〕奥特弗里德·赫费：《康德：生平、著作与影响》，郑伊倩译，北京：人民出版社，2007年，第246页。

⑥ 〔德〕汉斯-格奥尔格·伽达默尔：《诠释学 I：真理与方法》，洪汉鼎译，北京：商务印书馆，2010年，第68页。

觉，审美问题的焦点在于主观性如何能够与对普遍性和必然性的要求相结合的问题"①。这正是《判批》中有关纯粹审美判断的演绎所要解决的核心问题之一。

通过上述对鉴赏判断的特性的解析，我们发现：尽管它的先天性不同于认识判断和道德判断的先天性，但是它却与认识判断和道德判断一样，都具有先天综合性，尤其在综合性上是一样的。既然鉴赏判断也存在着综合性，那么，人们不禁要问：鉴赏判断也存在着第三者问题吗？

笔者的回答是肯定的。大致的理由有二：第一，从逻辑上来说，任何种类的判断都有一个属于自己的逻辑表达式。这里的意思并不是说鉴赏判断是逻辑判断，而是就命题形式而言的，鉴赏判断也有自己的逻辑表达式。它也符合定言判断的"S 是 P"的命题形式，其中 S 和 P 之间的关系是综合的。第二，更重要的是，康德明确指认了鉴赏判断也是先天综合判断，并给出了鉴赏判断的例子，这为我们分析鉴赏判断提供了一个基本点，这一点在我们讨论鉴赏判断的第三者问题时将会更加清晰。

二、一个合理却可能被忽视了的问题

康德认为，鉴赏判断不是针对概念的，"因为鉴赏判断不是认识判断（既不是理论上的认识判断也不是实践上的认识判断），因而也不是建立在概念之上、乃至于以概念为目的的"②。换言之，鉴赏判断不同于认识判断之处在于它只涉及与审美主体在认识能力上的关系，而不涉及对象的存在、性质等，在此意义上，鉴赏判断的主观有效性（普遍性）得到了体现。鉴赏判断只是按照与艺术的类比来判断自然本身，而并未把自然当成一个客观的经验对象来看待。不仅如此，鉴赏判断与我们的认识能力的关系也仅仅是一种主观的关系。总之，鉴赏判断没有像认识判断和道德判断那样有自己的客观对象。即便它有自己的对象，但不是客观对象，而只是一个审美的意象而已。因此，无论是从判断的性质，还是从客体产生的方式，抑或是与认识能力的关系来看，探讨鉴赏判断的第三者问题似乎都是可疑的。

曹俊峰教授曾明确提出："在康德的认识论和伦理学里，先天原理与经验现象之间都有一个中介，前者的中介叫'先验图式'，后者的中介叫'范式'。《判断力批判》与前两个批判是平行的，其基本框架也都相同，

---

① 〔德〕奥特弗里德·赫费：《康德：生平、著作与影响》，郑伊倩译，北京：人民出版社，2007年，第246页。

② 〔德〕康德：《判断力批判》，邓晓芒译，杨祖陶校，北京：人民出版社，2002年，第44页。

按照类比原则，第三'批判'也该有个中介。但我们在阐述判断力的特点时，明确说过，反思判断力是一种直接的判断能力，没有中介。"①按照这一说法，与认识论和伦理学中的先天综合判断存在着第三者问题不同，鉴赏判断似乎并不存在第三者问题的观点，因为反思判断力是没有中介的。

以上的说法是否真的意味着鉴赏判断作为先天综合判断就不存在主谓词的联结问题呢？或者说不存在第三者问题呢？对此，我们恐怕不能将问题简单化。因为，即使按照曹俊峰教授的说法，他同样也认为："值得庆幸的是，鉴赏判断的范型在一定程度上弥补了这一缺陷，使三大'批判'各有了一个中介：'先验图式'、'范式'、'规范观念'，三种先天综合判断的可能性有了保证，'批判哲学'的各部分之间在结构上也显得更加统一和完善，从康德的设想和意向来推演，这样也更合理。"②姑且不论鉴赏判断的第三者到底是不是"规范观念"，上述说法至少承认了"规范观念"与"先验图式"和"范式"一样作为中介，保证了鉴赏判断作为先天综合判断的可能性。如果仅仅从表面上看，由于反思判断力是一种直接的能力，即一种直接从对象上获得美感的能力，那么鉴赏判断似乎也就并不像认识判断和道德判断那样存在着第三者问题了。但是，归根结底，我们却可以看出，鉴赏判断同样存在着一个第三者问题。下面，笔者将从文本依据和学理分析两个方面来论证提出鉴赏判断第三者问题的合理性。

第一，从文本依据来看，康德曾明确说过："综合命题总是需要一个第三者，以便在其中把那些完全没有任何逻辑的（分析的）亲和性的概念相互连结起来。"③这是出自《纯批》中的一句带有总结和概括性的话，它道出了综合判断不同于分析判断的一种特性，即总是需要一个第三者。

不过，也许有人会提出这样的疑问：这句话既然出自《纯批》，那么它很可能只是针对理论哲学中的先天综合判断来说的，并不一定适用于鉴赏判断，因为鉴赏判断并不涉及知识。而且，有研究者也曾说过："'第三者'是康德认识论的重要组成部分。"④因此，仅凭这句话只能作为支持理论哲学或认识论中存在着第三者问题的证据，而不能作为支持鉴赏判断存在第三者问题的研究依据。

对此，笔者给出这样的辩护：首先，这句话并不一定仅仅是针对认识

---

① 曹俊峰：《康德美学引论》，天津：天津教育出版社，2012年，第194页。
② 曹俊峰：《康德美学引论》，天津：天津教育出版社，2012年，第194页。
③ 〔德〕康德：《纯粹理性批判》，邓晓芒译，杨祖陶校，北京：人民出版社，2004年，第234页。
④ 张廷国、罗正东：《论康德的先天综合判断与"第三者"》，《哲学研究》2016年第12期，第84页。

判断而说的，这里的综合判断也许并不仅仅局限于认识判断，这是因为康德在撰写《纯批》时还没有打算也撰写《判批》，他只是在一般的意义上去解决形而上学的问题，但是这段话涉及对整个批判哲学的整体的构架的理解，因为整个批判哲学的基础部分就是要对先天综合判断的可能性做出说明。其次，我们也不能把《纯批》仅仅看成一部认识论著作，而更应该把它看成是康德的整个哲学体系的导论，也就是康德所设想的未来能够作为科学出现的形而上学导论。因此，在康德整个的先验哲学的构架中，美学必然占有一席之地。再次，根据康德的看法，"综合判断总是需要一个第三者"，我们完全没有理由把鉴赏判断这种综合判断排除在外。所以，如果我们承认鉴赏判断也是综合判断的话，从逻辑上来说也就不能排除鉴赏判断也存在着第三者问题。最后，也是最为重要的一点，康德明确地宣称：鉴赏判断是综合的，"因为它超出了对客体的概念甚至直观之上，并把某种根本连知识都不是的东西、即把愉快（或不愉快）的情感作为谓词加在那个直观上面"[①]。既然鉴赏判断也是综合判断，那么它的谓词当然也在主词之外，所以同样存在如何凭借一个第三者把判断的主谓词联结起来的问题。因此，基于上述理由，笔者认为第三者问题不仅对认识判断和道德判断是有效的，而且对鉴赏判断同样有效。

由于第三者问题贯穿于三大批判，并由于在理论哲学、实践哲学和美学中都存在第三者问题，因此我们甚至可以说，"第三者"问题是康德的先验哲学乃至其整个批判哲学都不可或缺的、重要的甚至核心的问题之一。基于上述认识，我们完全有理由提出鉴赏判断的第三者问题：到底是什么将鉴赏判断的主词和谓词联结起来的？或者说，鉴赏判断的第三者到底是什么？

第二，从学理分析上看，鉴赏判断作为综合判断同样需要一个第三者才是可能的。按照康德对分析判断和综合判断的划分和阐释，由于综合判断的谓词并未包含在主词之内，所以它总是需要一个第三者才能将主谓词联结起来。就此而言，鉴赏判断作为综合判断，其谓词（美的愉悦或美的情感即美感）也是不能从其主词（一个美的对象及其表象，如一朵郁金香）中分析出来的，因此，它同样存在着主谓词的联结问题，即存在着第三者问题。简单地说，我们并不能仅从一个美的表象中就分析出美感这个谓词来，美的表象与美感不是分析的关系，而是综合的关系。

文德尔班的一个说法也可以作为支撑笔者上述论点的一个重要依据，

---

① 〔德〕康德：《判断力批判》，邓晓芒译，杨祖陶校，北京：人民出版社，2002 年，第 130 页。

他曾指出： "然而，当我们考虑到与所有情感和认可有关的逻辑功能时，此问题（按：指情感的先天性问题）便向另一方面发展了。表达情感和认可的判断明显地都是综合的。如愉快、有用、美和善等谓词并不是从主词中分析出来的，它们只是表达对象关于目的的价值。它们是符合目的性的评价，并在一切情况中包含着对象从属于目的。"①文德尔班的说法有一个限定条件，即判断力的逻辑功能，在此限定下，鉴赏判断就是综合的。在他的说法中还有一点值得注意，即他指出了鉴赏判断是一种 "对象从属于目的"的判断，这在一定程度上暗示了鉴赏判断的综合性与目的概念相关，这为我们探究鉴赏判断的第三者问题提供了一个关键的指引。

总之，基于以上的文本分析和学理阐释，我们可以合理地提出鉴赏判断的第三者问题，这一点将通过论证鉴赏判断的主谓词和第三者分别是什么而得到更加有力的说明和辩护。

第二节　主观形式的合目的性作为判断的第三者

在《判批》中，为了解答鉴赏判断（作为先天综合判断）的可能性问题，康德对鉴赏判断进行了演绎。该演绎往往成为学术界研究的重点，但同时也成为难点。不过，非常奇怪的是，尽管学术界对该演绎做过很多深入而有益的探讨，一些研究者甚至对该演绎进行了重构，但是，却极少有研究者把鉴赏判断的第三者问题纳入演绎的过程中进行考察。因此，该问题便成了学界在对鉴赏判断进行研究时的一个盲点，下面，笔者仅举几个有代表性的例子说明之，以此表明学界在该问题上的贡献和存在的局限性。

一、已有研究的贡献及其局限性

就康德的美学而言，很多研究者和阐释者也比较关注鉴赏判断的四个契机，也有很多研究者比较注重鉴赏判断的演绎的研究，尤其是对演绎的任务、目的、步骤等存在着较多的争论和商讨。当然，这种状况的存在，与人们的问题意识和研究视角、立场等不无关系。但是，无论采取什么样的立场和观点，有关鉴赏判断的第三者问题，似乎很少进入学者们的视野，从而成为康德美学研究中的一个盲点。总体而言，这些研究者虽然对鉴赏判断的演绎进行过深入而细致的研究，但是却极少触及鉴赏判断的第三者问题。下面，笔者将结合自己的问题意识和学界的已有研究成果，对学界

---

① 〔德〕文德尔班：《哲学史教程》（下卷），罗达仁译，北京：商务印书馆，1997年，第769页。

在此问题上的已有研究给予必要的述评,这里选择几个代表性的观点进行述评。

著名学者卡尔·阿美瑞克斯(Karl Ameriks)依据对《判批》中"§21. 人们是否有根据预设一个共通感"这一节的解读,把康德的演绎重构为以下几个步骤:①认识判断是可传达的(句子 1)。②每种认识都有一个相伴的主观状态(句子 2)。③如果认识是可传达的,然后它们的相伴的主观状态也是可以传达的(句子 2 和句子 3)。④这些主观状态包括我们诸能力的活动之比例,甚至有一些比例对想象力和知性的关系是"最有益的"(句子 2—5)。⑤与这样一种比例相随的诸状态是可传达的(通过以上所赋予)。⑥它们是审美[从句子 4 和其他的评述]。⑦因此审美判断是有效的(从以上所得)。①不难看出,阿美瑞克斯在对演绎的重构中,不仅没有涉及纯粹审美判断的主词和谓词,更没有对将纯粹审美判断的主词和谓词进行联结的第三者纳入重构的过程之中进行考察。

与阿美瑞克斯有所不同,阿利森在对演绎进行重构时给予了审美共通感一定的位置。②但是,阿利森同样没有提及鉴赏判断的主谓词的联结问题。因此,他同样忽视了从第三者角度来论述鉴赏判断的演绎。另外,费尔纳·休斯(Fiona Hughes)不仅对阿利森的关于"§21. 人们是否有根据预设一个共通感"这一节的认识论解读提出了质疑和批判,而且也对该节的演绎进行了重构(同样分为七个步骤),但是,他与阿利森一样,都没有对第三者在形成鉴赏判断的过程中的地位和作用给予应有的关注和重视。③

国内有研究者基于《判批》中的"§38. 鉴赏判断的演绎"这一节,做出了类似于阿美瑞克斯的重构。该重构的基本结构如下:"前提 1:如果认识和判断是普遍可传达的,则认识的主观条件也是普遍可传达的。前提 2:认识能力(想像力和知性)的自由游戏(freies Spiel)或和谐(Harmonie)这种内心状态是认识的必要和主观条件。前提 3:想像力和知性的自由游戏所形成的内心状态是愉快情感的充分条件。前提 4:愉快的情感是鉴赏判断的基础。结论:如果认识是普遍可传达的话,则愉快情感是普遍可传

① Ameriks K, "How to Save Kant's Deduction of Taste", *Journal of Value Inquiry*, Vol. 16, No. 4, 1982, pp. 295-296.
② Allison H E, *Kant's Theory of Taste: A Reading of the Critique of Aesthetic Judgment*, Cambridge: Cambridge University Press, 2001, pp. 150-151.
③ Hughes F, *Kant's Aesthetic Epistemology: Form and World*, Edinburgh: Edinburgh University Press, 2007, pp. 179-188.

达的，鉴赏判断也具有普遍有效性。"①该演绎虽然与阿美瑞克斯所依据的文本不同，但是同样没有关注鉴赏判断的主词和谓词，也没有将第三者纳入演绎的重构当中。

根据研究者王奎的归纳，目前学界关于演绎的思路大概有三种：第一种思路坚持从认识论的角度，特别是结合《纯批》的相关内容来解释演绎，该思路在学术界占主流。第二种思路认为基于认识论的理解是不能成立的，从而诉诸道德。第三种思路主要以"审美辩证论"中的相关论述为依据，断言演绎基于一种超验的形而上学假设。②

让笔者感到非常奇怪的是，学术界已有的这三种思路同样都没有提出过"鉴赏判断的主词和谓词的联结是如何可能的？"问题，这也意味着学术界在考察和研究鉴赏判断的演绎时，第三者问题往往处于学术界的视野之外。因此可以说，在当今学术界，鉴赏判断的第三者问题似乎一直是一个被有意或无意忽视的问题。

但是，问题的关键也许在于：如果缺乏一个第三者，鉴赏判断的主词和谓词的联结将是无法想象的，也是不可能的，从而鉴赏判断的演绎也是不可能成功的。可以说，第三者对于鉴赏判断的演绎而言是不可或缺的充要条件，说至关重要也不过分。正是基于对该问题的重要性的认识，同时又由于被康德学界不同程度地忽视了，所以笔者认为非常有必要将该问题提出来并求解该问题的答案。不过，要解答鉴赏判断的第三者问题，找到其中的主谓词便成为解答该问题的首要工作。

二、鉴赏判断的主谓词

康德认为，鉴赏判断之所以是综合的，是因为它跟其他类型的先天综合判断一样，它的谓词超出了主词的范围之外。他认为，这一点是很容易看出来的。他说："鉴赏判断是综合的，这是很容易看出来的，因为它超出了对客体的概念甚至直观之上，并把某种根本连知识都不是的东西、即把愉快（或不愉快）的情感作为谓词加在那个直观上面。但鉴赏判断虽然谓词（即与表象结合着的自己的愉快这一谓词）是经验性的，然而就其向每个人所要求的同意而言却是先天判断，或者想要被看作先天判断，这一点同样也已经在它们的要求的这些表达中包含着了；这样，判断力批判的

---

① 王奎：《康德论鉴赏判断的规范性及其证明》，《云南大学学报（社会科学版）》2012 年第 11 卷第 1 期，第 98 页。
② 王奎：《康德论美的演绎》，北京：经济科学出版社，2015 年，第 4 页。

这一课题就是属于先验哲学的这个普遍问题之下的：先天综合判断是如何可能的？"①

在这段重要的引文中，鉴赏判断的主谓词都出现了，而且他还界定了鉴赏判断的谓词的性质，即它是经验性的。而且，在表明鉴赏判断是先天综合判断的同时也就意味着对它是如何可能的做出说明，也就构成了先验哲学的重要课题之一。因此，对于这个课题而言，找出鉴赏判断的主谓词就成为解答其第三者问题的不可或缺的工作。

（一）鉴赏判断的主词

在上述引文中，虽然鉴赏判断的主谓词都出现了，但是康德对鉴赏判断的主词的界定实在让人有些迷惑，因为他告诉我们鉴赏判断的主词似乎是对一个对象的概念（非纯粹知性概念，而是指经验概念，如"玫瑰花"的概念）甚至直观。这不恰好类似于认识判断的主词了吗？而鉴赏判断是不同于认识判断的。这一点该如何理解呢？

对此，笔者认为，康德在此对鉴赏判断的主词的描述不能从认识判断的意义上来理解，也就是说不能把鉴赏判断的主词（直观）简单地看成是认识判断意义上的直观，而应该看成是一种审美形象或审美意象或审美表象（审美对象通过它而被给予）。对此，笔者完全赞同叶秀山先生的一个说法："'审美判断'作为'审美'当然是'感性'的，离不开个别事物的'形象'，但是这个个别事物的形象作为'审美的对象'即使是'实物-实在的'，却也是'虚拟'的，是通过'想象力'将其与'实在的''时空条件''剥离'出来，这个'对象'有自己的'虚拟'的'时空'，也就是说，有一个'内在化'了的'时空'条件，所以也是可以'直观'的，只是这种'直观'又是'内在'的，即'空间'也是'时间'的。"②

在认识判断中，时空作为直观的形式乃是它的感性的先天根据，这种感性的先天根据使得它对经验对象的直观得以可能。但是，在鉴赏判断中，通过想象力的作用，对经验对象的直观被"虚拟"化为个别事物的形象或审美表象，因而成为被剥离了实在的时空条件的直观。不过，审美意义上的直观是一种内在化的直观，它只涉及时间，而不涉及空间。这是因为，鉴赏判断并不顾及当下的实物，而是将某个经验性的表象内化到时间当中，从而成为纯粹的形式的审美表象。因此，当康德说鉴赏判断的主词也是直观时，应该将该主词理解为个别事物的形象或审美表象。

①〔德〕康德：《判断力批判》，邓晓芒译，杨祖陶校，北京：人民出版社，2002年，第130页。
② 叶秀山：《启蒙与自由：叶秀山论康德》，南京：江苏人民出版社，2013年，第18页。

关于鉴赏判断的主词，康德尽管有着不同的说法，但是我们将它界定为"审美表象"是没有什么疑问的，因为正是基于一个审美表象（审美对象由它提供出来）才引起了主体对美的情感，即美感。

不过，还需要注意的是，"事实上，鉴赏判断绝对是总要作为对客体的一个单一性判断来作出的"①。这就是说，鉴赏判断总是针对某个单一客体作出的判断，比如"这朵玫瑰花是美的"，因此鉴赏判断的主词就总是指涉着某种单个的事物，而这单个的事物（作为审美对象）在鉴赏判断中总是呈现为一个个别的形象即审美表象。同时，在这个单一性判断中，谓词"美的"（美感）并不包含在"审美表象"（如这朵玫瑰花）这个主词当中。因此，鉴赏判断的谓词是超出了它的主词之外的，即鉴赏判断是综合判断。这样，鉴赏判断的谓词也同时出现了。

（二）鉴赏判断的谓词

鉴赏判断的谓词是非常明显的，那就是"美感"，或者说是美的愉快的情感。"鉴赏判断的真正述词（按：谓词）其实是美感，不是'美的'作为对象的客观性质。"②关于美感作为鉴赏判断的谓词，在《判批》中有大量的、直接而明确的交代，所以在此只需征引几处最明显的文本以说明即可。

　　　文本一：它（按：指美的愉快）不是一个经验性的概念，而是一种愉快的情感（因而根本不是什么概念），但这种情感却又要通过鉴赏判断而对每个人期待着，并与客体的表象联结在一起，就好像它是一个与客体的知识结合着的谓词一样。③
　　　文本二：那被加在一个判断上的感性的〔审美的〕普遍性，也必然具有特殊的类型，因为它不是把美这个谓词与完全在逻辑的范围内来看的客体的概念相联结，但却同样把这个谓词扩展到所有的作判断的人的范围之上去。④
　　　文本三：鉴赏判断不依赖于概念而就愉悦和美这个谓词来规定客体。所以那种关系的主观统一性只有通过感觉才能被标明出来。⑤

---

① 〔德〕康德：《判断力批判》，邓晓芒译，杨祖陶校，北京：人民出版社，2002年，第126页。
② 郑志忠：《共感与超感性者：鉴赏判断的规范性》，《"国立"台湾大学哲学论评》2009年第37期，第58页。
③ 〔德〕康德：《判断力批判》，邓晓芒译，杨祖陶校，北京：人民出版社，2002年，第26页。
④ 〔德〕康德：《判断力批判》，邓晓芒译，杨祖陶校，北京：人民出版社，2002年，第50页。
⑤ 〔德〕康德：《判断力批判》，邓晓芒译，杨祖陶校，北京：人民出版社，2002年，第54页。

以上所引三处文本非常明确地表明：美的愉快的情感就是鉴赏判断的谓词。作为一种不同于概念的情感，这是一种非常特殊的情感，学者文哲将它描述为一种"在心灵中的自我产生和永久存在的情感"。不过，"尽管这种情感是感觉到的，并因此是某种经验性的，但是正如我们所看到的，它有着先天的根据，即目的性的原理，这甚至因此使得这种情感变得更特殊"①。这种特殊的情感之所以不同于其他经验性的情感，就在于它有合目的性原理作为先天的根据，也正因为如此，它才能充当鉴赏判断的谓词。

不仅如此，在《判批》"§36. 鉴赏判断之演绎的课题"这一节中，康德不仅明确断言鉴赏判断是先天综合判断，而且将鉴赏判断的可能性问题纳入先验哲学的范围之中，并且指明了鉴赏判断的主词和谓词分别是什么（这一点非常重要，对我们理解鉴赏判断的第三者问题具有铺垫作用）。正是在此基础上，康德明确提出了鉴赏判断是如何可能的问题。而要解答这个问题，就需要阐明鉴赏判断的第三者是什么，并进一步阐明鉴赏判断的第三者是如何将其主词和谓词联结起来的。如果从这个角度来理解康德对鉴赏判断所做的演绎将有助于我们深化对该演绎的理解。

总之，鉴赏判断的主词就是对客体的概念甚至直观，它的谓词是愉快或不愉快的情感，而这种情感其实就是美感。不过，正如康德所指明的那样，这种美感虽然是经验性的，但就它向每个人所要求的而言，又是先天的（主观普遍的）。

为了更具体地说明这一点，我们不妨引用康德自己举的例子来说明之。这里首先需要指明的是："在逻辑的量方面，一切鉴赏判断都是单一性判断。"②"鉴赏判断绝对是总要作为对客体的一个单一性判断来作出的。"③因此，鉴赏判断的表达就不能是"一切玫瑰花都是美的"，而只能表达为"这朵玫瑰花是美的"。前一种表达是一个逻辑判断，只有后一种表达才是真正的鉴赏判断。在"这朵玫瑰花是美的"这个鉴赏判断中，很明显的是主词是这朵玫瑰花（它是对客体的概念甚至直观），谓词是美（这是一种愉快或不愉快的情感）。换言之，我们对眼前的这朵玫瑰花有一个概念甚至直观（这是个别性或单一性的），通过鉴赏这朵玫瑰花，我们的反思判断力产生了一种具有普遍意义的愉快的情感，即美感。这样，鉴赏判断的主谓词之间的关系就体现出个别与一般、特殊与普遍的辩证关系，

---

① Wenzel C H, *An Introduction to Kant's Aesthetics: Core Concepts and Problems*, Hoboken: Wiley-Blackwell, 2005, p. 56.

② 〔德〕康德：《判断力批判》，邓晓芒译，杨祖陶校，北京：人民出版社，2002年，第50页。

③ 〔德〕康德：《判断力批判》，邓晓芒译，杨祖陶校，北京：人民出版社，2002年，第126页。

而作为反思判断力之一种的鉴赏力（Geschmack），就是从给予的个别的审美表象去寻找那具有普遍意义的美感。正如邓晓芒先生所指出的那样："当我们说'这朵花是美的'时，这个判断是撇开了一切既定的抽象概念，单从眼前个别事物（'这朵花'）出发，去寻找和发现其中所可能包含的普遍性。"①

反思判断力从基于单一的审美表象出发去寻找普遍的美，这是鉴赏判断不同于认识判断的独特之处，但恰恰也是鉴赏批判的困难所在。文德尔班早就敏锐地觉察到："对康德来说，审美判断在逻辑上的困难恰恰在于：审美判断总意味着经历中的单称判断，但却需求其结果具有普遍的和必然的有效性。"②《判批》中的"纯粹审美判断的演绎"这一章就是为了解决这个困难的。不可否认，这个演绎的一个重要而关键的一环就是自然的形式的合目的性概念。对此，康德在"§38. 鉴赏判断的演绎"一节中开宗明义地指出："如果承认在一个纯粹鉴赏判断中对于对象的愉悦是与对其形式的单纯评判结合着的，那么这种愉悦无非就是这形式对于判断力的主观合目的性，我们在内心中觉得这个合目的性是与对象表象结合着的。"③在这个基础之上，他进一步引申出了"审美共通感"，这是演绎的第二个重要且关键的环节。

这里值得注意的是，当我们说"这朵玫瑰花"是判断的主词时，这是从对象或客体的角度来说的；而当我们说主词是对"这朵玫瑰花"的概念甚至直观时，这是从主体的角度来说的。所以，二者并不冲突，"这朵玫瑰花"作为对象是由"这朵玫瑰花"的直观所提供出来的。因此，我们既可以说在"这朵玫瑰花是美的"这个判断中，主词是"这朵玫瑰花"，也可以说主词是对这朵玫瑰花的概念（不是认识意义上的概念，而只是一个审美表象意义上的概念）甚至直观（表象）。于是，主词就可以进一步被细分为主词概念和主词对象，这一点与认识判断的主词是类似的。

不过，事情没那么简单，正如赫费所提醒的那样："由于审美判断是主观的，但又是反思性的，所以普遍性不是预先给予它的。……审美的愉悦不是从某个物的完美性，即客观存在的内在合目的性中得出来的。并不是客体本身在其外表或形式中是美的；'美'不是一个客观的宾词（按：谓词），而是一个相对的宾词。而且审美关系是从主体出发的，它归因于

① 邓晓芒：《西方美学史纲》，北京：商务印书馆，2018年，第118页。
② 〔德〕文德尔班：《哲学史教程》（下卷），罗达仁译，北京：商务印书馆，1997年，第770页。
③ 〔德〕康德：《判断力批判》，邓晓芒译，杨祖陶校，北京：人民出版社，2002年，第131页。

一种创造性的工作，即主体对客体的审美表象。"[①]

赫费所说的"相对的宾词"其实就是鉴赏判断的谓词，它不同于我们在认识判断中所碰到的那种客观的谓词。因此，我们在理解美感这个谓词时，不能把它看成是客观的谓词，而只能是相对的或者主观的谓词。同样，既然鉴赏判断是从主体出发的，那么对鉴赏判断的主词的理解同样不能把它看成是客观的主词，而只能把它看成相对的主词或主观的主词。说到底，鉴赏判断的主词不过是"主体对客体的审美表象"，这不同于认识判断中的主词是客观的表象，因为它的相应的对象在直观中被给予出来了。

通过以上的讨论，鉴赏判断的主谓词分别得以探明，这为进一步探讨"鉴赏判断的第三者是什么"这个问题提供了良好的基础。

三、主观形式的合目的性作为第三者之根据[②]

那么，到底是什么将对客体的概念甚至直观与愉快或不愉快的情感联结起来的呢？更具体地说，在"这朵玫瑰花是美的"这个鉴赏判断中，是什么把"这朵玫瑰花"（主词）和美（谓词）联结起来的呢？笔者认为，正是"主观形式的合目的性"概念将二者联结起来的。换言之，在这个例子中，主观形式的合目的性是"这朵玫瑰花是美的"这个鉴赏判断之所以可能的第三者。

我们将分三个步骤来证明这一点：首先，我们引证《判批》中的几处比较明显和非常重要的文本作为依据和支撑，主要涉及导言、关系契机和正式的演绎中的相关论述，并取其中两个有代表性的文本；其次，在上述文本解读的基础上，我们将结合具体的例子来进一步阐明之；最后，通过引述学术界有关的研究来佐证这一点。

（一）支撑主观形式的合目的性作为第三者的文本依据

主观形式的合目的性既是鉴赏判断的一条先验原理，同时又是鉴赏判

---

① 〔德〕奥特弗里德·赫费：《康德：生平、著作与影响》，郑伊倩译，北京：人民出版社，2007年，第247—248页。

② 康德按照主观和客观、形式与质料这双重标准把合目的性概念分为四类：主观形式的合目的性、客观形式的合目的性、主观质料的合目的性和客观质料的合目的性。在《判批》中，"审美判断力批判"关注的是主观形式的合目的性，而"目的论判断力批判"关注的是客观质料的合目的性（也就是自然目的论）。客观形式的合目的性是几何学所谈论的，而主观质料的合目的性则是他的伦理学所谈论的对象。由于康德把自然美看成是比艺术美更高的美的形态，所以他在"审美判断力批判"中更多的是在谈论自然美，而不是艺术美。在这个意义上，"主观形式的合目的性"也可以被称为"自然形式的合目的性"。所以，当康德在《判批》的"导言"中论及"自然的目的性的审美表象"时，其实也就是指主观形式的合目的性。

断的第三契机所论述的重点和关键。从关系的角度来对鉴赏判断加以评判，它尤其体现了鉴赏判断中主谓词之间的辩证关系，并成为理解鉴赏判断的先天综合性的关键一环。而《判批》的整个第一部分正是依照这个先验原理，展开了对审美判断力的批判。因此，结合《判批》"审美判断力批判"这一章中的有关文本，笔者认为这些文本指示性地说明了鉴赏判断的第三者就是主观形式的合目的性。下面，我们给出一些具体的文本依据来论证这一点。

1. "导言"中的文本依据

可以说，在"导言"中，"主观（自然的）形式的合目的性"概念是一个关键性的概念，它在"导言"的后面几节中甚至占据着中心位置，这从后面几节中的标题也可以看出来。在康德所提供的论述中，有大量的文本在暗示主观形式的合目的性概念就是鉴赏判断的第三者，尤其是在"VII. 自然的合目的性的审美表象"这一节中表现得最为明显。考虑到后面也会提供一些文本依据，所以这里只提供三个比较明显且有力的文本依据。

> 文本一：每个意图的实现都和愉快的情感结合着；而如果这意图实现的条件是一个先天的表象，比如在这里就是一个反思判断力的一般原则，那么愉快的情感也就通过一个先天根据而被规定，并被规定为对每个人都有效的：这就是说，仅仅通过客体与认识能力的关系，而合目的性概念在这里丝毫没有顾及欲求能力，因而就与自然的任何实践的合目的性完全区别开来了。①

这是在"导言"（学术界也称之为"第二导言"）的"VI. 愉快的情感和自然合目的性概念的联结"一节中的一段重要的话。在这段引文中，"愉快的情感"是通过一个反思判断力的一般原则这个先天根据而得到规定的，而这个原则就是主观形式的合目的性原则，这其实也就意味着主观形式的合目的性通过对愉快的情感进行规定而与后者先天地结合着，更进一步说，这是在表明主观形式的合目的性作为鉴赏判断的第三者是和其谓词（愉快的情感）密切结合着的。换言之，愉快的情感作为谓词是通过主观形式的合目的性这个先验原则（也就是反思判断力的一般原则）而得到规定的，而这两者是紧密而直接地联结在一起的，这种情况完全不同于在认识判断中用一个普遍的、纯粹的知性概念（谓词）去规定直观和现象（主词）。

---

① 〔德〕康德：《判断力批判》，邓晓芒译，杨祖陶校，北京：人民出版社，2002 年，第 22 页。

因此，这段引文显示出作为鉴赏判断的第三者的形式的合目的性与美感这个谓词的联结是一种先天的联结。

具体而言，主观形式的合目的性又是如何与愉快的情感联结的呢？康德做了这样一个交代："这就需要某种在对自然的评判中使人注意到自然对我们知性的合目的性的东西，即需要一种把自然的不同性质的规律尽可能地纳入到更高的、虽然仍然是经验性的规律之下的研究，以便在做到这点时对自然与我们认识能力的这种只被我们看作偶然的相一致感到愉快。"①人们往往容易把这句话做一个"自然目的论"的解读，但是，这里的意思其实也可以这样来理解：在反思判断力中，当我们对自然中的各种经验性的规律，比如草长莺飞、春华秋实、大漠孤烟、高山流水等自然景观中的规律，进行审美观照或直观时，就把这些经验性规律纳入一个更高的规律当中，而这个规律就是自然的形式的合目的性。当我们这样做时，自然与我们的认识能力是协调一致的，这恰恰构成了美感的根据所在。因此，作为谓词的美的愉快是以主观形式的合目的性这个第三者为先天根据的，这就实现了谓词与第三者的联结，即标题所表明的愉快的情感和自然合目的性概念的联结。

在论述完鉴赏判断的谓词与第三者的先天的联结之后，康德在下一节便马上谈论自然的合目的性的审美表象，这是在从另一个侧面来谈自然的合目的性概念与主词的联结。于是，在这一节中，康德也提供了一个重要的说明。

　　　　文本二：先行于一个客体知识的、甚至并不要把该客体的表象运用于某种认识而仍然与这表象直接地结合着的这种合目的性，就是这表象的主观的东西，是完全不能成为任何知识成分的。而这样一来，对象就只是由于它的表象直接与愉快的情感相结合而被称之为合目的的；而这表象本身就是合目的性的审美表象。②

只有在想象力与知性协调一致的条件下，客体的表象才能成为审美表象，此表象由此也就构成了鉴赏判断的主词，而作为主词的审美表象则是某种合目的性的表象。这意味着，作为主词的审美表象与作为第三者的主观形式的合目的性联结起来了。所以，康德才说："而这样一来，对象就

①〔德〕康德：《判断力批判》，邓晓芒译，杨祖陶校，北京：人民出版社，2002年，第22—23页。
②〔德〕康德：《判断力批判》，邓晓芒译，杨祖陶校，北京：人民出版社，2002年，第24—25页。

只是由于它的表象直接与愉快的情感相结合而被称之为合目的的；而这表象本身就是合目的性的审美表象。"①审美对象的表象与愉快的情感的结合，表现出该对象的合目的性，也体现出美感的合目的性。正是在这种情况下，不仅作为主词的审美表象与自然的合目的性联结起来了，而且作为谓词的美感也与主观形式的合目的性联结起来了。显然，上述两处文本已经初步显明：通过主观形式的合目的性这个第三者可以把审美表象（主词）与美感（谓词）先天地联结起来。

> 文本三：一个这样的判断就是对客体的合目的性的审美判断，它不是建立在任何有关对象的现成的概念之上，也不带来任何对象概念。它的对象的形式（不是它的作为感觉的表象的质料）在关于这个形式的单纯反思里（无意于一个要从对象中获得的概念）就被评判为对这样一个客体的表象的愉快的根据：这种愉快也被判断为与这客体的表象必然结合着的，因而被判断为不只对把握这个形式的主体而言，而且一般地对每个下判断者而言都是这样的。这样一来，该对象就叫作美的；而凭借这样一种愉快（因而也是普遍有效地）下判断的能力就叫作鉴赏。②

我们凭什么把一个客体评判为美的？我们如何做出一个鉴赏判断？换言之，我们凭什么把美感与某个客体的表象必然地联结起来从而做成鉴赏判断，并使得该判断对每一个下判断的人都是有效的？康德认为，鉴赏判断是通过反思判断力而做出的关于客体的合目的性的判断，因此在鉴赏判断中，客体或对象在单纯的反思中被评判为合目的性的形式，这是反思判断力做出的一个评判。反思判断力是凭借主观形式的合目的性这个先天原则（尽管是一个主观的准则）来评判一个对象是美的还是不美的，并从而获得关于该对象的审美表象。一方面，主观形式的合目的性只是在反思判断力中才有其根源；另一方面，正是依据主观形式的合目的性原则，反思判断力才能将客体的表象（形式）与愉快的情感（美感）必然地结合起来，并由此而使得对任何一个从事鉴赏判断的主体也是有效的。后一方面同时还需要凭借审美共通感而成为可能。

---

① 〔德〕康德：《判断力批判》，邓晓芒译，杨祖陶校，北京：人民出版社，2002年，第25页。
② 〔德〕康德：《判断力批判》，邓晓芒译，杨祖陶校，北京：人民出版社，2002年，第25—26页。

2. 第三契机中的文本依据

在解释了"一般合目的性"概念之后，康德在"§11. 鉴赏判断只以一个对象（或其表象方式）的合目的性形式为根据"提出了一个重要的观点：鉴赏判断只能以一个对象的合目的性形式为根据。这其实是指明了鉴赏判断的先天根据是什么。康德认为，由于鉴赏判断涉及的是诸表象力（想象力与知性）在它们被一个表象（美的表象）规定时的关系，所以它不带有任何主观的和客观的目的，此时无论是美的表象还是美感都是以主观形式的合目的性为先天的根据。因此，鉴赏判断的规定根据就只能是无目的的合目的性（或主观形式的合目的性）。在此基础上，他给出了这样一段重要的文本依据。

　　　　文本一：能够构成我们评判为没有概念而普遍可传达的那种愉悦，因而构成鉴赏判断的规定根据的，没有任何别的东西，而只有对象表象的不带任何目的（不管是主观目的还是客观目的）的主观合目的性，因而只有在对象借以被给予我们的那个表象中的合目的性的单纯形式，如果我们意识到这种形式的话。

非概念而又普遍可传达的愉快是一种美感，它构成了鉴赏判断的规定根据。说到底，美感本身其实就是不带任何目的的主观形式的合目的性，这体现着美感的本质。不仅如此，这种作为美感之本质的主观形式的合目的性同样也体现在被给予的表象中，所以康德才说鉴赏判断的根据就是"只有在对象借以被给予的那个表象的合目的性的单纯形式"。因此，主观形式的合目的性形式不仅是被给予的审美表象（主词）的本质，而且是美感（谓词）的本质。可见，主观形式的合目的性既存在于主词概念中，又存在于谓词概念中，所以它构成了鉴赏判断的第三者。

在给出了鉴赏判断的根据是合目的性的形式之后，他在"§12. 鉴赏判断基于先天的根据"这一节进一步论证了鉴赏判断的先天根据，这其实就是在说美感是先天的（普遍可传达的）。他进一步的意思是说，美感作为先天的表象是对诸认识能力的自由游戏中的主观形式的合目的性的意识。他在那里指出：

　　　　文本二：在一个对象借以被给予的表象那里，对主体诸认识能力的游戏中的形式的合目的性的意识就是愉快本身，因为这种

意识在一个审美判断中包含有主体在激活其认识能力方面的能
动性的规定根据，所以包含有一般认识能力方面的、但却不被局
限于一个确定的知识上的某种内在原因性（这种原因性是合目的
的），因而包含有一个表象的主观合目的性的单纯形式。①

这是在把合目的性作为一种特殊的因果性（目的因果性）来理解。在
这种特殊的因果性中，目的成为原因和结果的统一体。换言之，从目的的
角度看，作为结果的对象就是作为原因的概念，就好像一朵美丽的玫瑰花
作为审美对象本身就是原因，它不需要有其他的原因，比如可以入药、可
以送人、可以用于染色等。换言之，"这朵玫瑰花"并不是因为它有用（合
乎某个目的）而是美的。

另外，康德在此把对形式的合目的性的意识等同于愉快本身，这其实
是在说形式的合目的性与愉快的情感的联结。这种联结不同于认识判断中的
原因与结果的联结，因为在鉴赏判断中，原因和结果往往具有同一性，也就
是说，在鉴赏判断中，愉快的情感本身就是合目的的。但是，如果我们从原
因和结果的角度来看，说愉快的情感是形式的合目的性（作为原因）的结果
也是可以成立的。因为这种"形式上的主观合目的性的实际含义是：无利害、
无概念的纯粹形式适应了，或者说契合了的主体的心意状态，使主体的想象
力和知性等认识能力激动起来，自由地互相协调，并由此产生出愉快"②。

因此，如果从目的因果性的角度看，作为原因的形式的合目的性和作
为结果的愉快的情感其实是同一的，这也就意味着谓词与第三者在审美判
断中具有同一性，但是从逻辑上看，仍然可以对二者进行一个相对的区分，
即形式的合目的性是第三者，而愉快的情感是谓词。而且，康德在此还谈
到了对这种形式的合目的性的意识包含着一个表象的主观合目的性的单纯
形式。这其实暗示了形式的合目的性与主词即审美表象的联结。也就是说，
一个审美表象（不同于逻辑表象）本身就是一个主观形式的合目的性的表
象。因此，在主观形式的合目的性这个第三者中同时包含着审美表象这个
主词和愉快的情感这个谓词。

文本三：审美判断则只把使一个客体得以给予出来的那个表
象联系于主体，并且不是使人注意到对象的性状，而只是使人注

① 〔德〕康德：《判断力批判》，邓晓芒译，杨祖陶校，北京：人民出版社，2002年，第57—58页。
② 曹俊峰：《康德美学引论》，天津：天津教育出版社，2012年，第180页。

意到在规定这些致力于对象的表象力时的合目的性的形式。①

与认识判断（逻辑的）相反，鉴赏判断只把客体的表象联系于主体，也就是联系于主体的心意状态。这种心意状态就是康德所谓的想象力与知性的自由游戏状态。在这种心意状态中，"虽然知性也隶属于鉴赏判断这种审美的〔感性的〕判断（正如它隶属于一切判断一样），它却毕竟不是作为对一个对象的认识能力，而是作为按照判断的表象与主体及其内部情感的关系而对判断及它的表象（无须概念而）进行规定的能力来隶属于此的，如果这种判断依照某种普遍规则是可能的话"②。

在鉴赏判断中，知性的地位和功能均发生了变化，它不再像在认识判断中那样，是运用概念的能力，而是配合想象力（处于从属地位）将眼前的对象视为审美的对象，并按照判断的表象与主体及其内部情感的关系来规定审美对象。因此，这种心意状态的存在，不仅使人注意到的不是对象的性状，而是将对象视为一个审美表象，而且使得审美表象能够成为合目的性的，并由此而构成了审美表象这个主词与自然的形式的合目的性的联结。

其实，如果我们把眼光转向第二契机，其实也不难发现在第三契机之前的非常关键的第九节中，康德就已经暗示了主观形式的合目的性对解决鉴赏批判问题的重要性，他在那里提出的问题是："在鉴赏判断中愉快感先于对象之评判还是后者先于前者？"这个问题被看成是理解鉴赏批判的钥匙。康德对这个关键问题的回答是："对于对象或对象由以被给予出来的那个表象的这种单纯主观的（审美的）评判，就是先行于对对象的愉快的，而且是对诸认识能力的和谐的这种愉快的根据；但是，只有在对于对象作评判的主观条件的那个普遍性上，才建立起愉悦的这种普遍的主观有效性，这种愉悦我们是和我们称之为美的那个对象的表象结合着的。"③

这其实是在谈美感的根据问题。根据康德的看法，对美的对象或其表象的评判要先于对对象的愉快（即美感，也就是诸认识能力的和谐的愉快），并且这种评判构成了后者的根据。因此，美感的根据就在于对美的对象单纯的主观的评判，不过这是一个具有普遍性的主观条件。不难看出，这个主观条件其实就是自然的形式的合目的性原则，它是作为鉴赏判断的先验假定而起作用的。杨祖陶先生曾敏锐地指出："看起来，我们在判断一个

① 〔德〕康德：《判断力批判》，邓晓芒译，杨祖陶校，北京：人民出版社，2002年，第64页。
② 〔德〕康德：《判断力批判》，邓晓芒译，杨祖陶校，北京：人民出版社，2002年，第64页。
③ 〔德〕康德：《判断力批判》，邓晓芒译，杨祖陶校，北京：人民出版社，2002年，第53页。

事物是否美时，好像是在寻找客观对象上是否具有'美'这种'属性'，但其实我们是在按照'一切事物都具有合目的性'这一主观先验的假定，去寻求这种不是单个人所独有，而应当是人们所共有的普遍美感。"①

由此可见，在解答鉴赏批判的关键性问题时，康德给予了主观形式的合目的性原则非常重要的地位，这体现在把它作为了美感得以可能的普遍性的主观条件（先天根据），这进一步突出了主观形式的合目的性原则在形成鉴赏判断过程中的作用，也暗示了它就是鉴赏判断的第三者。

3. 正式的演绎中的文本依据

在纯粹审美判断的演绎中，相关的论述就更多了，这里提供三处比较明显的文本依据。

> 文本一：正是由于想像力的自由在于想像力没有概念而图型化，所以鉴赏判断必须只是建立在想像力以其自由而知性凭其合规律性相互激活的感觉上，因而建立在一种情感上，这种情感让对象按照表象（一个对象通过它而被给予）对于在诸认识能力的自由活动中使这些能力得到促进这方面的合目的性来评判。②

这是康德在论述"鉴赏的原则是一般判断力的主观原则"时所陈述的一段话。在这段话中，作为主体的认识能力的想象力和知性在鉴赏中处于相互激活的状态中，二者所处的状态本身就是合目的性的，并在此基础上产生出具有普遍意义的美感。在这种情况之下，不是把直观归摄到概念下，而是把想象力归摄到知性之下。虽然是把想象力归摄在知性之下，但这并不意味着在鉴赏判断中想象力处于从属地位，知性则处于主导地位；而是恰恰相反，是知性在配合想象力从事审美活动。想象力与知性之间相互协调的关系"是彻底自由的，知性能力在此时是从属于想象力的，它使想象力的任意驰骋能够凝聚于一个'对象'的表象之上，而不至于漫无边际"③。想象力与知性的自由协调的关系是鉴赏判断的审美心理机制，这意味着把想象力归摄于知性并不是想象力服务于知性去从事认识活动，而是体现了合规律性与合目的性的统一，因为想象力在其自由中，而知性在其合规律

---

① 杨祖陶：《德国古典哲学逻辑进程》（修订版），武汉：武汉大学出版社，2003年，第109页。
② 〔德〕康德：《判断力批判》，邓晓芒译，杨祖陶校，北京：人民出版社，2002年，第129页。
③ 邓晓芒：《西方美学史纲》，北京：商务印书馆，2018年，第122页。

性中既各司其职、各就其位，又互相配合、彼此协调一致，从而服务于整个审美活动的过程。在此，想象力与知性的协调一致、合目的性和美感是同一的，这体现为想象力与知性的协调一致本身是合目的性的，并在此基础上建立了美感。因此，当一个给予的表象被评判为美的时候，这时在合目的性概念中同时可以找到二者，即合目的性概念充当了联结二者的第三者。

　　文本二：有关一个对象的表象是直接与一个愉快结合着的，这只能内在地被知觉到，而如果我们除此之外不再想表明别的东西，它就只给出了一个经验性的判断。……相反，鉴赏的愉快则应当先于一切概念而直接与单纯的评判相结合。因此一切鉴赏判断也是单一性判断，因为它们把自己的愉悦的谓词不是与一个概念、而是与一个给予的个别的经验性表象结合在一起。①

主体的心意状态直接决定着主体自身对一个对象的观照，即以审美的态度去欣赏对象。在鉴赏判断中，由于想象力与知性处于自由游戏的状态中，此时的对象就是作为一个审美对象而呈现出来的，此时的主体既不是认识判断也不是道德判断的主体，而只是审美（鉴赏）判断的主体；同时，审美对象对主体而言是合目的性的存在，而非客观经验性的存在。于是，主体也是一个审美的自由游戏状态中的主体，即审美主体，这时审美表象与愉快的情感就是直接结合着的。但是，这种直接的结合却离不开一个单纯的评判，这个单纯的评判是由反思的判断力做出的，其实就是自然的形式的合目的性，即把对象的表象评判为美的。

不仅如此，在这段重要的文本中，鉴赏判断的主词和谓词都出现了。在此，谓词是美的"愉快"或美感，主词则是"一个给予的个别的经验性的表象"，即美的表象。在此值得注意是，正如康德所提醒的那样："有关一个对象的表象是直接与一个愉快结合着的，这只能内在地被知觉到，而如果我们除此之外不再想表明别的东西，它就只是给出了一个经验性的判断。"②这道出了经验性判断与鉴赏判断的一个重要区别，即前者只要求在主体内部的发生，而后者却要求在主体间的有效性。由此可以确定，

① 〔德〕康德：《判断力批判》，邓晓芒译，杨祖陶校，北京：人民出版社，2002年，第130—131页。
② 〔德〕康德：《判断力批判》，邓晓芒译，杨祖陶校，北京：人民出版社，2002年，第130—131页。

一个判断是经验性的认识判断还是纯粹的审美判断，是由其中的若干因素所共同决定的，这些因素包括主体的心意状态（尤其是想象力与知性的关系）、对象本身的形式、审美共通感等。按照康德的理解，其中主体的心意状态往往起着决定性的影响。

关于以上两点，以下文本提供了一个更加充分的支撑。

> 文本三：如果承认在一个纯粹鉴赏判断中对于对象的愉悦是与对其形式的单纯评判结合着的，那么这种愉悦无非就是这形式对于判断力的主观合目的性，我们在内心中觉得这个合目的性是与对象表象结合着的。①

根据康德的上述论断，在鉴赏判断中，"对于对象的愉悦"是与对象的形式的合目的性结合着的，或者说，这种有关对象的美的愉快就是对象的形式对于判断力的主观的合目的性。康德在此也指出，这种愉快也是与对象的表象结合着的。因此，在这个意义上，这种主观形式的合目的性是同时与鉴赏的愉快（谓词）和对象的表象（主词）结合着的。换言之，在这种主观形式的合目的性中同时包含着鉴赏的愉快和审美表象，即鉴赏判断的主谓词。正是在此意义上，主观形式的合目的性才能构成联结鉴赏判断的主谓词的第三者。

以上是从《判批》的两处重要的文本依据来阐明鉴赏判断的第三者就是自然的形式的合目的性的。如果我们向前追溯，其实也不难发现，在《判批》的"第一导言"中，康德就已经有了比较明确的论述和说明，因为他在那里明确地从主谓词关系问题的视角来谈论审美判断的主谓词，并以谓词的不同为标准，区分了两类感性判断，在此基础上显示了他在鉴赏判断的第三者问题上的立场和观点。他在那里写道：

> 所以，一般说来一个感性的［审美的］判断可以被解释为那样一种判断，它的谓词永远也不能是知识（不能是关于一个客体的概念，尽管它可以包含有一般知识的主观条件）。在一个这样的判断中有感觉的规定根据。但现在只有一种唯一的这样列举出来的感觉是永远不可能成为有关一个客体的概念的，这就是愉快和不愉快的情感。这种感觉只是主观的，与此相反，一切其他的

---

① 〔德〕康德：《判断力批判》，邓晓芒译，杨祖陶校，北京：人民出版社，2002 年，第 131 页。

感觉都可以被用作知识。所以一个审美的（aesthetisch）判断就是这样的判断，它的规定根据在一个与愉快和不愉快的情感直接结合着的感觉中。在感性的（aesthetisch）感官判断中这就是这样一种感觉，它是从对象的经验性直观中直接产生出来的，但在审美的（aesthetisch）反思判断中则是这样一种感觉，它在主体中引起判断力的两种认识能力即想象力和知性的和谐的游戏，因为在给予的表象中一方面领会能力、另一方面展现能力在交替地互相促进，在这种情况下的这种关系通过这个单纯形式而引起一种作为判断的规定根据的感觉，这判断因而称之为审美的（aesthetisch），并且是作为（无概念的）主观合目的性而与愉快的情感结合着的。①

在这段重要的论述中，康德把感性的感官判断和感性的鉴赏判断做了严格的区分，不过追溯了美感在主体中的起源。在此，有以下几点值得特别注意：第一，康德在此是以主谓词关系问题的立场来谈论审美（鉴赏）判断的，他非常明确地表明了鉴赏判断的谓词就是愉快和不愉快的情感，它构成了鉴赏判断的规定根据，这也是康德所着重强调的。第二，美感作为一种具有普遍性的情感，它构成了鉴赏判断的规定根据；它不同于感官判断中的感觉。这是因为，感官判断中的感觉只具有个别的主观性，而美感却具有主观的普遍性。比如，我看到一朵玫瑰花，我很喜欢它，这就是一种感官意义上的感觉，它具有的是个别的主观性，因为很可能某个其他的人并不喜欢它；而如果我领会到"这朵玫瑰花"是美的时，这时这种"美的情感"是具有主观的普遍性的。第三，一方面，美感在主体中引起了判断力的两种认识能力，即想象力和知性的和谐游戏；另一方面，想象力与知性的和谐游戏又反过来通过一个单纯的形式而产生了美感。因而，这里似乎存在着相互引起的关系，而这一点完全可以通过作为目的因果性的主观形式的合目的性来解释。在此，康德提到了一种"单纯的形式"，这个单纯的形式其实就是主观形式的合目的性，它是与愉快的情感（美感）直接结合着的。

由此可见，在这段重要的论述中，康德基于主谓词关系问题的立场，把美感当作了鉴赏判断的规定根据，并由此通过比较两类感性判断（感官的和审美的）阐述了鉴赏判断的特性，从而将鉴赏判断的主谓词和第三者

---

① 〔德〕康德：《康德三大批判合集》（下），邓晓芒译，杨祖陶校，北京：人民出版社，2009年，第541—542页。

和盘托出,这充分说明了他要建立的一门"评判能力的感性学(Aesthetik)"是有关鉴赏判断的可能性的学问,或者说,这门学问要探讨的恰恰是"鉴赏判断作为先天综合判断是如何可能的"问题。

鉴赏判断是一种反思性判断(它还包括目的论判断),或者说是由反思性判断力做出的判断。而按照康德对反思性判断力的任务的规定,它"是从自然中的特殊上升到普遍,所以需要一个原则,这个原则它不能从经验中借来,因为该原则恰好应当为一切经验性原则在同样是经验性的、但却更高的那些原则之下的统一性提供根据,因而应当为这些原则相互系统隶属的可能性提供根据"①。要完成从自然中的特殊上升到普遍的任务需要一个原则,这就是自然的合目的性原则,这是从总体上来看的。如果单独就鉴赏判断而言,自然的形式的合目的性作为一条先验原则,它介于特殊(主词)和普遍(谓词)之间;不借助于它,反思性的判断力不可能完成它的任务。这进一步表明,鉴赏判断的主词(一个审美对象及其表象)是特殊的,而它的谓词(美感)是普遍的。不过,谓词所具有的普遍性不是知性概念意义上的客观普遍性,而是主观的普遍性,这是因为,依据这条先验原则,"反思性的判断力只能作为规律自己给予自己,而不能从别处拿来(因为否则它就会是规定性的判断力了),更不能颁布给自然"。②正因为不同于规定性的判断力需要从知性那里借来范畴以便规定自然,反思性判断力给自己颁布合目的性原则。因此,作为反思性判断之一种的鉴赏判断的原则是自己给予自己的,在此意义上,它才是审美的,而不是感官的。

于是,"为了分辨某物是美的还是不美的,我们不是把表象通过知性联系着客体来认识,而是通过想像力(也许是与知性结合着的)而与主体及其愉快或不愉快的情感相联系"③。如何分辨某物美还是不美?这取决于想象力与知性的关系,如果二者在主体内处于自由和谐的游戏状态中,反思性的判断力便可以分辨出某物就是美的;否则,如果二者处于冲突之中,某物便被分辨为不美的。某物美还是不美,完全依赖于想象力与知性之间的关系。因此,作为鉴赏判断的规定根据的美感的起源便被追溯到了主体内两种认识能力之间的关系的状态,即内心的状态。

在理解鉴赏判断的关键性的"§9. 研究这问题:在鉴赏判断中愉快感先于对象之评判还是后者先于前者"这一节中,康德进一步向我们表明了这一点。在解答我们是通过单纯内感官和感觉而感性地意识到还是通过把

---

① 〔德〕康德:《判断力批判》,邓晓芒译,杨祖陶校,北京:人民出版社,2002年,第14页。
② 〔德〕康德:《判断力批判》,邓晓芒译,杨祖陶校,北京:人民出版社,2002年,第14页。
③ 〔德〕康德:《判断力批判》,邓晓芒译,杨祖陶校,北京:人民出版社,2002年,第37页。

诸认识能力置于游戏中的有意识的能动性而智性地意识到诸认识能力之间的协和一致时，康德的回答是只能通过前者而不是后者，因为"假如引起鉴赏判断的那个给予的表象是一个把知性和想像力在对对象的评判中结合为一个对客体的知识的概念的话，那么对这种关系的意识就是智性的（像在《纯粹理性批判》所讨论的判断力的客观图型法中那样）。但这样一来，这判断就不是在愉快和不愉快的关系中作出的了，因而就不是鉴赏判断了"①。换言之，假如对象的表象被看成是一个有关客体的知识的表象的话，那么该表象就不会是一个审美的表象，而只能是一个认识的表象。所以，这就导致了鉴赏判断与认识判断不同的是，"鉴赏判断不依赖于概念而就愉快和美这个谓词来规定客体"②。可见，这完全不同于认识判断，所以同一个客体，如果规定的它的谓词不一样，它所具有的性质和意义也就大不一样，这是从谓词的角度来看客体（主词对象）。

因此，在想象力与知性的和谐自由的关系中，某物被视为合目的或者不合目的，被视为形式上合目的还是质料上合目的，是主观上合目的还是客观上合目的，这取决于主体的心意状态，而这种心意状态本身就是主观合目的性的。在这种心意状态中，主体所关注的只是对象的合目的性的形式，而不是它的存在或利害关系，所以，"在审美的单纯反思中，构想力（按：想象力）能够先于且独立于任何概念化或与其它知觉的比较就呈现自己的已经含有某种'在其自身是普遍的东西'；后者不是一个真正的'图式'（按：图型），而是宛如一个图式（Quasi-Schema）。因为审美的直观形式不是展示一个尽管尚未决定的、但终究是可决定的概念之图式，而是只呈现自己好像是合乎某条规则似的，尽管我们无法决定是哪一条"③。这一说法进一步表明了在主体心意状态中的主观形式的合目的性就是鉴赏判断的第三者。

另外，尽管伽达默尔批评了康德的批判导致了美学的主体化倾向，这种批评不一定是准确的，但是他的另一个说法却是有见地的，值得特别重视。他说："按照康德的看法，在被视为美的对象中没有什么东西可以被认识，他只主张，主体的快感先天地与被视为美的对象相符合。众所周知，康德把这种快感建立在合目的性基础上（按：着重号为笔者所加），对于

---

① 〔德〕康德：《判断力批判》，邓晓芒译，杨祖陶校，北京：人民出版社，2002年，第54页。
② 〔德〕康德：《判断力批判》，邓晓芒译，杨祖陶校，北京：人民出版社，2002年，第54页。
③ 郑志忠：《共感与超感性者：鉴赏判断的规范性》，《"国立"台湾大学哲学论评》2009年第37期，第82页。

我们的认识能力来说，对象的表象一般都具有这种合目的性。这种合目的性是想象力和理解力的一种自由游戏，一种与认识根本相应的主体关系，它表现了对于对象的快感的根源。这种合目的性-主体性的关系，就理念而言，实际上对于所有人都是一样的，因而这种关系是普遍可传达的，由此它确立了趣味判断的普遍有效性的要求。"①主体的快感如何与美的对象符合呢？按照伽达默尔的说法，无论是美的对象还是主体的快感都建立在合目的性（即主观形式的合目的性）的基础之上，因此在这种意义上二者也根源于合目的性。伽达默尔由此进一步认为，正是这种合目的性保证了鉴赏判断的普遍有效性。如果从认识能力之关系的角度来看，这种合目的性也就是想象力与知性的一种和谐的自由游戏。因此，伽达默尔这一说法完全支持笔者对鉴赏判断的第三者问题的观点。

综上所述，笔者认为康德的诸多文本都指向鉴赏判断的第三者就是主观形式的合目的性，尽管康德自己没有明说。而且，一些阐释者的说法也进一步表明了上述观点的合理性。为了进一步证明这个观点的可靠性，笔者接下来还将通过一个例子来说明之。

（二）支持上述基本观点的一个例证

康德在《判批》中举过不少鉴赏判断的例子，我们在此将结合其中的一个例子来详细分析之，这个例子就是"这朵玫瑰花是美的"。按照之前多次指明了的，尽管鉴赏判断涉及的对象是一个"美"的对象或其表象，这个对象同时也是一个感性对象（玫瑰花，它也具有时空形式），但它绝不是认识意义上的"客观对象"。这样，鉴赏判断的主词就俨然不同于认识判断的主词，因为后者的主词就是一个"客观对象"，而鉴赏判断的对象则是一个"美的对象"或"审美对象"。

按照康德对于美的四个契机所做的论述，"这朵玫瑰花是美的"这个鉴赏判断是一个单称的、肯定的和定言的（kategorisch）判断，然而它又是一个必然的判断。因此，由以上四个契机所规定了的"这朵玫瑰花是美的"是一个不同于认识判断和道德判断的鉴赏判断。

根据上述例子，很显然，在"这朵玫瑰花是美的"这个鉴赏判断中，主词是"玫瑰花"，谓词是"美"这种愉快的情感，即美感。按照康德对综合判断的界定，它的谓词超出了主词之外，所以按照这个标准，我们是不能只从"玫瑰花"这个主词中就分析出"美"的情感的。或者说，"玫

<hr/>
① 〔德〕汉斯-格奥尔格·伽达默尔：《诠释学I：真理与方法》，洪汉鼎译，北京：商务印书馆，2010年，第67—68页。

瑰花"这个主词并不包含"美"的情感，因此，二者才是综合的关系。于是，必然需要一个第三者才能将二者联结起来。

那么，这个第三者是什么呢？根据前面引述的文本根据，我们已经知道它就是主观形式的合目的性。下面，我们可以通过比较认识判断和鉴赏判断的例子来进一步说明之。

在认识判断中，我们仍然使用在第三章中所用的例子——"一切发生的事情都有其原因"。在那里，通过对这个例子的分析，我们得出的一个基本的分析模式有五项：①主词概念；②主词对象；③第三者；④谓词概念；⑤谓词对象。在这个模式中，我们将主谓词都分别细分为主词概念、主词对象两个方面。由此，这个例子中的主谓词和第三者也分别得以确定。

在鉴赏判断中，这种分析模式与内在的自然形而上学判断的分析模式稍有不同，因为这里只存在四项：①主词概念；②主词对象；③第三者；④谓词概念。具体而言，分别是：①主词概念（审美表象）；②主词对象（审美对象）；③第三者（自然的形式的合目的性）；④谓词概念（美感）。

在此，需要说明两点：第一，在提出这种分析模式时，虽然把审美表象作为主词概念，把美感作为谓词概念，而实际上它们并不是概念，因为美具有无概念的普遍性的特性。但是，这只是为了从逻辑上分析和论述上的方便来看待鉴赏判断，即只是将其做逻辑上的划分，并不说明它就是逻辑判断（认识判断）。这就类似于我们在本书第四章中对定言命令的第三者问题所作的论述，因为定言命令作为实践的先天综合命题，同样不是认识判断。第二，美感作为谓词概念没有自己的对象，这是它认识判断的又一个地方。退一步说，如果美感有自己的对象（正如现象学所阐明的那样，任何情感都有自己的对象），那么美感作为谓词与审美表象这个主词概念一样，都是指向由审美表象所给予的审美对象。因此，这也就回答了为什么鉴赏判断的第三者问题的分析模式只有四项，而不是五项。

通过对上述例子所做的具体分析，笔者进一步表明了主观形式的合目的性就是鉴赏判断的第三者。为了强化这一观点的合理性和可靠性，笔者将引述学术界相关的研究作为进一步的佐证。

（三）学界的研究成果作为佐证

本章第一节虽然已经指出，大多数学者似乎忽视了鉴赏判断的第三者问题，但是，这并不是说学界对此问题完全没有涉及，而只能说学界对此问题似乎还没有形成明确的意识，更缺乏专门、系统而且独立的研究成果。不过，在论及主观形式的合目的性原则时，我们也可以将已有的研究成果作为证明鉴赏判断的第三者就是主观形式的合目的性的佐证。在康德美学的当代阐释者中,以下几个代表人物的观点不仅影响巨大,而且很富有启发性,因此有必要引证他们的观点来支持笔者的观点。

1. 德勒兹的观点

当代法国著名哲学家德勒兹对康德的批判哲学研究非常独到,他对合目的性原则的阐发也非常有启发性和代表性,完全可以用来支持我们的基本观点。他曾经这样写道:"这种合目的性,在这些不同的面貌下,是一个'审美表象'的对象。但我们看到,在这一表象中,反思性判断以多种方式求助于一些特殊的原则:一方面是作为这种判断基础的诸职能间的自由的一致(形式的原因);另一方面是作为质料或质料性原因的感觉职能——相对于它,判断力把一种特殊的愉快定义为高级状态;再一方面作为终极原因的无目的的合目的性形式;最后是对美的特别旨趣,作为 causa fiendi(按:终极原因),由它产生了在审美判断中得到合法表达的美感。"①

在德勒兹看来,审美表象的基础涉及四个方面的原则:第一是诸认识能力之间的自由和谐,这是形式方面的原因;第二是作为质料或质料性原因的感觉职能;第三是作为终极原因的无目的的合目的性形式;第四是美的特别旨趣(作为终极原因)。在此,德勒兹其实说的就是作为鉴赏判断之基础的主观形式的合目的性以四种不同的形式表现出来。但是,说到底,他的基本意思完全可以转换成"主观形式的合目的性原则是鉴赏判断的基础"。在此意义上,不仅美感,而且鉴赏判断也获得了合法的表达。虽然德勒兹在此没有明言主观形式的合目的性就是鉴赏判断的第三者,但是他的说法却是完全支持这一观点的。

2. 阿利森的观点

阿利森通过精细的文本解读指出:"在注释中,康德试图论证,即使这个原则(按:主观形式的合目的性原则)似乎可以仅仅是逻辑的和同义反复的,但是它实际上却是综合的和先验的,因为它表达的只不过是'在此条件之下它有可能逻辑地运用于自然'(FI20:211—212;400)②[我强调]。"③

---

① 〔法〕吉尔·德勒兹:《康德的批判哲学》,夏莹、牛子牛译,西安:西北大学出版社,2018年,第 90 页。

② 括号内容指的是《康德全集》第 20 卷,第 211—212 页,第 400 小节。

③ Allison H E, *Kant's Theory of Taste: A Reading of the Critique of Aesthetic Judgment*, Cambridge: Cambridge University Press, 2001, p. 33.

阿利森对主观形式的合目的性原则的解读突出地强调了该原则是一项综合的和先验的原则，因此这种解读也可以被看成是该原则之所以能作为鉴赏判断的第三者是主观形式的合目的性的一个暗示，因而同样可以作为支撑笔者的基本观点的一个佐证。

更值得注意的是，他还将此原则解读为一种类似于"图型"的东西。"当客体在直观中呈现自身时，它应该被认作偶然的形式或类似于图型的、由想象力所产生的模式。而且，此客体被认为是判断力的目的，凭借它的能力才与这一形式的产物精确地相偶合。"①将主观形式的合目的性解释为类似于图型的东西其实是把它与纯粹自然科学判断（认识判断）的第三者（先验图型）做了一个类比，这同样间接地反映出该原则充当了鉴赏判断的第三者。

3. 盖耶尔的观点

盖耶尔侧重于从目的因果性的角度来解释主观形式的合目的性概念。他认为："康德首先把合目的性解释为导致某个目的产生的概念的某种属性，或者是'与其客体相对应的某个概念的因果性'。"②不仅如此，他还从目的因果性的角度来解释合目的性的形式。他说："一个客体的合目的性形式也被证明是某种因果性：一个客体的、使认识的一般目标即愉快的力量脱离了任何规定的判断，或者是想象力与知性的一个自由游戏的偶然发生。"③

盖耶尔的上述主张其实是在解释合目的性概念的功效，这种解释的一个特点是把目的因果性类比于自然因果性。按照目的因果性来解释审美愉快，不仅可以说明审美愉快的本质，而且也为解释鉴赏判断的第三者问题开启了可能性空间。按照这种解释，在鉴赏判断中，美的愉快是想象力和知性和谐的自由游戏的结果；想象力与知性和谐的自由游戏不仅说明了美的对象的合目的性，同时也说明了对象的美在于它的形式，也就是说，他的解释说明了客体在审美判断中的合目的性的形式。在目的因果性的视野中，作为原因的想象力与知性的自由和谐与作为结果的美感是同时发生的，而二者发生因果关系的中介恰恰是主观形式的合目的性。因此，盖耶尔立足于目的因果性的立场对主观形式的合目的性的解读同

---

① Allison H E, *Kant's Theory of Taste: A Reading of the Critique of Aesthetic Judgment*, Cambridge: Cambridge University Press, 2001, p. 50.

② Guyer P, *Kant and the Claims of Taste*(Second Edition), Cambridge: Cambridge University Press, 1997, p. 188.

③ Guyer P, *Kant and the Claims of Taste*(Second Edition), Cambridge: Cambridge University Press, 1997, p. 194.

样暗示了后者就是鉴赏判断的第三者。

4. 文哲的观点

文哲对合目的性做了三重划分。第一重是在客体与认识能力（知性和想象力）之间的合目的性；第二重是在认识能力内部之间的合目的性；第三重是在认识能力与"一般认识"（Erkenntnisuaerhaupt、cognition in general）之间的合目的性，而他所谓的"一般认识"其实就是美感这种特殊的愉快。以下是文哲的解释："一个客体的鉴赏判断对于诸认识能力——想象力和知性——必定是合适的，或者是合目的的（P1）。而且，在诸认识能力的自由游戏中，想象力和知性之间互相补充和巩固。正因为如此，对于它们各自的'领会'和'理解'功能而言，即对于想象力去领会（占有）知觉性地被给予的东西的功能和知性去把这些被给予的东西统摄于诸概念的功能而言，它们彼此都是合目的的（P2）。最后，所有这一切对'一般认识'都是合目的的（P3）。尽管认识在自由游戏中不是有意向的，但是我们的确通过它得到了加强。"①

文哲对合目的性的三重区分很有解释力，对鉴赏判断的第三者问题的解决也很有启发性。在文哲的上述区分中，合目的性概念的作用是非常明显的，它构成了整个鉴赏判断的枢纽。在第一重合目的性中，客体构成了鉴赏判断所指向的审美对象，在此鉴赏判断的主词出现了。在第二重合目的性中，存在着想象力和知性这两个认识能力之间的和谐自由游戏，这是造成一个对象能够成为审美对象的根本原因，同时也是美感得以产生的原因，在此鉴赏判断的第三者得以呈现。在第三重合目的性中，涉及审美对象和诸认识能力的心意状态与愉快或不愉快的情感（一般认识）之间的合目的性的关系，即它们都符合主观形式的合目的性的原则，在此"美感"作为鉴赏判断的谓词得以确立。因此，文哲的这一区分进一步证明了主观形式的合目的性就是鉴赏判断的第三者。

5. 威克斯的观点

罗伯特·威克斯（Robert Wicks）对《判批》的"§9. 研究这问题：在鉴赏判断中愉快感先于对象之评判还是后者先于前者"给予了特别的关注，并作出了具有启发性的解读，他认为："在以下意义上鉴赏批判的关键在于对'对象的评判'（judging of the object）先于愉快感。让我们假定我们

① Wenzel C H, *An Introduction to Kant's Aesthetics: Core Concepts and Problems*, Hoboken: Wiley-Blackwell, 2005, p. 62.

正在领会一个有一项合目的的形式的客体（即它是高度组织化和系统的）。为了依据它的纯粹美去评判一个客体，我们试图无利害地去领会此客体，并且如果是成功的话，那么客体的合目的的形式将在某种程度上产生诸认识能力的和谐，这种和谐将愉快与一般认识相关联。最重要的是，这种愉快是诸认识能力的和谐的活动，它能将自身视为一个具有形式的一般判断（'S 是 P'）。这样，诸认识能力的和谐的经验就成为判断的一个模型（它呈现在一个愉快的经验中），这归因于心灵的积极运作，它应该作为一个前提条件那样为获取知识而运作。"①

到底何谓"对对象的评判"？威克斯的解释至少启发我们从以下三个方面来理解。第一，想象力与知性的和谐本身就是一种评判。正如他自己所言："'评判'只能是诸认识能力本身的和谐。"②第二，对一个对象的领会也就是把该对象当成一个审美对象来看待，这也只能在想象力与知性的和谐中才会发生，因此这时的客体也就成为审美对象；正如威克斯自己所说的那样："人们对客体一开始就采取无利害的态度，通过这种态度来领会此客体，即相应地评判它，是舒适，还是不舒适，接下来是某种赞同。"③第三，想象力与知性的和谐造成了主体以审美的态度去领会客体，这时的主体并不在于对象的实存或存在，而只是关注于对象的形式，因此对象对于主体而言就具有了合目的性的形式。显然，根据上述三个方面的理解，我们可以将"对对象的评判"解释为对象具有主观合目的性的形式。

应该说，威克斯关于"对对象的评判"的解释是很富有启发性的，他将"对对象的评判"与诸认识能力的和谐与合目的性的形式结合起来，不仅道出了评判的本质，也说明了鉴赏判断的先天根据，更暗示了鉴赏判断的形成和运作机制。说到底，鉴赏判断是建立在对象的主观合目的性形式这个先验原则上的反思性判断，这类似于纯粹数学判断建立在先天直观的基础上，纯粹自然科学判断建立在先验图型的基础之上。由此，鉴赏判断的主谓词和第三者都得到了呈现和说明。

总之，通过引述以上学者对主观形式的合目的性的解释，我们不难看出，他们的共同特点恰恰在于突出了主观形式的合目的性在形成鉴赏判断中的所有重要的基础性作用。按照笔者的理解，这种作用尤其体现在它充当了联结鉴赏判断的主谓词的第三者。鉴赏判断既不同于认识判断，也不同于道德判断，因为无论是认识判断还是道德判断，都依赖各自的概念（认

---

① Wicks R, *Kant on Judgement*, London: Routledge, 2007, p. 43.

② Wicks R, *Kant on Judgement*, London: Routledge, 2007, p. 45.

③ Wicks R, *Kant on Judgement*, London: Routledge, 2007, p. 37.

识判断依赖纯粹知性概念，而道德判断则依赖实践理性概念），因此二者都属于概念判断。但是，鉴赏判断却是情感判断，在其中找不到任何理论和实践的概念。这样看来，鉴赏判断的主谓词和第三者都与任何的理论和实践概念无关。在此，鉴赏判断的主词就是审美表象（或审美对象），其谓词则是美感，第三者是主观形式的合目的性。在这个第三者中，它一方面与审美表象相一致，另一方面与美感一致，正因为如此，它才能同时把审美表象和美感联结起来从而进行鉴赏判断。

不过，在把主观形式的合目的性当作鉴赏判断的第三者时，一个问题必然会被提出来，即它与审美共通感之间的关系问题。

（四）主观形式的合目的性与审美共通感之关系的阐明

笔者曾经在《审美共通感：纯粹审美判断的第三者——〈判断力批判〉中一个重要问题的解答》一文中提出过"审美共通感"就是鉴赏判断的第三者。①这一观点是对鉴赏判断的第三者问题的初步阐释，因而也存在着不太完善之处，所以需要做进一步的修正。为了进一步修正和完善笔者的观点，这里需要对自然的形式的合目的性与审美共通感之间的关系做出说明。

康德认为，在鉴赏判断中，审美共通感是被预设了的，并作为美感能够得以普遍可传达的主观条件。"激活这两种能力（想像力和知性）、使之成为不确定的，但毕竟借助于被给予的表象的诱因而一致起来的活动、也就是属于一般认识的那种活动的，是感觉，它的普遍可传达性是鉴赏判断所假定了的。"②显然，这里所谓的"感觉"当然是指"审美共通感"。而在"第四契机"中的"§20."中，康德更是明言"鉴赏判断所预定的必然性条件就是共通感的理念"。因此，美感的"这种普遍可传达性却是以一个共通感为前提的：那么这种共通感就将能够有理由被假定下来，就是说，既然如此，就无须立足于心理学的观察之上，而可以把这种共通感作为我们知识的普遍可传达性的必要条件来假定，这种普遍可传达性是在任何逻辑和任何并非怀疑论的认识原则中都必须预设的"③。

现在的问题是，由于审美共通感是美感得以普遍可传达的前提条件（主观的），因而整个鉴赏判断也建立在这样的基础之上，但是，与此同时，在鉴赏判断的第三契机中，康德同样也指出鉴赏判断建基于主观形式的合

---

① 彭志君：《审美共通感：纯粹审美判断的第三者——〈判断力批判〉中一个重要问题的解答》，《德国哲学》2017 年第 1 期，第 40—53 页。
② 〔德〕康德：《判断力批判》，邓晓芒译，杨祖陶校，北京：人民出版社，2002 年，第 54 页。
③ 〔德〕康德：《判断力批判》，邓晓芒译，杨祖陶校，北京：人民出版社，2002 年，第 75 页。

目的性之上，即"鉴赏判断只以一个对象（或其表象方式）的合目的性形式为根据"。①所以，作为鉴赏判断之根据的自然的形式的合目的性和审美共通感之关系问题也就摆到了我们的面前。

在康德学界，关于二者之间的关系，存在着另种有代表性的观点。一种观点认为："共感（按：共通感）其实是审美的合目的性原则的另一种表述，一种'范例式的'表述；它不是鉴赏力自身的另一原则。因而，鉴赏力的所有要素被统一在共感的理念中。"②这是把审美共通感与主观形式的合目的性等同对待，由此而突出了审美共通感在形成鉴赏判断时所起的作用。另一种观点则认为："许多人往往强调了康德美学在形式主义方面的特征（无目的的合目的性），却忽视了他的主情主义和人本主义方面的重要内核（共通感）。"③这显然是把主观形式的合目的性与审美共通感区别开来，并由此而强调了二者所具有的不同的作用和意义。

如何看待上述分歧呢？笔者以为，把二者简单地等同起来的做法肯定是不可取的，而仅仅强调二者在康德美学中具有不同的作用和意义也是不够的。就鉴赏判断的先天根据而言，笔者认为主观形式的合目的性是保证鉴赏判断的综合性的条件，而审美共通感则是保证鉴赏判断的必然性（主观的普遍可传达性）的条件。但是，主观形式的合目的性比审美共通感要更为基础，它构成了后者能够被预设的前提条件。

笔者在前面已经论证了主观形式的合目的性是鉴赏判断的第三者，即是它把鉴赏判断的主谓词联结起来的，这其实也就同时说明了鉴赏判断的综合性。审美共通感作为保证鉴赏判断的普遍可传达性（必然性）与主观形式的合目的性是可以共存的，但是它们所起的作用是不一样的。关于这一点，《判批》有着这样的说明："一个无规律的合规律性，以及想像力与知性的一种主观的协和一致，而不带有由于表象与有关一个对象的确定概念相联系而来的客观的协和一致，就将是惟一可以与知性的自由合规律性（它也被称为无目的的合目的性）及与一个鉴赏判断的独特性共存的。"④"审美的合目的性就是判断力在其自由中的合规律性。"⑤在此，无规律的合规律性或自由的合规律性当然是指主观形式的合目的性，而鉴

---

① 〔德〕康德：《判断力批判》，邓晓芒译，杨祖陶校，北京：人民出版社，2002 年，第 56 页。

② 郑志忠：《共感与超感性者：鉴赏判断的规范性》，《"国立"台湾大学哲学论评》2009 年第 37 期，第 73 页。

③ 邓晓芒：《西方美学史纲》，北京：商务印书馆，2018 年，第 128 页。

④ 〔德〕康德：《判断力批判》，邓晓芒译，杨祖陶校，北京：人民出版社，2002 年，第 78 页。

⑤ 〔德〕康德：《判断力批判》，邓晓芒译，杨祖陶校，北京：人民出版社，2002 年，第 111 页。

赏判断的独特性当然是指它的普遍可传达性。前者表明了鉴赏判断的综合性，后者则表明了鉴赏判断的普遍可传达性（必然性）。因此，综合二者，鉴赏判断就是一个真正的先天综合判断。

之所以如此，是基于它们所属的契机不同，"关系的契机中不仅涉及作为实体的对象和作为一种看似属性的美之间的关系，而且与诸认识能力游戏中的主观合目的性有关——后者可以被看作一种变形的因果性（KU AA5：220ff.）[①]；模态的契机不仅处理表述层面上的、在鉴赏判断中普遍赞同的必然性（KU AA5：237ff.），而且也关涉反思层面上愉悦的必然性（KU AA5：238f.）"[②]。

有关鉴赏判断的主观必然性，学界做了更为精细的划分。郑志忠就曾指出："康德以两种方式来理解鉴赏判断的必然性。它或者表示一个对象的审美表象与自己的情感的连结之必然性，美感因而也被称为'必然的愉悦'（§22 末）；或者它表示所有人对我的判断加以赞同的必然性，康德也称这种必然性为'普遍赞同的必然性'（§22 标题）。两者其实是互相蕴含的。不过如上所述，前者是首出的。"[③]

可以看出，学者们大都是在模态的契机的范围内并从两个方面来谈论鉴赏判断的必然性的，这不同于康德在关系的契机中来谈主观形式的合目的性。而且，在康德自己的叙述中，他也是把主观形式的合目的性和审美共通感区别开来加以描述的。譬如，就鉴赏判断的第三契机而言，作为关系契机，主观形式的合目的性说明了"美是一个对象的合目的性形式，如果这形式是没有一个目的的表象而在对象身上被知觉到的话"[④]。在《纯批》中，关系范畴与主谓词之间的关系相关；在《判批》中，关系契机同样与鉴赏判断的主谓词之间的关系相关，因此主观形式的合目的性明显是鉴赏判断的主谓词联结的原则。而就鉴赏判断的第四契机而言，作为模态契机，"凡是那没有概念而被认作一个必然愉悦的对象的东西就是美的"[⑤]。这里的必然性当然不是认识判断中的客观必然性，而是一种主观的必然性，这种必然性其实也就是普遍可传达性，正如§22.所揭示的那样，"在一个

---

① 括号内的 KU 表示《判断力批判》这本书，AA5 表示这本书在《康德全集》第 5 卷，220ff 表示在这一卷的 220 页以下。下余同。
② 周黄正蜜：《康德共通感理论研究》，北京：商务印书馆，2018 年，第 105 页。
③ 郑志忠：《共感与超感性者：鉴赏判断的规范性》，《"国立"台湾大学哲学论评》2009 年第 37 期，第 68 页。
④ 〔德〕康德：《判断力批判》，邓晓芒译，杨祖陶校，北京：人民出版社，2002 年，第 72 页。
⑤ 〔德〕康德：《判断力批判》，邓晓芒译，杨祖陶校，北京：人民出版社，2002 年，第 77 页。

鉴赏判断里所想到的普遍赞同的必然性是一种主观必然性，它在某种共通感的前提之下被表象为客观的"。因此，以审美共通感为主观的先天根据的鉴赏判断的必然性也只能是一种主观的必然性。

不过，按照周黄正蜜的考察，"共通感一方面从主体内在层面上被定义为诸认识能力按照主观合目的性原则自由游戏的结果，另一方面在主体间的层面上又有自己的功能，即作为'一种公共性意识的理念'（KU AA5：239）"①。可见，审美共通感在主体内的层面上是想象力和知性按照主观形式的合目的性的原则而自由游戏的结果，因此从这个层面上看，主观形式的合目的性要比审美共通感更为基本，甚至可以将前者看成是后者的前提条件或基础。换言之，没有主观形式的合目的性，审美共通感这个预设也就不会成立。

总之，主观形式的合目的性与审美共通感在形成鉴赏判断的过程中的作用是不同的，前者保证了鉴赏判断的综合性，后者保证了鉴赏判断的必然性；两者共同保证了鉴赏判断是先天综合判断。但是，二者却不是截然分离的，审美共通感要以主观形式的合目的性为前提条件。基于这一认识，我们可以得出如下结论：不是审美共通感，而是自然的形式的合目的性才构成了鉴赏判断的第三者。由此，对于鉴赏判断乃至整个康德美学而言，主观形式的合目的性的基础性意义变得突出起来。

（五）主观形式的合目的性作为第三者的重要意义

主观形式的合目的性作为鉴赏判断的第三者具有重要的意义，这主要体现在以下两大方面。

第一，就宏观的体系而言，主观形式的合目的性原则作为鉴赏判断的第三者，起着联结自然与自由两个领域之桥梁的作用，因而也就具有了构建体系的重要意义。关于这一点，康德有着明确的意识："这个先天地、置实践于不顾地预设这条件的东西，即判断力，通过自然的合目的性概念而提供了自然概念和自由概念之间的中介性概念，这概念使得从纯粹理论的理性向纯粹实践的理性、从遵照前者的合规律性向遵照后者的终极目的之过渡成为可能；因为这样一来，只有在自然中并与自然规律相一致才能成为现实的那个终极目的之可能性就被认识到了。"②可见，自然的（主观的）合目的性概念作为一个中介性概念承担着三重过渡性功能，即从自然向自由、从纯粹理论的理性向纯粹实践的理性、从合规律性向终极目的

① 周黄正蜜：《康德共通感理论研究》，北京：商务印书馆，2018年，第115页。
② 〔德〕康德：《判断力批判》，邓晓芒译，杨祖陶校，北京：人民出版社，2002年，第31—32页。

的过渡，这凸显出了它在建构批判哲学体系方面的意义。

主观的（自然的）形式的合目的性概念为什么能起到沟通或联结的作用？康德的解释是，"判断力关于自然的一个合目的性的概念仍然是属于自然概念的，但只是作为认识能力的调节性原则，虽然关于某些引起自然合目的性概念的（自然的或艺术的）对象的审美判断就愉快和不愉快的情感而言是构成性的原则。认识能力的协调一致包含着这种愉快的根据，在这些认识能力的活动中的自发性使上述自然合目的性概念适合于成为使自然概念的诸领地和自由概念在它们的后果中联结起来的中介，因为这种联结同时也促进了内心对道德情感的感受性"①。一方面，相对于鉴赏判断而言，主观形式的合目的性概念是构成性的原则，它使得鉴赏判断能够成为先天综合判断，实现客体的表象与美感的联结；另一方面，虽然自然的合目的性概念不是有关自然的任何客观知识，而只是类比于客观知识，又由于它也属于自然概念（因为康德主要关注的是自然美而不是艺术美），因而对诸认识能力（想象力、知性和理性）而言又是调节性的原则。不过，归根到底，自然的合目的性概念的这两方面原则源自诸认识能力的自发性，通过它对自然和自由概念的领地所做的联结也就促进了内心对道德情感的感受性。这样，属于自然概念的自然的合目的性概念相对于鉴赏判断而言是构成性原则，而相对于诸认识能力而言又是调节性原则，因此它联结着自然与自由、理论理性（狭义的）与实践理性，从而保证了整个批判哲学体系的完整性。

如果根据康德对《判批》所做的定位，它是联结前两个批判的中介，具有把自然和自由两个领域沟通起来的作用，因此它在康德批判哲学体系的两大主题之间起到了中间桥梁的作用。关于这一点，我们可以从《判批》的"导言"的最后一节关于一切高层能力系统的统一表中看出来。②更进一步说，通过对鉴赏判断的批判性考察，主观形式的合目的性概念所具有的体系上的意义也就得到了凸显，因此"综合恰好存在于从属于目的之中。据此，《判断力批判》的问题表述如下：判断自然是符合目的的，这是先天地可能的吗？很明显，这就是批判哲学的最高的综合：将实践理性的范畴应用在理论理性的对象上"③。

具体而言，在鉴赏判断中，由于其主词（美的对象或审美表象）属于

---

① 〔德〕康德：《判断力批判》，邓晓芒译，杨祖陶校，北京：人民出版社，2002 年，第 32 页。

② 对此请参阅，〔德〕康德：《判断力批判》，邓晓芒译，杨祖陶校，北京：人民出版社，2002 年，第 33 页。

③ 〔德〕文德尔班：《哲学史教程》（下卷），罗达仁译，北京：商务印书馆，1997 年，第 769 页。

自然概念的领地，而谓词（美感，作为德性或自由的象征）属于自由概念的领地，因此鉴赏判断中主谓词的联结其实也就可以看成是自然概念与自由概念的联结的表现。在此意义上，反思性判断力从特殊出发寻找普遍就可以看成是从特殊的审美表象出发去寻求普遍的美感，这就成了从自然概念向自由概念、从理论理性向纯粹实践理性、从自然的合规律性向道德的最终目的的过渡。

第二，就鉴赏判断自身而言，主观形式的合目的性概念为鉴赏判断的可能性提供了先天根据，从而也就为理解和把握"纯粹审美判断的演绎"提供了一条可行的思路。对一个客体而言，当它被反思性判断力按照主观形式的合目的性原则评判为令人感到"美"的时候，它就是一个"美的对象"。此时，该"美的对象"就被看作是"形式的（单纯主观的）合目的性概念的表现"①，而这又是由客体的形式在与想象力和知性的自由和谐一致的关系中的合适性所导致的，并有权要求其他人也普遍地赞成这种美的愉快，这是康德在"纯粹审美判断的演绎"中表达的一个基本的思想。说到底，这个演绎最重要的任务就是要阐明与理论哲学和实践哲学中的先天综合判断类似，鉴赏判断作为一个先天综合判断是何以可能的。

首先，前面已经指明主观形式的合目的性概念保证了鉴赏判断的综合性。鉴赏判断是综合的，因为从"美的对象"中是不可能分析出"美感"的，这是鉴赏判断的综合性的表现，这类似于在认识判断中我们无法从"一切发生的事情"中分析出"原因"。问题的关键恰恰在于，既然"美感"作为谓词与其主词（美的对象或表象）的关系是综合的，那么这种综合是如何发生的？于是，在"美感"与其主词之间就需要主观形式的合目的性这个第三者，正是通过它，鉴赏判断的主谓词的联结才得以可能。而关于它为什么能够充当第三者这一点，我们在前面已经做了比较充分的论证。

其次，主观形式的合目的性概念也保证了鉴赏判断的先天性，这是从间接的意义上来说的。在康德的那里，"先天的"就是普遍必然的。就鉴赏（审美）判断而言，由于它"在逻辑上的困难恰恰在于：审美判断总意味着经历中的单称判断，但却需求其结果具有普遍的和必然的有效性"②。所以，对康德而言，找到鉴赏判断的普遍性和必然的有效性的先天条件就成了鉴赏力批判最重要的任务之一，而这个先天条件就是审美共通感。根据前面我们对主观形式的合目的性与审美共通感之关系的阐明，这个先天

---

① 〔德〕康德：《判断力批判》，邓晓芒译，杨祖陶校，北京：人民出版社，2002年，第28页。
② 〔德〕文德尔班：《哲学史教程》（下卷），罗达仁译，北京：商务印书馆，1997年，第770页。

条件最后其实可以追溯到主观形式的合目的性概念。因此，从归根结底的意义上看，正是主观形式的合目的性保证了鉴赏判断的先天性。

进一步说，形式本身也"赋有普遍和必然这两种不同寻常的属性"①。具体而言，在鉴赏活动（判断）中，主观形式的合目的性概念虽然没有具体的目的，即无论是功利的还是非功利的，但却又是一种无目的的合目的性概念，这就是诸认识能力"好像"趋向于某个目的一样，其实它所趋向的不过是美的对象的合目的性的形式。在这种情况下，由诸认识能力（想象力和知性）的和谐、自由的游戏内心的状态引发了自由的愉快情感，即美感。这样，主观形式的合目的性概念也就从根本上保证了审美判断的先天性，于是，"对于对象符合目的性的感觉（按：美感）虽然不可能用概念来证明，但是具有普遍可传达性；在这里即可解释审美判断的先天性"②。

至此，我们可以把鉴赏判断和认识判断做一个大致的、总结性的比较。在本书第三章中，我们总结出了纯粹自然科学判断的第三者问题的分析模式，总共是五项，即主词概念（物质）、主词对象（现象）、第三者（先验图型）、谓词概念（范畴）和谓词对象（范畴所指的对象）。而在本章中，我们也总结出了鉴赏判断的第三者问题的分析模式，总共是四项，即主词概念（审美表象）、主词对象（审美对象）、第三者（主观形式的合目的性）和谓词概念（美感）。由于作为谓词概念的"美感"并没有特定的所指，所以也就没有自己的对象，如果一定要说它也有自己的对象的话，那么它所指的也只能是审美对象。因此，鉴赏判断的第三者问题的分析模式就比纯粹自然科学判断的第三者问题的分析模式少了谓词对象这一项。

但是，我们也许更需要关注的是二者的可类比之处，并获得对于康德的批判哲学更深入的认识。

首先，同一个对象可以称为认识对象也可以称为审美对象，这取决于表象究竟是与客体（对象）还是与主体相关。关于这一点，康德明确地指出："凡是在一个客体的表象上只是主观的东西，亦即凡是构成这表象与主体的关系、而不是与对象的关系的东西，就是该表象的审美性状；但凡是在该表象上用作或能够被用于对象的规定（知识）的东西，就是该表象的逻辑有效性。在一个感官对象的知识中这两种关系是一起出现的。"③在

---

① 〔波〕瓦迪斯瓦夫·塔塔尔凯维奇：《西方六大美学观念史》，刘文潭译，上海：上海译文出版社，2013 年，第 269 页。

② 〔德〕文德尔班：《哲学史教程》（下卷），罗达仁译，北京：商务印书馆，1997 年，第 771—772 页。

③ 〔德〕康德：《判断力批判》，邓晓芒译，杨祖陶校，北京：人民出版社，2002 年，第 24 页。

认识判断中，表象是对对象的规定，二者的关系是一种客观的认识关系，因而对象的表象具有逻辑的有效性；与此不同，在鉴赏判断中，对象的表象是与主体时刻关联着的，而对这种关联的意识就是美感，这是一种具有主观普遍性的东西。

其次，在认识判断和鉴赏判断中，诸认识能力之间的关系也是不一样的，并且也正因为如此从而导致了同一个对象所具有的不同的性质。在认识判断中，想象力是为知性服务的，它按照知性提供的规则去规定表象；而在鉴赏判断中，想象力与知性处于和谐一致的自由游戏状态。在此，我们也以"一朵玫瑰花"为例来说明之。"一朵玫瑰花"在我们眼睛的视网膜上成像，而且我们的大脑对视网膜上所成之像会有一个意识。这朵玫瑰花在视网膜上所成之像在认识活动中就是认识对象，而在鉴赏活动中则成了审美对象。我们对这个对象的意识在认识活动中是认识表象，而在鉴赏活动中则是审美表象。为什么会这样？这是由于诸认识能力之间的关系不同，在视网膜上的同一个对象就会呈现为不同的表象。

再次，由于诸认识能力之间的关系的不同，对象所呈现的意义也就不同。就认识判断而言，认识对象的意义更多的是在质料上的，即在时空表象中呈现给知性，知性则通过规定性判断力并运用范畴对该对象进行规定，从而做出具有认识意义上的客观实在性的认识判断。而在鉴赏判断中，审美对象的意义在于激起审美主体的美的情感，这种意义更多的是一种形式上而非质料上的意义，审美对象的意义就在于它是一种"有意味的形式"。

最后，从结果上看，对同一个对象，主体的诸认识能力之间的关系不同，做出的判断也是不同的，因此主体所获得的意义也是不同的。在认识判断中，主体所获得的是有关对象的客观实在性的知识；而在鉴赏判断中，主体所获得的是主观普遍性的美感。由此导致的进一步的结果就是同一个对象却把主体引向了不同的方向。在认识判断中，主体被引向对对象世界的探索，力图把握对象的规律，从而获得关于对象的合规律性的认识判断。在鉴赏判断中，主体被引向了对自由的追求和渴望，所获得的是对自由的价值和意义的体认。

综上所述，无论是从文本解读、例子分析和学界已有的研究成果来看，还是从主观形式的合目的性与审美共通感之间的关系来看，抑或是从主观形式的合目的性所具有的重要意义来看，都显示出把主观形式的合目的性作为鉴赏判断的第三者具有较强的合理性和可靠性。

结　语

通过以上五章所展示的对第三者问题所做的系统探讨，我们可以发现康德给予了第三者问题在解答"先天综合判断是如何可能的？"这个总问题时所具有的十分重要的地位和作用，这不仅凸显了此问题本身的重要性，而且体现了康德在面对他所处时代形而上学的危机和困境时所采取的独特的应对方式，因而也成为康德试图建构科学的形而上学的独特视角。正如谢林所言，康德"出其不意地作为哲学的革新者而出现，并重新给予哲学以科学的严肃性以及早已失去的尊严"①。在谢林的眼中，康德是以哲学革新者的形象出现的，这也是大多数哲学史家的共识。不仅如此，按照谢林的说法，康德毕生的任务就在于使哲学（或形而上学）能够成为科学，从而找回早已失去的尊严。在此意义上，如果我们站在第三者问题的视角上来看康德作为哲学革新者的形象，那么我们也许可以这样说：正是通过提出第三者问题，并从逻辑学和形而上学两个层面对先天综合判断的可能性问题进行审视，从而也就使得该问题获得了拯救形而上学的重要意义。

一、拯救形而上学

正如赫费所指出的那样："关于要求先天的知性概念具有客观有效性的权利问题，康德是出于一种形而上学的兴趣提出的。"②康德生活的时代，自然科学获得突飞猛进的发展，尤其是数学和物理学这两门公认的自然科学已经走上了科学的康庄大道。但是，历来被看作最古老的科学的形而上学却深陷危机和窘境之中。正如海德格尔所说的那样，形而上学这个术语"本身则源出于一种对如此编排的亚里士多德遗稿文献的实质性理解的窘境"③。而康德提出"先天综合判断是如何可能的？"其实就是面对形而上学的危机和窘境所做出的一种综合的回应。

在《纯批》的"第一版序"中，康德用了很少使用的带有文学色彩的

---

① 〔德〕谢林：《近代哲学史》，先刚译，北京：北京大学出版社，2016年，第88页。

② 〔德〕奥特弗里德·赫费：《康德：生平、著作与影响》，郑伊倩译，北京：人民出版社，2007年，第274页。

③ 〔德〕马丁·海德格尔：《康德与形而上学疑难》，王庆节译，上海：上海译文出版社，2011年，第3页。

语言描述了他的时代形而上学的状况。他描述道："曾经有一个时候，形而上学被称为一切科学的女王，并且，如果把愿望当作实际的话，那么她由于其对象的突出的重要性，倒是值得这一称号。今天，时代的时髦风气导致她明显地遭到完全的鄙视，这位受到驱赶和遗弃的老妇像赫卡柏一样抱怨：不久前我还是万人之上，以我众多的女婿和孩子而当上女王——到如今我失去了祖国，孤苦伶仃被流放他乡。"①总之，在康德所处的时代，形而上学所陷入的危机和困境使它显得既是必要的同时又是不可能的。但是，康德同时也认为形而上学不仅是必要的，而且也是可能的。

可以说，贯穿于康德的三大批判的核心问题就是要"拯救形而上学"。不过，他采取的策略并不是"匆忙地提出一种不同的形而上学体系以新代旧，而是让人停下来深入地想想，为什么形而上学由原来的'科学女王'变成了如今'遭受驱赶和遗弃的怨妇'？"②通过深入地思考，康德把他的批判哲学的中心聚焦在先天综合判断的可能性问题上。他进一步认为，要对先天综合判断的可能性问题做出科学的解答，并最终对形而上学能否成为科学做出裁决，就需要深入到对理性进行批判，而这种批判是理性的自我批判。

从批判哲学的立场上看，形而上学能否被视为科学，关键在于它是否也像在数学、物理学中那样包含先天综合判断，作为其自身的原则，"未来科学的形而上学必须包含先天综合判断"。③先天综合判断是形而上学知识的特殊类型，即纯粹理性的认识。这种知识类型要成为可能必须有一个将判断的主谓词联结起来的第三者，这样第三者自然就成为康德建构科学的形而上学的关键。康德不同他之前的休谟的地方在于：休谟只是在知识中划分出事实的知识和观念间关系的知识两种类型，而没有对这两种知识为什么能成立做出探索；康德不仅把知识的标准形式归结为先天综合判断这种特殊的知识类型，而且从第三者的视角对它的可能性进行深入而系统的探讨。

康德从第三者问题的视角对先天综合判断的可能性问题进行探讨，也体现在他的道德形而上学中。我们知道，康德对形而上学的独特贡献是力图建立一门不同于传统思辨形而上学（自然形而上学）的道德形而上学。在《道德形而上学奠基》中，康德明确提出了定言命令（作为先天综合的

① 〔德〕康德：《纯粹理性批判》，邓晓芒译，杨祖陶校，北京：人民出版社，2004年，第1—2页。

② 邓安庆：《启蒙伦理与现代社会的公序良俗——德国古典哲学道德事业之重审》，北京：人民出版社，2014年，第153页。

③ 舒远招：《西方哲学原著精义选讲》，长沙：湖南教育出版社，2011年，第193页。

实践命题）的第三者问题，并以此为视角来解答定言命令的先天综合实践性问题。①

总之，康德不仅以第三者问题的视角建构科学的自然形而上学，而且以此视角为科学的道德形而上学奠基。"康德提出的有关科学的形而上学的问题把一种前所未有的激进带入了哲学讨论之中，这种尖锐的激进只有通过一种新的更为彻底的思维方式才成为可能。"②在康德那里，这种彻底的思维方式是进行理性批判，从而解答先天综合判断的可能性问题。在德国观念论那里，从费希特、谢林到黑格尔，逐渐演化为一种以绝对唯心主义的形式体现出来的一次又一次向形而上学的顶峰发起冲锋的趋势，尤其是在黑格尔那里，一种更为彻底的思维方式得以实现，这都得益于康德提出的有关科学的形而上学的构想。在这种意义上，康德以第三者问题作为建构科学的形而上学的独特视角虽然被他之后的哲学家在主谓词关系问题的框架下批判、超越或扬弃了，但是它所蕴含的解决形而上学问题的维度和意义是值得我们永远探索的，并彰显出此概念在哲学史上所具有的重要理论意义和实践价值。

二、先天综合判断的意义

前面已经说过，康德提出第三者问题是为了解答"先天综合判断是如何可能的？"这个问题，因为如果这个问题得不到解决，"人们就会要么陷入休谟式的怀疑论，要么陷入法国唯物论式的独断论"③。这是康德不愿看到的情况。因此，提出"先天综合判断是如何可能的？"并对该问题进行系统而深入的探讨和解答是康德另辟蹊径来面对形而上学的危机与困境的独特方式。正如德国著名新康德主义代表人物恩斯特·卡西尔曾经指出的那样："凡是真正的判断都是综合的（synthetic）；因为判断的意向、判断所企求的正是这样一种合部分为整体的综合过程，这样一种编（变）特殊体为体系的编织过程。"④康德所追求的就是这类真正的判断，并以独特的方式表达了对科学真理的不懈追求。

在康德那里，关于先天综合判断，其实可以分为两个子问题：一是是否存在先天综合判断？二是先天综合判断是如何可能的？针对第一个问

---

① 〔德〕康德：《道德形而上学奠基》，杨云飞译，北京：人民出版社，2012年，第90页。

② 〔德〕奥特弗里德·赫费：《康德：生平、著作与影响》，郑伊倩译，北京：人民出版社，2007年，第2页。

③ 杨祖陶：《德国古典哲学逻辑进程》（修订版），武汉：武汉大学出版社，2003年，第21页。

④ 〔德〕恩斯特·卡西尔：《语言与神话》，于晓等译，北京：生活·读书·新知三联书店，2017年，第57页。

题，康德认为数学和近代自然科学的纯粹部分中都包含有先天综合判断作为自身的原则。康德主要考察的是第二个问题，这是整个先验哲学要考察的主导问题。正是上述两个问题，特别是第二个问题的提出，显示了"先天综合判断"作为一种知识的标准以及对它进行深入探究的意义。

（一）先天综合判断作为一种知识标准之意义

按照"休谟之叉"，只存在两类知识：一类是具有直观的和演绎的确定性的知识；另一类是以经验推理为特征的或然性知识。前者被称为观念关系的知识，后者被称为事实的知识。先天综合判断是建立在先天与后天、分析与综合两重区分的基础之上的。从某种程度上说，康德提出"先天综合判断"具有非常重要的哲学史意义。这主要体现在康德的先天综合判断是在原有的知识理论的背景（特别是休谟的知识理论）之下提出来的，因此具有深厚的哲学史背景。

先抛开关于是否存在"先天综合判断"之争论，我们至少可以说，就康德从逻辑上提出"先天综合判断"这一点而言，就具有非常重要的理论意义，因为他提出"先天综合判断"这个概念本身就是建立在分析与综合、先天与后天两重区分这个逻辑基础之上的。

不仅如此，康德提出先天综合判断也是为了克服形而上学存在着的危机。他认为，形而上学要成为科学从而摆脱危机就必须包含先天综合判断，哪怕其中只包含一个。康德不仅为自然形而上学确立了先天综合判断，而且，他还将先天综合判断作为一种知识的标准运用于伦理形而上学的领域，并确立了定言命令这个道德知识的标准形式，这就为道德的自由领域确立了一种新的知识标准。这无疑拓宽了人类知识的界限，并由此而确立了一种新的形而上学的范式。"康德在自然形而上学的基础上还提出建立伦理形而上学，这在西方形而上学的传统中是一个很大的创新。"①我们注意到，在康德所规划的科学的形而上学体系中，其更核心的部分不是自然形而上学，而是伦理形而上学。在康德所规划的整个科学形而上学体系中，伦理形而上学这个部分显然要优于或高于自然形而上学部分，这样的规划完全符合他所坚持的实践理性优于或高于理论理性的基本原则。

另外，康德将先天综合判断作为一种既具有普遍性和必然性，又能拓展人们的认识的知识形式，这本身就彰显了先天综合判断所具有的优点。人类的知识总是在不断地积累和增长，人类的认识也总是在不断地拓展。先天综合判断作为一种知识的标准同样可以成为人们追求的目标，即使这

---

① 舒远招：《西方哲学原著精义选讲》，长沙：湖南教育出版社，2011年，第196页。

个目标达不到，但至少为人类拓展自己的知识和认识树立了一个指向标。

在当代知识论中，存在着各种各样关于知识的理论，如基础理论、连贯理论、内在主义、外在主义等。这些理论都试图确立自己的知识标准。不仅如此，当代知识论的发展也提供了各种各样的知识标准。"我们知道许多种类的事物，而且，我们知道它们的方式之间似乎有着重要的区别。我们可以根据这些认识论上的区别将知识细分为不同的'区域'。直接建立在感觉上的知识，或曰'知觉知识'，构成一个区域。根据回忆以前获得的知识而拥有的知识构成另一个区域。归纳概括构成第三个区域。他人心灵的知识、先验知识和道德知识构成其他的区域。不同区域里的知识会有一些共同的特征，但也会展现重要的区别。"①因此，先天综合判断作为一种知识的标准彰显了其在当代知识论中的意义。

当代知识理论呈现出多元化的特征。无论以哪一种或哪几种知识作为标准，其都要为自己是否以及在何种程度上能够作为一种可靠的知识标准做出辩护，或者说需要为自己的合理性做出辩护。而在为自己的合理性做出辩护的同时都需要将自己的知识标准作为立足点。因此，康德提出"先天综合判断"作为一种可靠的知识标准，并对其合理性做了深入的探究更显示了"先天综合判断"作为一种知识标准的意义所在。

（二）深入探究先天综合判断的可能性的意义

从一定的意义上说，一位伟大的哲学家之所以伟大，一个重要的原因是他提出了重大的、有理论价值的、影响深远的哲学问题，而康德就是这样的哲学家。康德所具有的深远影响在谢林的笔下极富冲击力："随着康德的出现，哲学迄今的进程突然发生了变化。就好像一股长久遭到围堵的洪流，最终找到了一个缺口，然后坚持不懈地扩大这个缺口，直到整个堤坝完全崩溃，从此它能够自由而无拘无束地奔流向前。……自从康德在哲学里面开始真正发挥影响以来（在很长一段时间里他都没有受到重视，而他的影响的第一个成功的表现，仅仅是一窝蜂的单纯的字面意思复述者以及毫无头绪的解释者），涌现出来的不是一些不同的体系，而仅仅是唯一的一个体系，这个体系贯穿一切前仆后继的现象，奔向它的最终的升华之点。"②

谢林把康德哲学比喻成"一股长久遭到围堵的洪流"，可见它的影响

---

① 〔美〕约翰·波洛克、〔美〕乔·克拉兹：《当代知识论》，陈真译，上海：复旦大学出版社，2008年，第19页。

② 〔德〕谢林：《近代哲学史》，先刚译，北京：北京大学出版社，2016年，第89页。

力是多么巨大！而且，谢林也描绘出了康德哲学对德国观念论的深刻影响，因为自康德以后，不再有多种哲学，而是只有一种哲学，即唯一的一个体系，这恰好昭示着德国观念论的发展逻辑，也是谢林对康德以来的哲学发展的一种反思。即使是现在看来，康德哲学对后世的影响也是难以估量的。姑且不论康德哲学对后世哲学整体的影响广度和深度，也不论康德提出"先天综合判断是如何可能的？"这个问题对他之前的哲学之意义，就当代的情况而言，也已经凸显了该问题具有的重要的哲学史意义。

曾经有研究者指出："毋庸置疑，康德在知识论上的最重要的贡献是把'先天综合判断何以可能？'作为纯粹理性批判的总问题提了出来，这个总问题同时也是对一切形而上学学说的拷问，因为形而上学正是理性的产物。"①的确，康德提出"先天综合判断是如何可能的？"是为了解决人类认识的问题，更进一步是为了解决形而上学面临的危机或存在的问题，但是，他提出这个问题的意义已经远不止于知识论和形而上学领域，它的意义已经扩展到了知识论和形而上学之外，并一直激荡着人们的哲学思维，对现当代哲学也产生了重要的影响。人们对他提出的这个问题进行着不同方面的追问和沉思，这正体现了该问题的当代意义。

对康德提出的"先天综合判断是如何可能的？"这个问题进行深入的追问和沉思的最有名的当属海德格尔。他在《康德与形而上学疑难》《康德〈纯粹理性批判〉的现象学阐释》《物的追问——康德关于先验原理的学说》等著作中，从存在论的视角进一步探讨了康德提出的上述问题。海德格尔认为《纯批》是对形而上学的一次奠基，而《纯批》对形而上学的奠基又是通过考察"先天综合判断是如何可能的？"这项工作来进行的。也正如黄裕生教授所指出的那样，"先天综合判断"并非只是我们的一种知识，"它首先是我们不得不置身其中的一种存在方式，也是一切现象事物被给予我们的方式，因而也是它们向我们存在的存在方式"②。国外有研究者在心理学和认识论这两种解读之外，对该问题做了一种认知规范性的解读。③国内外一些研究者甚至试图对"先天综合判断"做一种现代

---

①　俞吾金：《康德"三种知识"理论探析》，《社会科学战线》2012年第7期，第18页。

②　黄裕生：《"纯粹理性批判"与存在论问题——从〈纯粹理性批判〉如何成为"基础形而上学"谈起》，《南京大学学报（哲学·人文科学·社会科学）》2010年第5期，第75页。

③　对此可以参看，Anderson R L, "Synthesis, Cognitive Normativity, and the Meaning of Kant's Question, 'How are synthetic cognitions a priori possible?'", *European Journal of Philosophy*, Vol. 9, No. 3, 2002, pp. 275-305.

性的解读。①这些不同形式的解读，一定程度上反映了康德提出"先天综合判断是如何可能的？"这个问题本身的开放性。

因此，无论从何种视角对"先天综合判断是如何可能的？"进行追问都显示了该问题本身的思想魅力，正是这种魅力激荡着一代又一代哲学家及研究者的哲学沉思。我们同样可以说，一部西方哲学史其实就是哲学问题的产生和发展的历史。哲学史上提出的诸多问题，如理念与现象的关系问题、"休谟问题"、"福柯问题"②、自由与必然的关系问题、存在与本质的问题、自我与他人的问题、公平与正义的问题等，一直激发着人们的思考。正是这种不断的追求和思索推进着人类的理论思维向纵深发展。"先天综合判断是如何可能的？"这个问题也发挥着这样的作用，这正体现了追问该问题的现实意义。

另外，根据本书对先天综合判断的第三者问题的研究，同样可以看成是在探究"先天综合判断是如何可能的？"这个问题。笔者甚至将前者看成是后者的前导问题，换言之，笔者是从第三者问题这个视角去探究"先天综合判断是如何可能的？"当然，肯定还有其他的研究视角。这反映出"先天综合判断是如何可能的？"这个问题本身的多维性、复杂性和开放性。因此，从多维视野去探讨"先天综合判断是如何可能的？"同样彰显了该问题的意义和价值。

三、理解和把握康德哲学体系的一条重要线索

康德哲学体系的丰富性和复杂性是出了名的。一直以来，人们试图从不同的角度或视野来审视康德那深邃而复杂的哲学体系，以期能获得对该体系的一个洞见，这就需要通过一条线索把康德的哲学体系的各个组成部分串联起来。不仅如此，不同的研究者很可能从不同的视角对康德复杂的哲学体系做出描述，即使同一个研究者也可以从不同的角度做出解释。譬如，杨祖陶先生曾基于不同的视角将康德的哲学体系描述为"作为科学的

---

① 对此可以参看，〔美〕劳伦斯·E. 卡洪：《现代性的困境：哲学、文化和反文化》，王志宏译，北京：商务印书馆，2008 年，第 88—115 页；〔美〕罗伯特·皮平：《作为哲学问题的现代主义：论对欧洲高雅文化的不满》，阎嘉译，北京：商务印书馆，2007 年，第 81—101 页；崔丽娜：《形而上学的历史镜像：康德"先天综合判断"之现代性解读》，《宁夏大学学报（人文社会科学版）》2013 年第 1 期，第 37—42 页。

② 所谓"福柯问题"是指米歇尔·福柯在《词与物——人文科学考古学》（莫伟民译，上海：上海三联书店，2002 年）中提出的"人如何能够思考他不思的东西？""人如何能成为生命？""人如何能化作劳动？""人如何能成为语言主体？"具体可以参见，于奇智在《中国社会科学》（2011 年第 5 期）中的《从康德问题到福柯问题的变迁——以启蒙运动和人文科学考古学为视角》，第 121—134 页的内容。

'自然—道德形而上学体系'""作为'人类学'的哲学体系"和批判哲学体系，但是他同时也承认康德的体系"远比最初想到的要复杂得多"。[①]显然，这些不同的描述分别代表了研究者各自的视角和方法，而且这些描述也是从不同程度上反映了康德复杂而精深的哲学体系，因而是非常值得肯定的。

不可否认，人们无论站在什么立场、从什么视角对康德哲学体系进行审视或考察，只要能够一以贯之就会展示一幅别具一格的康德哲学图景。从第三者问题的视角审视康德的哲学体系，展示在我们面前的是这样一幅图景：通过第三者问题这条线索，着眼于对先天综合判断的可能性问题，可以把纯粹数学、自然形而上学、实践哲学（包括道德形而上学和宗教哲学）和美学等诸领域串联起来，从而形成一幅不同于以往的新的康德哲学体系的画面。这一画面的展现无疑丰富了对康德哲学体系的探索，从而能够作为我们进入康德哲学体系的又一扇大门，并可以成为人们进一步探索康德哲学体系的一个切入点，因而同样有着不可否认的体系价值与意义。就此而言，从第三者问题这个议题出发，康德哲学体系的整体面貌会变得更清晰和完整。

总之，对任何想从事哲学研究的人而言，康德哲学思想永远是开放的、探讨不止的话题，"他的思想永远不是已经完成了的学说，而是一个不断获得新洞见和提出新问题的过程"[②]。

---

① 杨祖陶：《康德黑格尔哲学研究》，武汉：武汉大学出版社，2001年，第155—194页。

② 〔德〕奥特弗里德·赫费：《康德：生平、著作与影响》，郑伊倩译，北京：人民出版社，2007年，第31页。

参 考 文 献

中 文 类

一、康德作品的译著

康德：《纯粹理性批判》，邓晓芒译，杨祖陶校，北京：人民出版社，2004年。

康德：《道德形而上学奠基》，杨云飞译，北京：人民出版社，2013年。

康德：《道德形而上学原理》，苗力田译，北京：上海世纪出版集团，2005年。

康德：《康德三大批判合集》（下），邓晓芒译，杨祖陶校，北京：人民出版社，2009年。

康德：《康德书信百封》，李秋零编译，上海：上海人民出版社，2006年。

康德：《康德著作全集》（第2卷），李秋零主编，北京：中国人民大学出版社，2004年。

康德：《康德著作全集》（第4卷），李秋零主编，北京：中国人民大学出版社，2005年。

康德：《康德著作全集》（第6卷），李秋零主编，北京：中国人民大学出版社，2007年。

康德：《康德著作全集》（第8卷），李秋零主编，北京：中国人民大学出版社，2010年。

康德：《逻辑学讲义》，许景行译，北京：商务印书馆，1991年。

康德：《判断力批判》，邓晓芒译，杨祖陶校，北京：人民出版社，2002年。

康德：《实践理性批判》，邓晓芒译，杨祖陶校，北京：人民出版社，2003年。

康德：《实践理性批判》，韩水法译，北京：商务印书馆，1999年。

康德：《未来形而上学导论》，庞景仁译，北京：商务印书馆，1978年。

康德：《自然科学的形而上学基础》，邓晓芒译，上海：上海人民出版社，2003年。

二、其他相关著作和论文

阿拉斯代尔·麦金太尔：《伦理学简史》，龚群译，北京：商务印书馆，2003年。

埃德蒙德·胡塞尔：《现象学的观念：五篇讲座稿》，倪梁康译，北京：人民出版社，2007年。

爱莲心：《时间、空间与伦理学基础》，高永旺、李孟国译，南京：江苏人民出版社，2015年。

安东尼·肯尼：《牛津西方哲学史·第一卷·古代哲学》，王柯平译，长春：吉林出版集团股份有限公司，2016年。

奥诺拉·奥尼尔：《理性的建构：康德实践哲学探究》，林晖、吴树博译，上海：复旦大学出版社，2013年。

奥特弗里德·赫费：《康德：生平、著作与影响》，郑伊倩译，北京：人民出版社，2007年。

奥特弗里德·赫费：《康德的〈纯粹理性批判〉——现代哲学的基石》，郭大为译，
　　北京：人民出版社，2008年。

芭芭拉·赫尔曼：《道德判断的实践》，陈虎平译，北京：东方出版社，2006年。

柏拉图：《柏拉图全集》（增订版，上、中、下卷），王晓朝译，北京：人民出版社，
　　2018年。

包向飞：《康德的数学哲学》，武汉：武汉大学出版社，2013年。

保罗·盖耶尔：《康德》，宫睿译，北京：人民出版社，2015年。

鲍姆加特纳：《康德〈纯粹理性批判〉导读》，李明辉译，台北：联经出版事业股份有限
　　公司，2003年。

北京大学哲学系外国哲学教研室编译：《西方哲学原著选读》（上、下卷），北京：
　　商务印书馆，2002年。

贝尔纳·布尔乔亚：《德国古典哲学》，邓刚译，北京：人民出版社，2013年。

彼得·范·因瓦根：《形而上学》，2版，宫睿译，北京：北京大学出版社，2008年。

布鲁斯·昂：《形而上学》，田园、陈高华等译，北京：中国人民大学出版社，2006年。

曹俊峰：《康德美学引论》，天津：天津教育出版社，2012年。

陈嘉明：《建构与范导——康德哲学的方法论》，上海：上海人民出版社，2013年。

陈晓平：《贝叶斯方法与科学合理性——对休谟问题的思考》，北京：人民出版社，
　　2010年。

陈修斋：《欧洲哲学史上的经验主义和理性主义》，2版，北京：人民出版社，2007年。

陈志远：《康德的综合和分析概念》，《现代哲学》2005年第1期，第111—120页。

崔丽娜：《形而上学的历史镜像：康德"先天综合判断"之现代性解读》，《宁夏大
　　学学报（人文社会科学版）》2013年第1期，第37—42页。

大卫·休谟：《道德原则研究》，曾晓平译，北京：商务印书馆，2010年。

大卫·休谟：《人类理智研究》，吕大吉译，北京：商务印书馆，1999年。

戴茂堂：《超越自然主义——康德美学的现象学诠释》，武汉：武汉大学出版社，2005年。

邓安庆：《从"形而上学"到"行而上学"：康德哲学哥白尼式革命的实质》，《复
　　旦学报（社会科学版）》2009年第4期，第86—93页。

邓安庆：《启蒙伦理与现代社会的公序良俗——德国古典哲学的道德事业之重审》，
　　北京：人民出版社，2014年。

邓晓芒：《〈纯粹理性批判〉讲演录》，北京：商务印书馆，2013年。

邓晓芒：《德国古典哲学讲演录》，长沙：湖南文艺出版社，2017年。

邓晓芒：《对康德〈道德形而上学奠基〉第Ⅰ章中三条原理的分析》，《哲学分析》
　　2010年第2期，第80—90页。

邓晓芒：《康德〈纯粹理性批判〉句读》（上、中、下），北京：人民出版社，2018年。

邓晓芒：《康德〈道德形而上学奠基〉读与解》，《甘肃社会科学》2011年第1期，
　　第33—37页。

邓晓芒：《康德〈道德形而上学奠基〉句读》（上、下），北京：人民出版社，2012年。

邓晓芒：《康德〈判断力批判〉释义》，2版，北京：生活·读书·新知三联书店，
　　2018年。

邓晓芒：《康德〈实践理性批判〉中的自由范畴表解读》，《哲学研究》2009 年第 9
期，第 63—72 页。

邓晓芒：《康德道德哲学的三个层次——〈道德形而上学基础〉述评》，《云南大学
学报（社会科学版）》2004 年第 4 期，第 19—28 页。

邓晓芒：《康德的"先验"与"超验"之辨》，《同济大学学报（社会科学版）》2005
年第 5 期，第 7—18 页。

邓晓芒：《康德的"智性直观"探微》，《文史哲》2006 年第 1 期，第 119—125 页。

邓晓芒：《康德论因果性问题》，《浙江学刊》2003 年第 2 期，第 35—41 页。

邓晓芒：《康德时间观的困境和启示》，《江苏社会科学》2006 年第 6 期，第
14—20 页。

邓晓芒：《康德哲学讲演录》，桂林：广西师范大学出版社，2005 年。

邓晓芒：《康德自由概念的三个层次》，《复旦学报（社会科学版）》2004 年第 2 期，
第 24—30 页。

邓晓芒：《冥河的摆渡者——康德的〈判断力批判〉》，昆明：云南人民出版社，1997 年。

邓晓芒：《西方美学史纲》，北京：商务印书馆，2018 年。

迪特·亨利希：《在康德与黑格尔之间——德国观念论讲座》，乐小军译，北京：商
务印书馆，2013 年。

笛卡尔：《第一哲学沉思集：反驳和答辩》，庞景仁译，北京：商务印书馆，2010 年。

笛卡尔：《谈谈方法》，王太庆译，北京：商务印书馆，2006 年。

恩斯特·卡西尔：《语言与神话》，于晓等译，北京：生活·读书·新知三联书店，
2017 年。

费希特：《伦理学体系》，梁志学、李理译，北京：商务印书馆，2007 年。

郭立田：《康德〈纯粹理性批判〉文本解读》，哈尔滨：黑龙江大学出版社，2010 年。

韩水法：《康德传》，石家庄：河北人民出版社，1997 年。

汉斯-格奥尔格·伽达默尔：《诠释学 I：真理与方法》，洪汉鼎译，北京：商务印书
馆，2010 年。

黑格尔：《精神现象学》（上、下卷），贺麟、王玖兴译，北京：商务印书馆，1997 年。

黑格尔：《小逻辑》，贺麟译，北京：商务印书馆，2019 年。

黑格尔：《哲学史讲演录》（第四卷），贺麟、王太庆等译，上海：上海人民出版社，
2013 年。

亨利希·海涅：《论德国宗教和哲学的历史》，海安译，北京：商务印书馆，2016 年。

胡好：《康德定言命令式的演绎》，《道德与文明》2012 年第 2 期，第 69—74 页。

胡好：《康德自然科学命题的第三者是什么？》，《哲学研究》2019 年第 7 期，第 109—
117 页。

胡万年、张荣：《康德自由概念的四个存在论维度》，《现代哲学》2011 年第 4 期，
第 58—64 页。

黄裕生：《"纯粹理性批判"与存在论问题——从〈纯粹理性批判〉如何成为"基础
形而上学"谈起》，《南京大学学报（哲学·人文科学·社会科学）》2010 年第
5 期，第 75—82 页。

黄裕生：《摆渡在有-无之间的哲学——第一哲学问题研究》，北京：清华大学出版社，2019 年。

黄裕生：《真理与自由——康德哲学的存在论阐释》，南京：江苏人民出版社，2002 年。

吉尔·德勒兹：《康德的批判哲学》，夏莹、牛子牛译，西安：西北大学出版社，2018 年。

蒋昭阳：《由康德到石里克的科学哲学演进逻辑——以"空间"概念为轴线》，《自然辩证法通讯》2010 年第 1 期，第 28—32 页。

卡尔·福尔伦德：《康德传：康德的生平与事业》，曹俊峰译，天津：天津教育出版社，2015 年。

莱斯利·阿瑟·马尔霍兰：《康德的权利体系》，北京：商务印书馆，2011 年。

莱因哈特·布兰特：《康德——还剩下什么？》，张柯译，北京：商务印书馆，2019 年。

劳伦斯·E. 卡洪：《现代性的困境：哲学、文化和反文化》，王志宏译，北京：商务印书馆，2008 年。

李福岩：《康德的哲学革命与先验自由观》，《武陵学刊》2011 年第 3 期，第 46—50 页。

李菁：《哲学与科学的可能性之间的循环证明——从康德〈纯粹理性批判〉的视域看》，《同济大学学报（社会科学版）》2007 年第 5 期，第 22—28 页。

李泽厚：《批判哲学的批判——康德述评》，北京：生活·读书·新知三联书店，2007 年。

林季彬、袁鸿杰：《康德论"普遍性"——以〈判断力批判〉为文本》，《世界哲学》2017 年第 1 期，第 93—98 页。

林远泽：《从赫德到米德——迈向沟通共同体的德国古典语言哲学思路》，台北：联经出版有限责任公司，2019 年。

刘凤娟：《时间图型作为第三者概念探析》，《理论月刊》2012 年第 3 期，第 55—58 页。

刘小枫、陈少明编：《康德与启蒙——纪念康德逝世二百周年》，北京：华夏出版社，2004 年。

刘易斯·贝克：《〈实践理性批判〉通释》，黄涛译，上海：华东师范大学出版社，2011 年。

卢春红：《情感与时间——康德共通感问题研究》，上海：上海三联书店，2007 年。

卢雪崑：《康德的形而上学——物自身与智思物》，北京：中国人民大学出版社，2016 年。

卢雪崑：《康德的自由学说》，北京：中国人民大学出版社，2016 年。

卢雪崑：《实践主体与道德法则——康德实践哲学研究》，香港：志莲淨苑文化部，2000 年。

卢雪崑：《意志与自由——康德道德哲学研究》，台北：文史哲出版社，1997 年。

罗伯特·皮平：《作为哲学问题的现代主义：论对欧洲高雅文化的不满》，阎嘉译，北京：商务印书馆，2007 年。

罗中枢：《论康德的"纯粹自然科学"及其可能性》，《天津社会科学》2005 年第 5 期，第 48—51 页。

马丁·海德格尔：《康德与形而上学疑难》，王庆节译，上海：上海译文出版社，2011 年。

马丁·海德格尔：《路标》，孙周兴译，北京：商务印书馆，2004 年。

马丁·海德格尔：《同一与差异》，孙周兴、陈小文、余明锋译，北京：商务印书馆，
2011 年。

马丁·海德格尔：《物的追问——康德关于先验原理的学说》，赵卫国译，上海：上
海译文出版社，2010 年。

马克斯·舍勒：《伦理学中的形式主义与质料的价值伦理学》，倪梁康译，北京：商
务印书馆，2011 年。

曼弗雷德·库恩：《康德传》，黄添盛译，上海：上海人民出版社，2008 年。

米歇尔·福柯：《词与物——人文科学考古学》，莫伟民译，上海：上海三联书店，
2002 年。

倪梁康：《胡塞尔现象学概念通释》，2 版，北京：生活·读书·新知三联书店，
2007 年。

倪梁康：《现象学及其效应：胡塞尔与当代德国哲学》，北京：生活·读书·新知三
联书店，1994 年。

潘卫红：《康德的先验想象力研究》，北京：中国社会科学出版社，2007 年。

彭志君：《审美共通感：纯粹审美判断的第三者——〈判断力批判〉中一个重要问题
的求解》，《德国哲学》2017 年第 1 期，第 40—53 页。

齐良骥：《康德的知识学》，北京：商务印书馆，2011 年。

钱广华：《康德的范畴理论》，《安徽大学学报（哲学社会科学版）》2001 年第 3 期，
第 1—7 页。

钱捷、林逸云：《直观的意义——康德〈纯粹理性批判〉B160—161 注释辨微》，《哲
学研究》2016 年第 8 期，第 83—88 页。

钱捷：《康德究竟如何看待几何学的可能性？》，《哲学研究》2020 年第 6 期，
第 95—104 页。

钱捷：《溯因推理：笛卡尔、康德和皮尔士》，《哲学研究》2003 年第 10 期，
第 54—62 页。

乔治·贝克莱：《人类知识原理》，关文运译，北京：商务印书馆，2010 年。

叔本华：《伦理学的两个基本问题》，任立、孟庆时译，北京：商务印书馆，2010 年。

叔本华：《作为意志和表象的世界》，石冲白译，北京：商务印书馆，2007 年。

舒远招：《从 Metapysik 角度看〈纯粹理性批判〉第 1 版序言——与 Metaphsik 相关的
几个德文词的理解和翻译》，《湖南师范大学社会科学学报》2010 年第 5 期，第
20—26 页。

舒远招：《德国古典哲学——及在后世的影响和传播》，长沙：湖南师范大学出版社，
2005 年。

舒远招：《康德伦理学中的正义概念》，《哲学动态》2010 年第 10 期，第 45—51 页。

舒远招：《康德思想的实用维度及其限度》，《云南大学学报（社会科学版）》2011
年第 10 卷第 1 期，第 11—19 页。

舒远招：《理性与激情——黑格尔历史理性研究》，长沙：湖南师范大学出版社，
1994 年。

舒远招：《完美神圣的理性存在者的意志：定言命令之第三者——〈道德形而上学的
　　奠基〉中一个重要问题的解答》，《山东科技大学学报（社会科学版）》2012 年
　　第 5 期，第 1—18 页。

舒远招：《西方哲学原著精义选讲》，长沙：湖南教育出版社，2011 年。

舒远招：《直指人心的人性善恶论——康德人性善恶论的层次分析》，《哲学研究》
　　2008 年第 4 期，第 60—66 页。

斯密：《康德〈纯粹理性批判〉解义》，韦卓民译，武汉：华中师范大学出版社，2000 年。

苏德超：《怀疑、先天综合判断和确定性——从康德与维特根斯坦的角度看》，《世
　　界哲学》2008 年第 6 期，第 77—82 页。

苏德超：《有先天综合判断吗——浅谈分析哲学对先天综合判断的拒绝》，《武汉大
　　学学报（人文科学版）》2013 年第 2 期，第 43—48 页。

孙冠臣：《海德格尔的康德解释研究》，北京：中国社会科学出版社，2008 年。

汤姆·洛克摩尔：《在康德的唤醒下：20 世纪西方哲学》，徐向东译，北京：北京大
　　学出版社，2010 年。

涛慕思·博格：《康德、罗尔斯与全球正义》，刘莘、徐向东等译，上海：上海译文
　　出版社，2010 年。

特里·平卡德：《德国哲学 1760—1860：观念论的遗产》，侯振武译，北京：中国人
　　民大学出版社，2019 年。

童世骏：《大问题和小细节之间的"反思平衡"——从"行动"和"行为"的概
　　念区分谈起》，《华东师范大学学报（哲学社会科学版）》2005 年第 4 期，
　　第 16—23 页。

瓦迪斯瓦夫·塔塔尔凯维奇：《西方六大美学观念史》，刘文潭译，上海：上海译文
　　出版社，2013 年。

汪子嵩：《西方三大师——苏格拉底、柏拉图、亚里士多德》，北京：商务印书馆，
　　2016 年。

王朝元：《走进审美王国——康德〈判断力批判〉研究》，桂林：广西师范大学出版
　　社，2014 年。

王建军：《康德与直观》，北京：北京师范大学出版社，2014 年。

王奎：《康德论鉴赏判断的规范性及其证明》，《云南大学学报（社会科学版）》2012
　　年第 11 卷第 1 期，第 94—99 页。

王奎：《康德论美的演绎》，北京：经济科学出版社，2015 年。

温纯如：《认知、逻辑与价值：康德〈纯粹理性批判〉新探》，北京：中国社会科学
　　出版社，2002 年。

文德尔班：《哲学史教程》（上、下卷），罗达仁译，北京：商务印书馆，1997 年。

文德尔班：《哲学史教程》（下卷），罗达仁译，北京：商务印书馆，1993 年。

沃尔夫冈·凯尔斯汀：《良好的自由秩序——康德的法哲学与国家哲学》，汤沛丰译，北京：
　　商务印书馆，2020 年。

先刚：《永恒与时间——谢林哲学研究》，北京：商务印书馆，2008 年。

谢林：《对人类自由的本质及其相关对象的哲学研究》，邓安庆译，北京：商务印书

馆，2008 年。

谢林：《近代哲学史》，先刚译，北京：北京大学出版社，2016 年。

谢文郁：《形而上学与西方思维》，南宁：广西人民出版社，2016 年。

徐长福：《论马克思早期哲学中的主谓词关系问题——以〈黑格尔法哲学批判〉为解
　　读重点》，《哲学研究》2016 年第 10 期，第 22—30 页。

徐长福：《主词与谓词的辩证——马克思哲学的逻辑基础探察》，《哲学研究》2017
　　年第 5 期，第 11—18 页。

亚当·斯密：《道德情操论》，蒋自强、钦北愚、朱钟棣等译，北京：商务印书馆，
　　2015 年。

亚里士多德：《尼各马克伦理学》，廖申白译注，北京：商务印书馆，2011 年。

亚里士多德：《形而上学》，李真译，北京：人民出版社，2020 年。

杨生平：《康德与"科学"形而上学的构建》，《首都师范大学学报（社会科学版）》
　　2008 年第 6 期，第 62—66 页。

杨适：《古希腊哲学探本》，北京：商务印书馆，2012 年。

杨云飞：《定言命令研究》，武汉大学博士学位论文，2006 年。

杨祖陶、邓晓芒：《康德〈纯粹理性批判〉指要》，北京：人民出版社，2001 年。

杨祖陶：《德国古典哲学逻辑进程》（修订版），武汉：武汉大学出版社，2003 年。

杨祖陶：《康德黑格尔哲学研究》，武汉：武汉大学出版社，2001 年。

叶峰：《从"先天综合判断"问题看哲学史与哲学研究的关系》，见邓晓芒主编《哲
　　学名家对谈录——英美分析哲学 PK 欧洲大陆哲学》，长沙：湖南教育出版
　　社，2007 年。

叶秀山：《启蒙与自由：叶秀山论康德》，南京：江苏人民出版社，2013 年。

以赛亚·伯林：《启蒙的时代：十八世纪哲学家》，2 版，孙尚扬、杨深译，南京：译
　　林出版社，2012 年。

尹维坤：《康德解释了自然科学的客观性吗？》，《科学技术哲学研究》2013 年第 1
　　期，第 44—49 页。

于奇智：《从康德问题到福柯问题的变迁——以启蒙运动和人文科学考古学为视角》，
　　《中国社会科学》2011 年第 5 期，第 121—134 页。

俞吾金：《从康德到马克思——千年之交的哲学沉思》，北京：北京师范大学出版社，
　　2017 年。

俞吾金：《康德的"三种知识"理论》，《社会科学战线》2012 年第 7 期，第 12—18 页。

俞吾金：《康德两种因果性概念探析》，《中国社会科学》2007 年第 6 期，第 29—40 页。

俞吾金：《一个被遮蔽了的"康德问题"——康德对"两种实践"的区分及其当代意
　　义》，《复旦学报（社会科学版）》2003 年第 1 期，第 16—23 页。

约翰·波洛克、〔美〕乔·克拉兹：《当代知识论》，陈真译，上海：复旦大学出版
　　社，2008 年。

约翰·华特生：《康德哲学讲解》，韦卓民译，武汉：华中师范大学出版社，2000 年。

约翰·罗尔斯：《道德哲学史讲义》，顾肃、刘雪梅译，北京：中国社会科学出版社，
　　2012 年。

约翰·罗尔斯：《正义论》，何怀宏、何包钢、廖申白译，北京：中国社会科学出版社，2011 年。

张任之：《质料先天与人格生成——对舍勒现象学的质料价值伦理学的重构》，北京：商务印书馆，2014 年。

张廷国、罗正东：《论康德的先天综合判断与"第三者"》，《哲学研究》2016 年第 12 期，第 79—84 页。

张祥龙：《当代西方哲学笔记》，北京：北京大学出版社，2005 年。

张志林：《因果观念与休谟问题》，北京：中国人民大学出版社，2010 年。

张志伟：《〈纯粹理性批判〉中的"内在形而上学"》，《哲学动态》2011 年第 5 期，第 29—36 页。

张志伟：《康德的道德世界观》，北京：中国人民大学出版社，1995 年。

赵敦华：《西方哲学简史》，北京：北京大学出版社，2012 年。

赵敦华：《西方哲学经典讲演录》，桂林：广西师范大学出版社，2007 年。

郑昕：《康德学述》，北京：商务印书馆，1984 年。

郑志忠：《共感与超感性者：鉴赏判断的规范性》，《"国立"台湾大学哲学论评》2009 年第 37 期，第 43—119 页。

周黄正蜜：《康德共通感理论研究》，北京：商务印书馆，2018 年。

周黄正蜜：《论康德的审美共通感》，《云南大学学报（社会科学版）》2014 年第 4 期，第 87—93 页。

朱会晖：《道德法则究竟如何可能？——围绕〈道德形而上学奠基〉的文本解读》，《山东科技大学学报（社会科学版）》2012 年第 5 期，第 19—26 页。

朱会晖：《自由的现实性与定言命令的可能性——对康德〈道德形而上学奠基〉的新理解》，《哲学研究》2011 年第 12 期，第 78—86 页。

E. 策勒尔：《古希腊哲学史纲》，2 版，翁绍军译，济南：山东人民出版社，2007 年。

E. 卡西尔：《康德与形而上学问题——评海德格尔对康德的解释》，张继选译，《世界哲学》2007 年第 3 期，第 32—46 页。

西 文 类

一、德文部分

（一）康德原著

Kant I, *Kritik der reinen Vernunft*, Hamburg: Felix Meiner Verlag GmbH, 1998.

Kant I, *Kritik der praktischen Vernunft*, Hamburg: Felix Meiner Verlag GmbH, 2003.

Kant I, *Kritik der Urteilskraft*, Hamburg: Felix Meiner Verlag GmbH, 2006.

Kant I, *Metaphysische Anfangsgründe der Naturwissenschaft* (Schriften zur Naturphilosophie herausgegeben von Wilhelm Weischedel Ⅸ), Frankfurt am Main: Suhrkamp Verlag, 1968.

（二）相关研究著作

Cohen H, *Kommentar zu Immanuel Kants Kritik der reinen Vernunft*(Vierte, Unveränderte Auflage), Leipzig: Felix Meiner Verlag, 1925.

Heidegger M, *Kant und Das Problem Der Metaphysik*(Gesamtausgabe I. Abteilung; Veröffentlichte Schriften 1910-1976, Band 5), Frankfurt am Main: Verlag Vittotio Klostermann, 1991.

Heidegger M, *Phänomenologische Interpretation von Kants Kritik der reinen Vernunft*(Gesamtausgabe II. Abteilung: Vorlesungen 1923-1944, Band 25), Frankfurt am Main: Verlag Vittotio Klostermann, 1977.

Heidegger M, *Sein und Zeit*(Neunzehte Auflage), Tübingen: Max Niemeyer Verlag GmbH, 2006.

Natterer P, *Systematischer Kommentar zur Kritik der reinen Vernunft: Interdisziplinäre Bilanz der Kantforschung seit 1945*, Berlin: De Gruyter, 2003.

Stolzenberg J, *Kant in der Gegenwart*, Berlin: De Gruyter, 2007.

Timmerman J, *Sittengesetz und Freiheit: Untersuchungen zu Immanuel Kants Theorie des freien Willens*, Berlin: De Gruyter, 2003.

二、英文部分

（一）康德译著

Kant I, *Critique of Pure Reason*, Pluhar S P (trans.), Indianapolis: Hackett Publishing Company, Inc, 1996.

Kant I, *Critique of Practical Reason*, Pluhar S P (trans.), Indianapolis: Hackett Publishing Company, Inc, 2002.

Kant I, *Critique of Judgement*, Pluhar S P (trans.), Cambridge: Hackett Publishing Company, Inc, 1987.

Kant I, *Groundwork for the Metaphysics of Morals*, Allen W W (trans. & ed.), New Haven: Yale University Press, 2002.

Kant I, *Groundwork of the Metaphysics of Morals*(A German-English Edition), Gregor M (trans.), Timmermann J (ed.), Cambridge: Cambridge University Press, 2011.

Kant I, *Prolegomena to Any Future Metaphysics That Will Be Able to Come Forward as Science: with Selections from the Critique of Pure Reason*, Hatfield G (trans. & ed.), Cambridge: Cambridge University Press, 2004.

Kant I, *Practical Philosophy*, Gregor M J(ed.), Cambridge: Cambridge University Press, 1996.

Kant I, *Religion Within the Boundaries of Mere Reason: And Other Writings*, Wood A (trans. & ed.), Cambridge: Cambridge University Press, 1998.

Kant I, *opus postumum*, Förster E (ed.), Förster E, Rosen M (trans.), Cambridge: Cambridge University Press, 1993.

Kant I, *Metaphysical Foundations of Natural Science*, Friedman M (trans. & ed.), Cambridge: Cambridge University Press, 2004.

（二）相关研究著作及论文

Allison H E, *Kant's Transcendental Idealism: An Interpretation and Defense*, New Haven: Yale University Press, 2004.

Allison H E, *Kant's Theory of Freedom*, Cambridge: Cambridge University Press, 1990.

Allison H E, *Idealism and Freedom: Essays on Kant's Theoretical and Practical Philosophy*, Cambridge: Cambridge University Press, 1996.

Allison H E, *Kant's Theory of Taste: A Reading of the Critique of Aesthetic Judgement*, Cambridge: Cambridge University Press, 2001.

Allison H E, *Kant's Theory of Freedom*, Cambridge: Cambridge University Press, 1990.

Allison H E, *Kant's Groundwork for the Metaphysics of Morals: A Commentary*, Oxford: Oxford University Press, 2011.

Allison H E, "Transcendental Schematism and the Problem of the Synthetic A Priori", *Dialectica*, Vol. 35, No. 1, 1981, pp. 57-83.

Allison H E, *Kant's Theory of Taste: A Reading of the Critique of Aesthetic Judgment*, Cambridge: Cambridge University Press, 2001.

Ameriks K, *Interpreting Kant's Critiques*, Oxford: Oxford University Press, 2003.

Ameriks K, "How to Save Kant's Deduction of Taste", *Journal of Value Inquiry*, Vol. 16, No. 4, 1982, pp. 295-302.

Anderson R L, "Synthesis, Cognitive Normativity, and the Meaning of Kant's Question, 'How are synthetic cognitions a priori possible?'", *European Journal of Philosophy*, Vol. 9, No. 3, 2002, pp. 275-305.

Banham G, *Kant's Practical Philosophy: From Critique to Doctrine*, New York: Palgrave Macmillan, 2003.

Bayne S M, *Kant on Causation: On the Fivefold Routes to the Principle of Causation*, Albany: State University of New York Press, 2004.

Dean R, *The Value of Humanity in Kant's Moral Theory*, Oxford: Clarendon Press, 2006.

Dicker G, *Kant's Theory of Knowledge: An Analytical Introduction*, Oxford: Oxford University Press, 2004.

Guyer P, *Kant and the Claims of Taste*(Second Edition), Cambridge: Cambridge University Press, 1997.

Guyer P, *Kant*, London: Routledge, 2006.

Guyer P, *Kant's Groundwork for the Metaphysics of Morals: A Reader's Guide*, London: Continuum, 2007.

Guyer P, "Problems with freedom: Kant's argument in Groundwork Ⅲ and its subsequent emendations", In Timmermann J(ed.), *Kant's Groundwork of the Metaphysics of Morals: A Critical Guide*. Cambridge: Cambridge University Press, 2009, pp. 176-202.

Hughes F, *Kant's Aesthetic Epistemology: Form and World*, Edinburgh: Edinburgh University Press, 2007.

Kerstein S J, *Kant's Search for the Supreme Principle of Morality*, Cambridge: Cambridge University Press, 2002.

Wicks R, *Kant on Judgement*, London: Routledge, 2007.

Kitcher P, "Kant's Epistemological Problem and Its Coherent Solution", *Philosophical Perspectives*, Vol. 13, 1999, pp. 415-441.

Korsgaard C M, *Creating the Kingdom of Ends*, Cambridge: Cambridge University Press, 1996.

Krausser P, "Kant's Schematism of the Categories and the Problem of Pattern Recognition", *Synthese*, Vol. 33, No. 2, 1976, pp. 175-192.

Meeker K, "Hume on Knowledge, Certainty and Probability: Anticipating the Disintegration of the Analytic/Synthetic Divide?", *Pacific Philosophical Quarterly*, Vol. 88, No. 2, 2007, pp. 226-242.

Nagel G, *The Structure of Experience: Kant's System of Principles*, Chicago: The University of Chicago Press, 1983.

Needham P, "Causation: Relation or Connective?", *Dialectica*, Vol. 42, No. 3, 1988, pp. 201-220.

Paton H J, *Kant's Metaphysic of Experience: A Commentary on the First Half of the Kritik der reinen Vernunft* (In two Volumes), London: George Allen & Unwin Ltd, 1936.

Paton H J, *The Categorical Imperative: A Study in Kant's Moral Philosophy*, Chicago: Chicago University Press, 1948.

Pendlebury M, "Making Sense of Kant's Schematism", *Philosophy and Phenomenological Research*, Vol. 55, No. 4, 1995, pp. 777-797.

Pierris G D, "Frege and Kant on A Priori Knowledge", *Synthese*, Vol. 77, No. 3, 1988, pp. 285-319.

Proops I, "Kant's Conception of Analytic Judgment", *Philosophy and Phenomenological Research*, Vol. 70, No. 3, 2005, pp. 588-612.

Rockmore T, *Kant and Idealism*, New Haven: Yale University Press, 2007.

Rauscher F, "The Appendix to the Dialectic and the Canon of Pure Reason: The Positive Role of Reason", In Guyer P(ed.), *The Cambridge Companion to Kant's Critique of Pure Reason*. Cambridge: Cambridge University Press, 2010, pp. 290-309.

Russell G, "The Analytic/Synthetic Distinction", *Philosophy Compass*, Vol. 2, No. 5, 2007, pp. 712-729.

Schönecker D, "How is a categorical imperative possible? Kant's deduction of the categorical imperative", In Horn C, Schönecker D (eds.), *Groundwork for the Metaphysics of Morals*. Berlin: De Gruyter, 2006, pp. 301-324.

Sebastian G, *Kant and the Critique of Pure Reason*, London: Routledge, 1990.

Sedgwick S, *Kant's Groundwork of the Metaphysics of Morals: An Introduction*, Cambridge:

Cambridge University Press, 2008.

Shabel L, "Kant's philosophy of mathematics", In Guyer P (ed.), *The Cambridge Companion to Kant and Modern*. Cambridge: Cambridge University Press, 2007, pp. 94-128.

Strawson P F, *The Bounds of Sense: An Essay on Kant's Critique of Pure Reason*, London: Routledge, 1966.

Tenenbaum S, "The Idea of Freedom and Moral Cognition in Groundwork Ⅲ", *Philosophy and Phenomenological Research*, Vol. 84, No. 3, 2012, pp. 555-589.

Timmermann J, *Kant's Groundwork of the Metaphysics of Morals: A Commentary*, Cambridge: Cambridge University Press, 2007.

Watkins E, *Kant and the Metaphysics of Causality*, Cambridge: Cambridge University Press, 1998.

Wood A W, *Kantian Ethics*, Cambridge: Cambridge University Press, 2008.

Woods M, "Kant's Transcendental Schematism", *Dialectica*, Vol. 37, No. 3, 1983, pp. 201-219.

Uleman J K, *An Introduction to Kant's Moral Philosophy*, Cambridge: Cambridge University Press, 2010.

Longuenesse B, *Kant and the Capicity to Judge*, Wolfe C T(trans.), Princeton: Princeton University Press, 1998.

Longuenesse B, *Kant on the Human Standpoint*, Cambridge: Cambridge University Press, 2005.

Wenzel C H, *An Introduction to Kant's Aesthetics: Core Concepts and Problems*, Hoboken: Wiley-Blackwell, 2005.

后　记

时光如梭，自我 2011 年开始研修康德哲学到现在已经是第 13 个年头了。因此，本书着实算得上是我研习康德哲学的一个阶段性成果。本书的雏形是我的博士学位论文，后来在导师的引导和鞭策下，申报了国家社科基金后期资助项目并获得立项，这为本书的出版提供了最重要的基础和条件。

本书得以顺利出版，得益于所有跟我的生活密切相关的师友和亲人的关怀和支持。首先要郑重感谢我的指导老师舒远招教授，他不仅是我学业上的指导老师（授业恩师），更是我一辈子的精神导师。舒老师不仅在我读博士期间给予了全方位的指导，而且在我博士毕业之后仍然带领我钻研康德的文本，授予我研习康德哲学的方法，因而让我对康德哲学的堂奥有了更为深入和具体的理解，这使我获益匪浅。记得刚入湖南师范大学外国哲学专业读博士的时候，舒老师就为我拟定了两个题目，一个是本书的题目，另一个则是"海德格尔逻辑学思想研究"。经过一番仔细而艰难的斟酌之后，我选定了前者。从选定题目到写出博士学位论文的初稿，从毕业论文的答辩到毕业后的修改完善，从申报国家社科基金后期资助项目到本书的出版，舒老师一直都是我学术道路和人生道路上的引路人和支持者。其次，我要感谢我的妻子。不论在我读博士期间还是参加工作之后，她都承担了主要的家庭责任，因而让我得以顺利毕业，并有更多的时间和精力从事学术研究活动。两个孩子的出生也给了我巨大的精神动力，让我以饱满的热情从事阅读相关资料和写作本书的工作。当然，还要感谢我的其他家人，他们都不遗余力地用实际行动支持我的学业和工作。

本书得以顺利出版，还要感谢任俊红、陈晶晶、刘溪三位认真、负责、严谨的编辑老师。任老师和陈老师为本书的出版付出了很多的时间和精力，正是她们严谨求实的态度和宽容的感召，不仅减少了拙作不少的错误，而且极大地提升了本书的品质。刘老师则是本书能够到科学出版社出版的直接引荐人。需要感谢的人很多，但是由于篇幅所限，无法一一列举，只能择其一二述之。比如，与湖南师范大学的胡好老师的探讨和争论推进了我对本书主题的认识，从而也调整了我的研究思路和部分观点。又如，与中国社会科学院的卢春红老师，以及华南师范大学的刘凤娟老师多次交流了有关鉴赏判断的第三者问题，使我更加坚定了这是一个值得探讨的问题。

　　总之，正是在诸多亲人和师友的关心、支持和帮助下，最终促成了本书的顺利出版。对此，本人再次表达最诚挚的谢意！

彭志君

2024 年 9 月于长沙